SHIJIE JINGJI YU
LIANG'AN JINGJI GUANXI
YANJIU XILIE CONGSHU

海峡两岸的产业合作

黄梅波　庄宗明　著

人民出版社

策划编辑:郑海燕
责任编辑:沈宪贞
装帧设计:曹　春

图书在版编目(CIP)数据

海峡两岸的产业合作/黄梅波 庄宗明 著. -北京:人民出版社,
2007.11

(世界经济与两岸经济关系研究系列丛书)

ISBN 978 - 7 - 01 - 006634 - 9

Ⅰ. 海…　Ⅱ. 黄…　Ⅲ. 一国两制-经济合作-研究-中国　Ⅳ. F124

中国版本图书馆 CIP 数据核字(2007)第 173835 号

海峡两岸的产业合作
HAIXIA LIANG'AN DE CHANYE HEZUO

黄梅波　庄宗明 著

人民出版社 出版发行
(100706　北京朝阳门内大街 166 号)

北京瑞古冠中印刷厂印刷　新华书店经销

2007 年 11 月第 1 版　2007 年 11 月北京第 1 次印刷
开本:710 毫米×1000 毫米 1/16　印张:19.25
字数:285 千字　印数:0,001 - 3,000 册

ISBN 978 - 7 - 01 - 006634 - 9　定价:39.00 元

邮购地址 100706　北京朝阳门内大街 166 号
人民东方图书销售中心　电话 (010)65250042　65289539

丛书序

近几年来，我国改革开放迈出了具有重大意义的几个步伐：一是加入世界多边贸易体系，二是积极参与机制化的区域和次区域经济合作，三是以更紧密经贸关系安排的方式，进一步加强和巩固了内陆和港澳地区的经济合作关系。同时，海峡两岸经济合作得到进一步发展，建立两岸经济合作机制受到两岸政治、经济和学术界的高度关注。这既顺应了经济全球化和区域经济一体化的发展趋势，也符合我国加快改革开放、进一步完善社会主义市场经济体制，实现国民经济持续健康发展的要求，标志着我国改革开放、经济发展和机制建设都进入了一个新的历史阶段。

当前，如何进一步增强海峡两岸的经济合作，从机制上保证两岸经济合作的持续、稳定和健康发展，使两岸经济合作逐步走向经济融合，为祖国的和平统一创造条件，这是摆在两岸人民面前的一个十分重要的课题。因此，加强对两岸经济合作问题的研究具有重要的现实意义和历史意义。

两岸经济合作问题，涉及国内、国际，政治、经济、文化、历史诸多方面，但是，当前对这一课题的研究首先必须注意以下几点：

第一，必须有战略性研究。这要把握两个全局：一是经济全球化和区域一体化的全局，二是中华民族和谐振兴的全局。第一个全局是为了保证对两岸经济合作的研究更具有宏观思维。对两岸经济关系的研究应该走出两岸的圈子，将两岸经济关系放在世界经济的大视野中来考察分析；第二个全局是为了保证对未来经济发展的总体设计，使两岸经济真正实现高水平的融合，实现"一加一"大于二的愿景，为两岸人民创造更多更好的福祉。

第二，必须有前瞻性研究。对两岸经济合作问题的研究，不仅要立足于当前，而且要着眼于长远，这个长远是两岸人民的共同未来。当前，建立有效的两岸经济合作机制已逐渐成为两岸人民的共识，共识要变为行动需要有个过程，行动要达到目标也需要有个过程。因此，一方面要研究建立两岸经贸合作机制的步骤和前景，同时也必须对合作过程进行分析，特别是要对两岸产业合作进行风险收益分析，以利于未雨绸缪，保证两岸经济合作的顺利进行。

第三，必须有技术性研究。两岸经济的融合是两岸人民的共同未来，这既是理想的，也是现实的和具体的，研究成果所提出的建议和措施应该是可以操作的，可以在工作中落实的。因此，必须有技术性研究。技术性研究应包括几个方面的内容：一是加强对两岸产业的研究，找出优先领域，对准合作对象，保证合作取得良好效果；二是加强对两岸市场的研究，在商品、服务、生产等领域寻找交汇点和融合点；三是加强对两岸经济合作平台和支点的研究，我们不仅要有像长江三角洲和珠江三角洲那样台商聚集区的大平台，还要创建新的平台，如海峡西岸经济区、台商投资区和两岸自由贸易港区等。同时，要对作为两岸经济合作支点的龙头企业和高科技企业创造有利的发展条件。

由于两岸的经济都具有较高的开放度，都与世界经济有着越来越密切的联系，两岸经济发展与世界经济发展具有越来越大的相关性。因此，当前对两岸经济关系的研究必须纳入世界经济研究的总体框架，才可能准确把握两岸经济发展和两岸经济合作的内在联系和发展趋势。厦门大学在两岸经济关系和世界经济的研究方面都具有较强的学科优势。本丛书是厦门大学经济学院和台湾研究院的部分学者以世界经济的大视野进行两岸经济关系研究的阶段性成果。相信这套丛书的出版，对于拓展两岸经济关系研究的视野，使对两岸经济关系的研究更加密切地与当前经济全球化的发展趋势相联系，将起到非常积极的推动作用。

王 洛 林

2007 年 10 月 25 日

目　录

图表索引

第一章　电子信息产业①

一、两岸电子信息产业发展历程

大陆在 1966 年（"三五"计划）即有了初步的电子信息产业相关发展策略，不过当时是以发展军事电子产品为目标。经历了"四五"计划、"五五"计划，到了 20 世纪 80 年代，电子信息产业才开始改以消费类产品为发展重点。

20 世纪 60 年代，台湾电子信息产业已有了初步的雏形。到了 20 世纪 70 年代末期，随着台湾产业结构调整，电子信息产业被确立为"策略性工业"后，电子信息产业得到快速发展，开始转向以承接国外订单为主的非自主品牌的资讯产品生产。在这一过程中，台湾电子信息产业完成了原始积累，如熟练的人才与技术，更重要的是积累了推动台湾资讯产业进一步发展的资金。

台湾电子信息产业，在 20 世纪八九十年代进入了成果收获时期。在 20 世纪 80 年代后期，由于美国个人电脑及周边产品需求猛增，台湾趁势持续地从美国 PC 厂商处获得大宗 OEM 代工订单，不仅积累了科技型的资讯技术，也使台湾的资讯产品与国际市场接轨。其中，1988 年个人计算机产量 170 万台，占世界市场的 1/4，居全球第一

---

① 电子信息产业包括消费性电子工业、资讯工业和通讯工业。在台湾，电子信息产业又称资讯电子产业，本文统一称电子信息产业。

位；监视器产量 800 万台，居世界第一位；另外，主机板、键盘、鼠标、影像扫描等产量都居世界第一位。电脑组装及周边产品生产的发展，带来了对中上游产品——半导体等基础元器件的庞大需求。但由于台湾当地不能提供充足的基础元器件货源，而大量依赖于从美国等地进口，产品成本过高，使处于激烈竞争中的加工组装企业不堪重负。因此，为了保证有进一步发展的空间，台湾的资讯产业发展重点逐步从下游部门向上游转移，以晶元代工为主进入半导体行业，台湾制造业的投资大量向半导体集中。这一转变实现了电子信息产业零部件中间产品的本地化的转变，从而使台湾的电子信息产业跳出了简单的加工组装阶段，迈出了以代工带动产业结构升级的关键性一步。

20 世纪 80 年代，在台湾电子信息产业开始扩张发展之际，大陆却受限于多国出口联合管制委员会（COCOM）条例，只能引进美国二手设备，又未引进国外技术、管理加以辅助，使得大陆电子信息产业的发展处于停滞阶段。到了 20 世纪 90 年代，大陆对于电子信息产业改用集中规划的方式，由官方机构与国外业者签约合作，即 908 工程（1991～1995 年）、909 工程（1996～2000 年）。此时，国外的电子信息大厂也进入了大陆市场。到了 2000 年，大陆将电子信息产业发展的重点地区定为京津地区、沪苏地区及闽粤地区，并由中央国务院颁布 18 号文件提供各种优惠措施，包括 5 免 5 减半、土地免租金、提供更宽的投融资渠道等吸引外资或台资到大陆设立具有高技术的电子信息厂。目前，产业链隐然成形，群聚效应逐渐显现。大陆以产能换取技术的策略仍将持续，以其高速的成长曲线，未来将逐渐拉近与台湾和先进国家的技术差距。

二、两岸电子信息产业现状及
竞争性、互补性分析

（一）两岸电子信息产业总量比较

改革开放以来，随着国民经济信息化进程的加快，大陆电子信息

产业进入持续快速发展的新时期。1997～1999 年电子信息产业的工业总产值、工业增加值、销售收入、出口创汇和利税年均增长率分别为25%、22%、21%、20%、22.6%，高于同期国民经济发展速度的2～3 倍。2000 年大陆电子信息产业产值首度超过台湾，而且，大陆的电子信息产业开始从单一的制造业转变为物质生产与知识生产、装备制造与系统集成、硬件制造与软件制造相结合的现代电子信息产业。

　　台湾电子信息业产值 2000 年被大陆超过（见图 1 -1），是位于美国、日本及大陆之后的第四大电子信息产地。同时，由于台湾厂商大举到大陆投资，其在大陆的市场的产值也于 2000 年首度超过其省内生产的产值。2003 年，台湾"投资审议委员会"通过 14 宗岛内上市公司申请投资大陆案件，其总投资额为 16034 万美元。在这 14 宗投资案中，电子信息公司最多，其中包括铼德、友达、微星、台达电等公司。

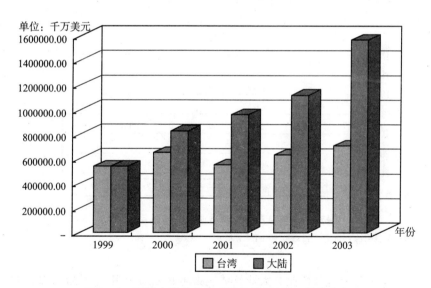

图 1 -1　两岸电子信息业产值比较（1999～2003 年）

资料来源：中国电子信息产业部：《中国电子工业年鉴 2004》，电子工业出版社 2004年版。

（二）两岸电子信息产业对整体制造业影响的比较

台湾的电子信息产业在不断发展的同时，其占制造业的比例不断增加，在制造业中的地位也不断提高，其动向也往往左右着台湾整个制造业的变化。将其动向与整个制造业的动向进行比较（如图1－2、表1－1所示），两者的动向几乎是一致的，但电子信息产业的起伏幅度是制造业的两倍。这主要是由于电子信息产业的出口依存度非常大，使得其更受世界经济，特别是美国经济的影响，起伏幅度比较剧烈。

表1－1　电子信息产业占制造业的比重（1981～2003 年）

单位：%

年　份	1981	1986	1991	1993	1995	1997	1999	2001	2003
电子信息产业占制造业的比重	6.4	10.0	12.8	14.9	18.8	23.4	28.6	31.0	30.7

资料来源：台湾"行政院主计处"，http：//www.dgbas.gov.tw。

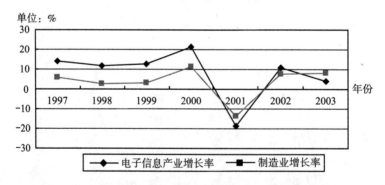

图1－2　台湾电子信息产业对制造业增长的作用（1997～2003 年）

资料来源：台湾"行政院主计处"，http：//www.dgbas.gov.tw。

大陆电子信息产业对大陆整体制造业的拉动作用在不断增强，对国民经济增长的贡献率也在提高。与台湾相比而言，大陆电子信息产业的增长率相对比较稳定，一直处于8%以上。2000～2003 年电子信息产业对制造业增长的作用如图1－3所示。

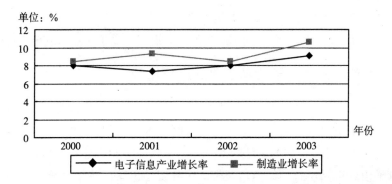

图 1－3　大陆电子信息产业对制造业增长的影响（2000～2003 年）

资料来源：中国电子信息产业部：《中国电子工业年鉴 2004》，电子工业出版社 2004 年版。

（三）两岸电子信息产业结构变化比较

大陆对于电子信息产业的分类与台湾不同，主要分为投资类、消费类和基础类。其中，投资类对应于台湾的资讯工业和通讯工业，消费类对应于台湾的消费类电子工业，而基础类是指电子元器件等。

大陆早期的电子信息产业中，消费类电子工业占主导地位，到 1998 年，电子信息产业内部结构在市场导向下得到明显调整，以通讯、计算机为代表的投资类产品所占比重开始超过以彩电、音响为代表的消费类产品。此后，投资类和基础类产品比重继续上升，而家电等电子消费产品的比重有所下降。2003 年，在以总产值计算的电子信息产品制造业生产规模结构中，计算机类占 28.6%，电子元器件类占 23.8%，家用视听设备类占 20.3%，通信与广播电视设备类占 19.6%，电子仪器与设备类占 2.2%，其他占 5.5%。

目前，台湾电子信息产业已形成消费性电子工业、资讯工业和通讯工业为架构的产业体系。在 1994 年，资讯工业总产值首次突破百亿美元后，资讯工业取代了消费性电子工业成为台湾电子信息产业的主体，而且所占的比重迅速上升。此后，资讯工业、通讯工业产值逐年劲增，消费性电子工业产值却接连下跌。台湾电子资讯产业的"三大板块"中，原来的"资讯工业—消费性电子工业—通讯工业"格局，已向"资讯工业—通讯工业—消费性电子工业"格局转变，即技术含量相对高的通讯工业晋升到了第2位，而消费性电子工业则退至末尾。

（四）两岸电子信息产业进出口比较

大陆电子信息产业的对外贸易持续较好发展态势，2003年，大陆电子信息产业的对外贸易额为2742.7亿美元，其中，进口额为1321.8亿美元，出口额为1420.9亿美元，占全国比重均超过32%。电子信息产品出口的高速增长带动了外贸总出口的持续增长，2003年对总出口增长贡献率为44.4%。在出口和进口贸易中，计算机类产品均占主导地位（见图1-4、图1-6）。

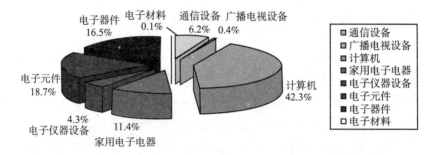

图1-4 2003年大陆电子信息产品进口情况

资料来源：中国电子信息产业部：《中国电子工业年鉴2004》，电子工业出版社2004年版。

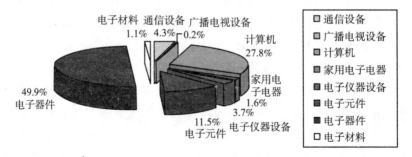

图1-5 2003年台湾电子信息产品的进口情况

资料来源：中国电子信息产业部：《中国电子工业年鉴2004》，电子工业出版社2004年版。

　　台湾电子信息产品进出口在亚洲地区发展态势也是良好的，连续几年为顺差。在进口贸易中，电子器件占主导地位；在出口贸易中，计算机类产品占主导地位（见图 1-5、图 1-7）。

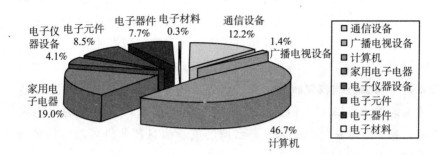

图 1-6　2003 年大陆电子信息产品出口情况

　　资料来源：中国电子信息产业部：《中国电子工业年鉴 2004》，电子工业出版社 2004 年版。

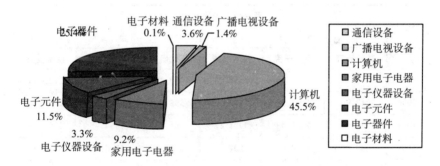

图 1-7　2003 年台湾电子信息产品出口情况

　　资料来源：中国电子信息产业部：《中国电子工业年鉴 2004》，电子工业出版社 2004 年版。

（五）两岸人力资源比较

　　一般而言，大陆的基础科研能力强，门类多，但技术应用商品化的能力比较差；台湾则是应用科研能力强，技术应用商品化快，但是，科研门类少；基础科研不足。大陆在计划经济时期，人才是不能随意流动的；从 1987 年放宽科技人才流动后，科技人才来源呈现多元化，主要来自科研机构、学术界等，因此，大陆科技人才多半偏向基础科学研究。20 世纪 90 年代大陆制定法规并配合"211 工程"与"百千万人才工程"，为促进科技成果的转化、传播，开始向培养技术与管理综合型人才努力。目前大陆每年约有 40 万理工科大学生毕业，在数量上拥有相对优势。而台湾的情况则是，20 世纪 80 年代中期以后，海外延揽科技人才的政策吸引了大批硅谷人才回流，再加上持续教育政策、相关研究机构不定期提供培训计划等造就了大批专业人才，但仍不足以满足电子信息产业发展的人力需求，业界专家估计，在未来，台湾的电子信息产业将可能面临更严重的人力不足现象。

表 1-2　两岸研发经费比较（1995~2003 年）

单位：百万美元

两岸研发经费比较						
年　份	大　　陆			台　　湾		
	基础研究	应用研究	技术发展	基础研究	应用研究	技术发展
1995	216.74	1101.66	2857.14	560.43	1314.28	2701.83
1996	242.96	1191.94	3549.35	552.76	1505.56	2950.94
1997	330.53	1575.43	3901.18	481.76	1454.45	2855.98
1998	349.07	1504.99	4801.25	554.43	1704.93	3210.45
1999	409.50	1830.09	5961.37	639.79	1916.44	3503.59
2000	564.12	1834.90	8419.50	618.94	1793.35	3565.64
2001	630.66	2125.17	9838.11	631.93	1709.87	3507.91
2002	891.63	2980.55	11685.40	710.28	1735.10	4001.87
2003	1059.60	3762.23	13773.10	818.87	1813.73	4285.55

资料来源：台湾数据：台湾"行政院主计处"，http://www.dgbas.gov.tw；大陆数据：《中国统计年鉴》（1996~2004 年）。

（六）两岸电子信息产业整体竞争力比较

国际上普遍使用显性比较优势指数（RCA）[①] 来测度对外贸易比较优势。表1-3计算了大陆和台湾电子信息产业显性比较优势指数。台湾地区电子信息产业具有强竞争力，其竞争力水平高于大陆的电子信息产业。同时，可以看出大陆的电子信息产业的优势指数逐年增加，从较强竞争力提升到强竞争力。

表1-3 电子信息产业显性比较优势指数两岸比较（1998~2003年）

年　份	大陆 RCA	台湾 RCA
1998	1.74	3.64
1999	2.39	3.98
2000	2.77	4.58
2001	2.74	4.12
2002	3.11	4.10
2003	3.89	4.26

资料来源：台湾数据：台湾"行政院主计处"，http://www.dgbas.gov.tw；大陆数据：《中国统计年鉴》（1999~2004年）。

---

① 显性比较优势指数（RCA）最初由 Balassa（1965、1977）提出，后被广泛应用于各种比较优势的计算，并且在原有的 RCA 指数基础上出现了各种扩展。这一指数计算比较优势的基本思想是，一经济体某种出口商品在本国出口中所占的比重与世界此类产品出口占世界出口的比重的比值。基于出口的显性比较优势指数可以表示为：

$$RCA_{ij} = \frac{X_{ij} \Big/ \sum_i X_{ij}}{\sum_j X_{ij} \Big/ \sum_j \sum_i X_{ij}}$$

其中，X_{ij} 为 j 国 i 产业的出口额，$\sum_i X_{ij}$ 为 j 国出口总值，$\sum_j X_{ij}$ 为 i 产业的全世界出口总额，$\sum_j \sum_i X_{ij}$ 为世界商品出口总值。

根据日本贸易振兴协会对 RCA 设定的标准，RCA > 2.5，表示强竞争力；1.25 ≤ RCA ≤ 2.5，表示较强竞争力；0.8 ≤ RCA ≤ 1.25，表示中等竞争力；RCA < 0.8，表示弱竞争力。

从两岸电子信息产业发展历程和现状来看，两岸电子信息产业现在处于不同发展阶段，存在着巨大的互补互利合作空间，扩大和加深两岸电子信息产业的交流与合作是两岸电子信息产业和经济升级的必然选择。

1. 大陆电子信息产业竞争力分析

大陆信息电子产业竞争力不断增强。联想和海尔等民族品牌，发挥优势，在既有的行销基础上，将营运延伸到生产与研发方面，成为研产销全方位企业，并正全盘布建研产销营运格局，以快速扩张的本土市场为腹地，打入国际市场，其产业竞争力在不断增强。同时，欧、日、韩的国际大厂则用心挖掘大陆市场，许多外商在大陆投资设厂，投入计算机外接设备生产，例如显示器、打印机、印刷电路板（PCB）、机壳、扫描仪与键盘等产品，使大陆渐渐成为世界信息电子业的"世界工厂"。

目前大陆电子信息产业的竞争力如表1-4所示。

表1-4　大陆电子信息产业的竞争力分析

优势（Strength）	劣势（Weakness）
1. 政府在政策上提供给电子信息业相当多的支持与保护，塑造了良好的产业发展环境 2. 内需市场庞大，吸引外资投资进驻 3. 基础研发人才充沛，水电以及基本设施供应充足 4. 信息工业在大陆的发展进度优于其他大陆高科技产业 5. 低廉的生产成本与土地资源供应 6. 大型计算机集团生产垂直整合，甚至采取外包策略，本身专注研发品牌与内销渠道	1. 资本市场不发达，企业筹资不易，必须仰赖外资 2. 信息产业自主研发能力不高，商品化能力不佳，基础研发人才虽多但是高价产品研发人才缺乏 3. 主要产品集中在低价领域，以内销为主，国际竞争力不高 4. 经营管理与经营效率不佳，研发与行销投入程度不高 5. 产业链、结构尚未成熟

续表

机会（Opportunity）	威胁（Threat）
1. 加入世界贸易组织之后，有利于大陆信息产品国际市场的开拓 2. 日本、韩国与中国台湾省的生产要素成本提高，成熟型商品持续移往大陆生产 3. 由于各项科技产品之大陆市场普及率仍低，大陆内需信息市场需求高速成长 4. 外商企业大举进驻，有利于改善产业配套体系以及缩短学习曲线 5. 外商企业技术转移，有利于改善本土企业体质以及产品技术水准	1. 加入世界贸易组织后，以往靠高关税保护的本土企业将直接面对国际信息产品的竞争 2. 面临东南亚国家的低价产品竞争，信息产业面临转型 3. 地方保护主义盛行，一窝蜂发展形成重复投资

资料来源：赖彦儒：《两岸信息电子产业产业之竞合》，《投资中国》网站，http://www.forchina.com.tw/monthly/101/101 - 10.htm，2003 年 11 月 28 日。

2. 台湾电子信息产业竞争力分析

台湾有多项信息电子产品在世界上名列前茅，例如笔记本电脑、主机板、扫描仪、光驱、显示器、键盘、准系统等产品。台湾厂商由于拥有专业代工以及完整的产品开发能力，加上良好的高控制度以及生产弹性的高配合能力，使得台湾厂商在代工方面无往不利；另外，台湾信息业者具备产业信息流通快速及快速应用新技术的优势，亦是增强竞争力的利器。目前，不仅各国际大公司如戴尔（Dell）、康柏（Compaq）、惠普（HP）、国际商务机器（IBM）早已跟台湾的信息电子大厂成为合作伙伴，连大陆的计算机厂商联想（Legend）以及北大方正等企业也将订单交给台湾厂商代加工，台湾厂商的全球布局以及完整的供应链控制可说独步全球。台湾信息电子产业，在维持产品一定品质的情况下，又能兼顾价格的竞争性以及配合客户的产品上市时程，成为台湾高科技产业的代名词。在国际信息产业环境的带动下，台湾信息业者与国际大厂形成有如虚拟公司般的生产模式，国际大厂扮演"行销与经营部门"角色，下订单给台湾信息业者代工制造，台湾信息产业者再根据比较利益，在大陆设厂制造，尤其是制造中低价产品（见表 1 - 5）。

表 1 - 5　台湾电子信息产业的竞争力分析

优势（Strength）	劣势（Weakness）
1. 资本市场发达，有利于企业筹措资金，不需要仰赖外资 2. 台湾多年来的信息产业已经发展成完整的产业供应链，厂商群聚效应已成型，相关配套产业完整 3. 在国际信息产品产销体系中扮演举足轻重的角色，全球运筹能力佳 4. 信息产业信息流通快速，设计与代工以及制程创新能力佳 5. 政府相关单位在政策上支持 6. 产业代工以及完整的产品开发能力	1. 自主研发能力尚有空间发展，关键技术以及零组件仍掌握在国际大厂手中 2. 自有品牌能力以及国际行销渠道有待加强 3. 信息软件业者以及中小企业在人力资源以及获取资本上受到排挤
机会（Opportunity）	威胁（Threat）
1. 台湾加入世界贸易组织，有利于信息产业开拓国际市场及大陆市场 2. 国际电子信息市场未来需求仍大，市场能量商机可期 3. 国外电子信息厂商在台湾设立研发中心	1. 科技人才供应仍不足，尤其是高价产品研发人才 2. 大陆以低廉的生产成本与土地资源成为其强劲竞争对手 3. 面临产业外移、产能萎缩 4. 台湾本岛投资环境恶化，取得厂房以及环保成本大增

资料来源：赖彦儒：《两岸信息电子产业产业之竞合》，《投资中国》网站，http://www.forchina.com.tw/monthly/101/101 - 10. htm，2003 年 11 月 28 日。

三、两岸电子信息产业相互投资合作的政策及现状

（一）两岸电子信息产业的产业政策、贸易政策及投资政策

1. 两岸电子信息产业具体政策

大陆从 20 世纪 80 年代将电子信息产业列为国家首要发展的重点产业，陆续推出了一系列科技产业政策，包括四项优惠政策、18 号文件等。20 世纪 90 年代，为了加速提升产业技术水平，大陆除了继续制定一系列科技相关法令法规外，还通过租税政策上的优惠来吸引大

量外国投资者进驻。

台湾为促进电子信息产业的发展，早在 20 世纪 70 年代就开始陆续推动一系列科技政策，包括 1978 年科技发展方案、1986 年"国家"科技发展十年长程计划，1997 年"中华民国"科学白皮书、科学技术基本法等。

以下以半导体产业为例，来具体比较两岸电子信息产业产业政策上的异同（见表 1-6）。

表 1-6　两岸半导体产业政策比较

	大　陆	台　湾
租税政策	1. 3 年加速折旧 2. 营业所得享有前五年全免，后五年减半按 7.5% 征收 3. 2010 年以前按 17% 征收增值税，但实际税赋超过 3% 的部分即征即退（2005 年 4 月 1 日起取消） 4. 进口自用及其设备、原料及消耗品免征进口税及增值税 5. 允许将准备用于大陆境内再投资的税后利润，以外币方式存入专用账户，以规避汇率风险 6. 建厂期间补贴贷款利息 7. 园区内设置保税仓库和工厂	1. 2 年加速折旧 2. 5 年免税或投资抵减 3. 减免土地租金 4. 进口自用机器设备、原料和半成品免征进口税及货物税 5. 外销部分免征货物税及营业税 6. 园区内设置保税区
融资政策	1. 国营银行提供低息贷款 2. 现金增资	1. 国营银行或创业投资公司（政府股份）提供低息贷款 2. "行政院"开发基金参与投资 3. 现金增资或发行可转换公司债 4. 发行 ARD 或 GDR
周边支持政策	设置快速通道窗口，并以零租金方式为投资者提供道路、电力、热力、通讯、天然气和平整的土地，期限 30 年	1. 在报关、输出入许可证、仓储、海关支局、邮局及银行等流程上均有单一窗口服务 2. 提供工业用地及周边规划

资料来源：蔡毓芳：《两岸半导体产业之优胜劣败》，"资策会"，2005 年 10 月 16 日。

2. 台湾对大陆电子信息产品的进口政策

20 世纪 80 年代后，台湾对大陆电子信息产品进口的开放大致可分为三阶段：

第一阶段（1988 年至 1992 年）。基本不允许大陆电子信息产品进口。自 1988 年起台湾"经济部"以"三原则"作为开放的审察标准：（1）不危害"国家"安全；（2）对大陆产业无不良影响；（3）有助于产品外销竞争力。1988 年 8 月第一次开放的仅 90 项；1989 年受"六四事件"影响，全年仅开放两项；截至 1992 年底，累计开放的仅 435 项，其中全为农工原料，没有电子信息类产品。

第二阶段（1993 年至 1995 年）。开始允许大陆电子信息产品进口。这主要是由于 1990 年初正逢台商赴大陆投资热潮，台商生产的制成品（半成品）回销台湾的需求大幅增加，台湾"经济部"在 1993 年一年便开放了 1729 项，其中也包括了电子信息类的产品。

第三阶段（1996 年至今）。为"负面表列"管理阶段。自 1996 年 7 月实施"负面表列"后，准许从大陆进口的电子信息类产品总项数大幅增加。1996 年台湾"戒急用忍"政策的实施，使得对大陆物品的进口开放速度减缓。然而，自从两岸加入 WTO 之后，台湾当局又加快了对大陆进口物品开放的速度。

3. 台湾对大陆电子信息产业的投资政策

自 20 世纪 80 年代初，以劳动密集与加工著称的台湾中小企业，为了利用较低的制造成本要素来维持出口价格的竞争力，陆续借由第三地，以非公开方式前往大陆投资。1987 年，台湾政府才逐步采取对大陆开放性的政策，劳动密集型的台湾传统产业大举西进，出现了出口基地转移大陆的现象。这不但使得在台湾失去竞争优势的劳动密集型产业，在大陆找到了生存发展的机会，也促进了台湾技术密集型产业的发展，台湾的电子信息产业在 20 世纪 90 年代初快速发展成为经济重心。

从 20 世纪 90 年代初起，台湾的电子信息产业在降低代工成本的压力下，逐步将资讯家电产品的生产线西移到大陆。1997 年始，大陆利用各种投资优惠措施、弹性而高效率的地方政策，吸引台湾资金与技术密集型的电子信息产业投资设厂，包括宏碁、大众、神达、金宝、英业达、华硕、致福、光宝、鸿海、台达电、国巨等大型电子信息业厂商都开始投资大陆。台湾居世界市场占有率首位的十大电子信息产品在大陆几乎均有生产。到 2000 年，大陆电子信息产业的产值已达 225 亿美元，开始超过台湾产值，取代台湾而成为全球排名第三，然而其中台资企业的贡献度高达 73%。由于台湾电子信息业大幅投资大陆，台商在台的投资停顿，岛内生产线由减产到逐步关厂。在此带动下，台湾原有基础设施厂商、中上游各种原材料供应业者、制造机器设备制造商也掀起向大陆投资的风潮。

1996 年以后，台湾"戒急用忍"的政策在一定程度上减缓了台湾电子信息产业向大陆投资的步伐。不过，在 2001 年 8 月台湾召开"经济发展会议"，确定由"戒急用忍"的大陆政策，转向为"积极开放、有效管理"后，台湾当局开始就以往禁止赴大陆投资的产品或经营项目重新分类，经过 7 次会议审察，总共开放了 1814 项产品赴大陆投资。仍列"禁止"的产品中，除了国际公约所禁止，或涉及国防、公共工程外，电子信息类产品只有液晶显示器一项属于禁止类。但是，台湾在投资方面仍存在一些人为障碍，如规定到大陆从事投资或技术合作须经由其在第三地区设立的公司进行；对投资或技术合作的产品或经营项目进行分类管理与限制；对大陆去台投资限制就更为严格，规定大陆公民个人或法人、团体持有股份不得超过 20% 等。

在大陆和台湾加入 WTO 的情况下，两岸均有开放市场和促进自由贸易、投资的义务，台湾应该进一步调整对大陆投资政策，放开台商到大陆投资的限制。大陆对到大陆高新技术开发区投资的台商，在其享受外商投资企业政策时应采取同等优先原则，适当放宽各种渠道，以加大对台湾科技交流的扶持力度。

（二）两岸电子信息产业合作状况

从 20 世纪 90 年代后期，台湾电子信息产业开始大量向大陆转移。2001 年电子信息产业投资额占台商对大陆投资总额的 45.7%，而其他各产业所占比重均不超过 7%。在两岸加入 WTO 后，台湾电子信息产业更进一步加速向大陆转移，除了前述的原因外，还有一个原因，即大陆是以发展中国家的名义加入的，而台湾是以发达地区的名义加入的,这使得大陆在高科技产业发展上可实施的优惠政策较多。

1. 两岸在电子信息产业的合作项目

由于电子信息产业涵盖面广,技术复杂,以及两岸在发展策略、研究开发投入等方面的差异,双方可合作的范围甚广,在家电、电脑、通讯、光电及电子零部件等方面,两岸均可进行合作。(见表1-7)

表1-7 两岸在电子信息产业合作的项目

类 别	项 目
消费电子	HDTV 的系统标准 多媒体的系统标准 中文 TELETEXT 鬼影消除系统
资 讯	中文码的制定与推广 电脑专业用语统一 软体发展工具与环境 中文开放式系统标准 研商智慧财产权相互认证及保护等相关问题
通 讯	系统设计 无线(卫星、微波)通讯 研讨双方现有通讯系统标准的相容性、共通性及未来新系统之一致性
光 电	以产品发展为主 印鉴真伪自动鉴别装置 可重写相容光碟片 微光 CCD 摄像机 液晶显示器 LCD 光学元件 高压投射式电子显微镜
电子零部件	中低价位的电子零部件

2. 两岸在电子信息产业的合作模式

(1)共同研发。在研发设计环节,海峡两岸可以"大陆基础研究,台湾设计开发"的分工模式共同研究发展。大陆基础研究人力资源丰富,台湾人才短缺,研发后续能力不足,这也是一些台资企业将研发中心转设到大陆的原因。

（2）共合资金和管理。近年来，台湾资金由于岛内投资环境恶化而呈现相对过剩状况。岛内投资需求不振，这些资金急于寻找投资市场，这是台湾在两岸科技交流与合作中的一大优势。此外，台湾在发展外向型经济的过程中，长期与欧美、日本厂商打交道，在转移及学习国外技术的同时，也吸取了国外企业经营管理的精髓，发展出具有自己独到特色的管理方法和制度。这些为海峡两岸科技产业合作创造了良好的条件。

（3）共享市场。市场是决定科技产业生存的根本。大陆具有基础研究、劳动力和市场等优势，台湾电子信息产业在当前出口受阻的情况下，加大赴大陆投资力度，是一个现实的必然选择。

（4）三来一补。对于大多数的电子零部件及装配业，台商采取"三来一补"的方式，来件、来料、来样在大陆加工，利用大陆廉价的劳动力和丰富的资源，然后将产品输回台湾再销往海外。

3. 台商在大陆设厂概况

随着台商投资企业数量的逐年增加，在大陆的台商企业也由点扩展到片，形成两大区域中心，深圳—东莞和上海—昆山。在这两个地区，整个产业的分工体系日趋完备，相关周边卫星工厂形成聚落与供应链。如在东莞，组装台式电脑的零部件绝大多数（95%以上）可在当地自足供应，生产的横向和纵向分工已建构完成。

其具体分布见表1－8。

表1－8　台商在大陆分布概况

华北地区	分布地点：北京、天津一带
	产业聚落：手机
华东地区	分布地点：上海、昆山、苏州、吴江一带
	产业聚落：笔记本电脑、手机
华南地区	分布地点：深圳、东莞为主，广州、中山、顺德零星分布
	产业聚落：台式个人电脑、手机

资料来源：高鸿翔：《电子资讯业两岸分工大势》，载《投资中国》2003年第11期。

四、进一步推进两岸电子信息产业合作的政策设计

（一）大陆加入 WTO 电子信息产业承诺

1. 信息技术产业

大陆信息技术产品关税总水平降幅是所有商品中最大的。大陆实施《信息技术协议》（ITA）[①]，有步骤、分阶段地实施电子信息产品进口、出口零关税。根据承诺，2002 年开始对移动通信基站、移动通信交换机等 122 个关税税目的主要信息技术产品实行零关税。经过调整，2002 年大陆信息技术产品关税总水平（即算术平均税率），由 2001 年的 12.47% 降低到 3.4%，降幅达 73% 左右，是大陆所有商品中降税幅度最大的商品。在 2003 年大陆大部分信息技术产品实行了零关税，2005 年所有信息技术产品全部实行零关税。

2. 家电业

大陆承诺，到 2005 年机电产品平均关税税率将降到 10%。家用电器作为机电产品中的一类，关税也有所下降，但下降的幅度有限。加入 WTO 后，大陆作为 WTO 成员已取消对机电产品的非关税限制。加入 WTO 前，《机电产品进口管理办法》规定，对于采取限制进口措施的机电产品，国家规定有数量限制的，实行配额管理；没有数量限制的，实行许可证管理；对属于禁止进口和限制进口管理以外的部分机电产品实行自动进口许可证管理。加入 WTO 后，进口商品许可证制度的进口商品数量限制措施将逐步取消，其中，家电产品所占的比例相当高，现大部分已经取消。

---

① 1997 年 3 月 26 日，WTO 达成了一项总价值高达 5000 亿美元的《信息技术协定》（ITA），当时占世界信息技术产品贸易总量 92.5% 的 40 个参加方都在 ITA 上签了字。ITA 规定从 1997 年 7 月 1 日起分 4 个阶段逐步取消 5 大项资讯科技产品如电脑、通信产品的关税，到 2000 年完全废除资讯科技产品关税。

（二）台湾加入 WTO 在电子信息产业的承诺

台湾的电子信息产业已有相当基础，其产品的平均关税税率仅为1%～5%。半导体及电子零组件的关税平均也仅为1%，比美、日等发达国家都要低。加入 WTO 后，台湾也逐步取消了电子信息产品的关税。

（三）参照 CEPA，深化两岸电子信息产业的合作

由于大陆已经与港澳签订内地与香港澳门更紧密经贸关系安排，所以大陆与台湾进一步推进经贸合作后，两岸四地必须在一个平等的环境内进行合作与竞争。两岸在电子信息产业方面的合作在政策层面可以参考内地与香港澳门更紧密经贸关系安排中的相互承诺。大陆对原产台湾的所有电子信息产品分两阶段实行零关税，同时，台湾也对原产大陆的所有电子信息产品分两阶段实行零关税。分两阶段对大陆和台湾的商品实行零关税，一方面能够在两地监管能力的范围内使两地的电子信息产业尽快受益，另一方面也为两地海关监管合作积累经验，为进一步降税做好准备。

五、深化两岸电子信息产业合作的成本收益分析

（一）对台湾的影响

1. 从贸易的角度看，实现两岸三通对台湾电子信息产业及其经济的影响

由于两岸都加入了 WTO，电子信息类的产品的关税在 2005 年后都降为了零。因此，深化两岸电子信息产业合作，从贸易的角度看，其最大的影响就是对贸易方式的影响，将实现两岸贸易从间接的方式转变为直接的方式，即实现两岸三通直航。两岸三通直航将可节省物流运输与时间的直接成本及人员的往返成本。下文将进一步评估深化两岸电子信息产业合作（两岸三通直航）对台湾电子信息产业成本的

降低有多大效益，对该产业的发展有多大的效益，对台湾就业有多大影响，对台湾 GDP 总值又有多大的影响。

（1）运输上可节省的成本

根据台湾"经济部工业局"委托"中华经济研究院"的研究调查（2002 年 10 月），各种制造业厂商"预期"直航后，在产品与原料的运输上可节约的成本中电子信息产业厂商的"预期"如表 1 – 9 所示，每年可节省 15.68% 的成本，比总体平均水平的 14.56% 略高。

表 1 – 9　在货物运输及员工往返上每年可节省成本

	产品及原料的运输上		员工的往返上	
	比重（%）	金额（万台币）	比重（%）	金额（万台币）
电子信息产业	15.68	358.21	23.85	98.80
全部产业平均	14.56	375.90	26.45	99.90

资料来源：陈丽英等：《两岸三通对台湾产业之影响》，载《台湾银行季刊》第 55 卷第 2 期。

（2）对台湾经济影响的流程

一般来说，大陆的商品价格平均会低于台湾商品的价格。因此，开放大陆商品进口将导致台湾进口品的平均价格下降，进口物价下降对电子信息产品价格的影响将分为两个方面。一是直接效应，即以进口品为直接投入而导致电子信息类产品成本的降低；二是间接效应，即是指使用进口品为中间投入导致电子信息类产品成本下降。

具体推导过程如下：

投入产出表之物质平衡方程式可表达成：

$$M + X = AX + Fd + E \tag{1}$$

式中 M 表示进口向量，X 表示大陆产出向量，A 表示投入系数矩阵[①]，Fd 表示大陆最终需求向量，E 表示出口向量。

令进口投入系数 m_i 表示产品 i 之输入值占大陆需求值之比重，

$$m_i = \frac{M_i}{X_i + M_i - E_i} \tag{2}$$

式中 X_i、E_i 及 M_i 分别为第 i 部门之产值、进口值及出口值。

----

① 投入产出分析（input-ouput analysis）为李昂提夫（Wassily W. Leontief）所创，用以分析在经济体系内各产业间的关联效应。大陆相关的研究颇多，投入产出的结构，主要可分成技术交易矩阵 $[X_{ij}]$、最终需要矩阵 $[F_i]$、原始投入矩阵 $[O_j]$、总投入 $[X_j]$ 或总产出 $[X_j]$ 矩阵、总需要矩阵 $[T_j]$ 等五个部分。

	中间需要				中间需要合计	最终需要						最终需要=总需给	总需要=总供给	供给	
	产业 $l\cdots\cdots j\cdots\cdots n$					家计消费	政府消费	固定资本形成	存货变动	海关输出	非海关输出			输入	国内生产
中间投入产业 $l\cdots\cdots i \cdots\cdots n$	X_{ll} M X_{il} M X_{nl}	L M L M L	X_{ij} M X_{ij} M X_{ni}	L M L M L	X_{ln} M X_{in} M X_{nn}	W_l M W_i M W_n	H_l M H_i M H_n	G_l M G_i M G_n	B_l M B_i M B_n	S_l M S_i M S_n	E_l M E_i M E_n	N_l M N_i M N_n	F_l M F_i M F_n	T_l M T_i M T_n	P_l M P_i M P_n	X_l M X_i M X_n
中间投入合计	Y_l	L	Y_j	L	Y_n	W_n	H_t	G_t	B_t	S_t	E_t	N_t	F_t	T_t	P	X
原始投入	Q_l	L	O_j	L	O_n	O	H	G	B	S	E	N				
总投入	X_l	L	X_j	L	X	X	H	G	B	S	E	N				

$$令 \overline{M} = \begin{bmatrix} m_1 & 0 & L & 0 \\ 0 & m_2 & L & 0 \\ M & & & M \\ 0 & 0 & L & m_n \end{bmatrix}$$

$$M = \overline{M}AX + \overline{M}F_d \tag{3}$$

M 进口向量与 $\overline{M}$ 进口投资系数表是已知的，即可通过上式求出 $AX + Fd$，其中 AX 表示中间投入产品所产生的间接效应，Fd 表示最终需求所产生的直接效应。

前面所计算出的进口品导致的电子信息类产品成本低下降将带动大陆需求变动，这可以通过台湾电子信息类产品相对价格弹性来估计出大陆最终需求的增加。在其他情况不变的前提下，深化两岸电子信息产业合作，开放大陆商品进口，通过电子信息类产品大陆需求量增减的变动来估计台湾电子信息类产品产量的变化。

具体推导过程如下：

将（3）式代入（1）式可得：

$$\overline{M}AX + \overline{M}F_d + X = AX + F_d + E \tag{4}$$

$$[I - (I - \overline{M})A]X = (I - \overline{M})F_d + E \tag{5}$$

$$X = [I - (I - \overline{M})A]^{-1}[(I - \overline{M})F_d + E] = \beta[(I - \overline{M})F_d + E] \tag{6}$$

式中 $\beta = [I - (I - \overline{M})A]^{-1}$，即为产业关联系数表。根据（6）式我们就可以计算出台湾电子信息产品产量的变化量。

通过电子信息产业的附加价值率可以估计电子信息产业附加值的变化；然后通过劳动投入系数表可以估计出深化两岸电子信息产业合作后，对电子信息产业就业量的变动。

具体推导过程如下：

令附加价值投入系数向量 P 表示各部门原始投入值占该部门产值之比重，表示以 P 为对角线之矩阵：

$$\overline{P} = \begin{bmatrix} p_1 & 0 & L & 0 \\ 0 & p_2 & L & 0 \\ M & & & M \\ 0 & 0 & L & p_n \end{bmatrix}$$

则各产业所创造之附加价值为：

$$y = \overline{P}X = \overline{P}\beta[(I - \overline{M})F_d + E] \tag{7}$$

$\overline{P}$ 为附加价值向量。根据（7）式我们即可以计算出对各业附加价值的波及效果。

在就业效果方面，因产业关联表中的劳动报酬为每单位产值中支付给劳动者的报酬，放在衡量特定产业产出变动所引发的就业效果时，尚不足以表现就业人口之变动，须再另行估计就业人口系数向量，而各部门的就业人口可由雇用人数表中取得。令就业人口投入系数向量 L 表示各部门就业人口占该部门产价之比重，表示以 L 为对角线之矩阵：

$$\overline{L} = \begin{bmatrix} L_1 & 0 & L & 0 \\ 0 & L_2 & L & 0 \\ M & & & M \\ 0 & 0 & L & L_n \end{bmatrix}$$

则各业所创造之就业效果为：

$$L_x = \overline{L}gX = \overline{L}\beta[(I - \overline{M})F_d + E] \tag{8}$$

L_x 为各业别产出所引起之就业效果向量。根据（8）式我们即可求算大陆最终需求变动所引起的就业量变化。

（3）模拟结果

由表 1 - 10 的模拟结果显示，深化两岸电子信息产业合作后，全面开放大陆商品进口，对台湾电子信息产业的生产及就业的冲击是相当大的。总体而言，电子信息产业的生产产值将增加 4224 百万新台币，附加值增加 4416 百万新台币，就业人口减少 1394 人。

就具体产品而言，不同的产品受到的冲击是不同的。绝大多数电子信息类产品在台湾的产值都将下降，只有电脑产品和半导体在台湾的产值是增加的，尤其是半导体，在深化两岸电子信息产业合作后，产量将大幅地上升，将增加生产产值28959万新台币，同时带动就业，增加就业人数5279人。

表 1 – 10　深化两岸电子信息产业合作后对台湾电子信息产业的影响①

部　　门	生产产值增减（百万新台币）	附加值增减（百万新台币）	就业人数增减（人）	就业人数增减幅度（％）
电脑周边设备	– 12275	– 2012	– 2487	– 6.41
电脑组件	– 49	– 8	– 8	– 0.03
电脑产品	150	23	31	0.07
家用电器	– 4465	– 1343	– 1719	– 5.55
视听电子产品	– 3800	– 694	– 981	– 1.88
电子管	– 1399	– 694	– 981	– 1.88
电线及电缆	– 1686	– 405	– 521	– 2.56
电子零组件	– 150	– 43	– 45	– 0.03
通信器材	– 4861	– 1039	– 943	– 3.09
半导体	28959	9937	5279	5.76
合计	4224	4416	– 1394	– 13.72

　　资料来源：罗正方、龚明鑫，《两岸三通直航对台湾产业之发展影响与冲击评估》，展望2003年两岸政经发展研讨会，2002年12月1日。

2. 从投资的角度看，实现两岸三通直航对台湾电子信息产业及其经济的影响

由于投资计划需要相当时间酝酿调整，因此直航对直接投资短期内影响尚不致太大。从中长期来看，由于台商在两岸已初步建立产业分工体系，直航及三通必将进一步扩大两岸电子信息产业分工，厂商在台湾生产有利者，将以贸易取代大陆投资；否则厂商极可能将生产基地移转大陆而增加对大陆投资。由于大陆经济的群集效应增强，将

---

　　①　由于数据收集困难，此表参考罗正方、龚明鑫：《两岸三通直航对台湾产业之发展影响与冲击评估》，展望2003年两岸政经发展研讨会，2002年12月1日。

有可能进一步扩大规模，这使得台湾加速产业升级，并扩大吸引外资及陆资来台投资，才能实现双赢，抵消资金外流的风险。

3. 从贸易的角度看，台湾开放对台湾电子信息产业及其经济的影响

台湾电子信息产业可以通过两岸电子信息产业合作机制的形成，加速抢占大陆的广大市场。很多来自韩国、日本、美国、荷兰的外国电子信息产业公司已经开始大规模进入大陆市场，和它们相比台湾企业多属于中小企业，规模上处于劣势，大陆被公认为是全球最大的新兴市场，面临国际的竞争，台湾企业只有积极主动，尽早布局，才能赢得竞争优势。

4. 从投资的角度看，台湾开放对大陆电子信息产业的投资对台湾经济的影响

目前，台湾对大陆的投资，在未建立两岸电子信息产业合作机制前，已经在持续增长了。以下利用反向事实模拟分析法，假设若移出的资金留在台湾地区，对台湾地区电子信息产业的影响。

（1）深化两岸电子信息产业合作对台商在电子信息产业投资决策的影响

根据台湾经济部工业局委托中华经济研究院的研究调查（2002年10月），电子信息产业的厂商中表明不受影响的所占比例最多，为67.39%，其次是回答会增加投资的占29.35%，而回答会减少投资的最少，仅占3.26%。而以这三种倾向比例为权数，乘上所增加或减少的投资比例，即得出平均投资变化率为7.50%（见表1-11）。

表1-11　电子信息产业投资决策改变的调查结果

样本数（个）	投资决策（个）			平均投资变动率（%）	
	增加投资	减少投资	不受影响		
电子信息产业	92	27 (28.33%)	3 (-28.33%)	62 (0.00)	7.50

注：括号内为计划增加（或减少）的厂商回答预期增加（或减少）的比例。

资料来源：陈丽英：《两岸三通对台湾产业之影响》，载《台湾银行季刊》第55卷第2期。

（2）深化两岸电子信息产业合作对台湾经济的影响

首先，由于各年台湾对大陆电子信息产业的投资额略有差异，先根据 2002 年、2003 年、2004 年的投资额计算出台湾电子信息产业平均投资外移金额。再根据前面的调查结果，用电子信息产业平均投资变动率乘上平均投资外移金额，得出深化两岸电子信息产业合作后台湾电子信息产业对大陆增加的投资。

其次，利用产业关联表，分析增加的投资对台湾电子信息产业产出的影响。再利用劳动投入系数，来估计对就业量的影响。

（3）深化两岸电子信息产业合作对台湾电子信息产业的影响（见表 1 – 12）

表 1 – 12　深化两岸电子信息产业合作对台湾电子信息产业的影响

	生产产值增减（百万新台币）	就业人数增减（人）
电子信息产业	– 22502. 929	– 5248

资料来源：根据台湾"行政院主计处"，http：//www.dgbas.gov.tw 的资料计算。

从表 1 – 12 看来，深化两岸电子信息产业合作后，台湾增加对大陆的投资将减少台湾电子信息产业生产总值 22502. 929 百万新台币，减少就业人数 5248 人，对台湾电子信息产业的影响还是相当大的。

从以上分析可以得知，深化两岸电子信息产业合作后，台湾增加对大陆的投资将减少台湾电子信息产业的产值，减少就业人数。这是其不利的一面。因此有台湾学者认为，一旦台湾电子信息企业大量转移至大陆，就可能直接造成台湾地区的产业空心化，进而影响台湾经济的长远发展。同时，台资可帮助促进大陆经济的发展，而大陆经济的发展可能对台湾本土产品造成竞争。大陆在美、日市场占有率的大幅增长已初步显示了大陆的竞争潜能。以上都会带来台湾经济增长、收入分配、社会稳定方面的问题。这种观点有失偏颇。海峡两岸通商十几年，台资大举进入大陆也有十多年了。台湾经济这几年来并未因与大陆的经济整合而带来高失业率及经济萧条等强烈反弹。相反地，两岸经济整合还为两岸的经济发展增色不少，在世界经济普遍暗淡的情况下而独树一帜。这主要是因为，在现阶段，台湾（人均产值已逾1万美元）与大陆（人均产值仍在1千美元左右）处于经济发展的不同阶段，产品结构不同，两岸经济的互补性超过替代性（竞争性）。可见，台商到大陆加大投资对台湾电子信息产业的发展将是利大于弊的。

首先，台湾企业可以通过利用大陆的资源来提升其企业自身的竞争力。一方面，台湾信息电子产业厂商来大陆投资设厂主要是为了节省生产成本和快速扩大产能，产品主要是为了出口，目标市场在美国、日本和欧洲。在西方发达国家的电子信息市场逐渐饱和、市场扩张速度放缓之时，随着大陆民众生活水平的提高以及在加入WTO后扩大开放市场这些利好消息影响下，台湾电子信息产业越来越重视开拓大陆市场。另一方面，台湾生产的电脑及周边设备很多居世界第一，但是绝大多数为美、日等国代工，没有自己的品牌，利润微薄。全友公司在大陆的成功激励着众多的台商，使得华硕等电子信息大厂欲借大陆广大市场自创品牌，而宏碁电脑等电子信息厂商则来大陆扩大自有品牌。

其次，台湾企业来大陆投资有利于台湾电子信息产业的转型。原来的电子信息产业全球分工模式是：美国（标准/核心技术）—日本（精密设备和关键元器件）—台湾（快速响应设计制造）。现台湾把大部分制造移到海外，主要是移到大陆，这将迫使台湾信息电子产业转型，转型方法有二：一是原来的生产制造优势转向高附加值的通讯、网络、信息家电等领域，二是在全球分工模式下上一个台阶。而目前，台湾的工厂大多转向生产电子信息产品，包括宏力、神达、大众、英业达、致福等信息硬件大厂都已转进通讯、网络、信息家电领域，相信在深化两岸电子信息产业合作后，台湾将能更快地完成其电子信息产业结构的升级。

（二）对大陆的影响

从贸易的角度看，由于大陆市场很大，而且早已开放了对台湾大多数产品的进口，因此，深化两岸经贸合作，从贸易的角度对大陆的影响不大。

从投资的角度看，根据前述的"中华研究院"的报告，深化两岸电子信息产业合作后，台商预计将增加对大陆电子信息产业的投资，这些投资带来的资金将填补大陆的资金缺口，为 IT 产业的成长提供充实的资金基础，为其顺利发展提供了基本前提。同时，其可获得的正面效应还表现为：

首先，能够加快大陆成为世界电子产品制造中心的进程。大陆在电子产品制造方面具有明显的成本优势，同时大陆快速发展的经济又为电子信息产品提供了巨大的市场，加上中国政府实施的鼓励发展电子信息产业的一系列优惠措施，为大陆发展成全球电子产品制造中心创造了良好条件。而两岸电子信息产业合作机制的建立，台湾电子信息产业的加速转移将能更快地实现大陆成为世界电子制造中心的梦想。

其次，台湾投资兴办高水平的电子信息企业带来了先进的技术。对于大陆而言，其实力再强大，也不可能完全凭借自己的力量创造和占有世界上所有的先进技术。而台湾在电子信息产业，特别是在部分产品的设计、生产、制造的水平已经开始接近世界的水平。通过台湾增加投资，可以加速先进技术的引进，有效地促进技术更新，省掉从基础研究到应用研究的全过程，节约一定的资金，赢得赶超的时间，迅速提高大陆的技术水平。

同时，技术还存在着外溢效应。比如，台湾公司在电子信息产业投资的加工贸易技术含量较高，因此它生产所需的零部件、原材料等中间投入品的技术要求也相应提高，把这种有高科技含量的中间投入品由进口改为由大陆供给，由此将带动大陆相关的其他企业进行技术改造，从而提升产业结构。技术外溢效应还是一个综合的动态过程，既有进口机器设备等硬件技术的转移，也有技术服务咨询、技术人才培训、组织管理技能和企业家精神等软技术渗透和扩散，多方面地促使技术水平的提高。

而其负面效应则表现为：台商投资企业的大规模建立，对大陆电子信息产业造成一定程度的冲击。就目前而言，由于大陆电子信息产业与台湾的电子信息产业存在着一定的差距，台商投资企业与大陆的企业以及经济发展更多地表现为一种互补关系，其生产经营活动对大陆企业的发展影响程度不大。但大陆的电子信息产业发展迅速，特别是一些部门，台商投资企业的大规模建立已与大陆企业形成一种竞争型格局，两岸电子信息产业合作机制建立后，台商将把大陆看做一个生产、研发中心，就会携带最先进的技术、最优质的服务，连同最强势的资本一起登陆，这将会造成对大陆企业一定程度的冲击。

六、深化两岸电子信息产业合作的政策建议

（一）贸易政策

首先，应实行原产地原则。只要电子信息产品中两岸成分达到一定百分比，就可以享受两岸免税的待遇。

其次，在不影响税收的原则下，适度降低货物税税率。

再次，家电业对关税降低相当敏感，这将成为两岸谈判的关键之所在，应及早在市场技术、研发方面提升竞争力。

（二）投资政策

首先，应确定台湾电子信息产业中需要转移的生产工序或零部件产品，同时确定这些部门减少产量的目标，并附上具体的时间表。当然，为了帮助这些部门顺利减产，以及帮助其员工再就业，给予这些部门一定的补贴。

其次，在大陆做好产业对接工作，建立电子信息产业基地，保证顺利承接台湾的电子信息产业的转移，使得大陆在引进台湾的电子信息产业的同时，充分发挥其核心与聚集效应，不断延伸产业链，带动配套协力厂。

再次，增加对电子信息产业中上游产品的研发及技术培训，提高其产业的竞争力。

（三）研发合作

两岸电子信息产业发展最大的问题就是掌握的核心技术较少。因此，政策制定的关键就是要促进两岸研发合作。具体说来，总的原则是，促使两岸企业增加研发投入，提高企业集群的整体竞争力。

首先，鼓励两岸建立统一的技术标准，尤其是在电子信息产业。由于台湾在这个领域已经达到世界领先水平，因此在这一领域中订立中国标准比较具有现实性。一旦订立了中国自己的标准，那么当外国投资者到中国来投资就必须按我们的标准，这将无形中提高两岸企业的国际竞争力。

其次，构筑两岸技术交流与合作的平台。进一步鼓励两岸企业与高等院校、科研机构的合作，并定期召开两岸或国际的科研研讨会或电子信息等高科技产品展览会。当然，如果能由两岸政府出面与高等院校、科研机构进行合作，将可以创建一个更为稳定的合作平台，这将能增强这些科研机构合作的信心，提高其合作的积极性。

最后，扶持龙头企业，建立并壮大其研发中心，加大研发投入。两岸政府应在财力方面给予龙头企业必要的支持，有目的地培养技术创新项目。同时，鼓励具有一定科研实力的大型企业建立相应的博士后流动站，组织消化吸收和改良攻关。

第二章 农 业

一、两岸农业发展现状

（一）大陆农业发展现状

1. 大陆农业基本情况

改革开放以来，大陆农业发展取得巨大进步，农业综合生产能力大幅度提高。种植业结构调整稳步推进，油料、糖类、蔬菜、水果等经济作物稳步发展；棉花总体种植面积减少，高品质棉花增加；畜牧业发展势头较好，畜禽养殖效益提高，渔业生产发展平稳，名特优新品种养殖发展迅速。

（1）从农产品的生产来看，农产品生产在质量和数量上都有所发展

粮棉油、水果、蔬菜等主要农产品总产量进一步提高，农产品品种和品质结构进一步优化。优质稻谷、加工专用小麦和玉米、饲用玉米、优质小杂粮生产扩大；集中连片的优质高产棉田继续稳定发展；"双低"油菜比重不断扩大；高产高糖优良品种增多，糖料单产和含糖量均有提高；蔬菜和水果的供给量稳步上升，同时品质不断提升，并且加工专用型品种的比重上升，加工、保鲜水平进一步提高；主要畜产品供给稳步提升，产品质量明显提升，瘦肉猪的比例进一步提高，牛羊畜等肉类产量所占的比重进一步上升；奶产品生产，尤其是

单位：万吨

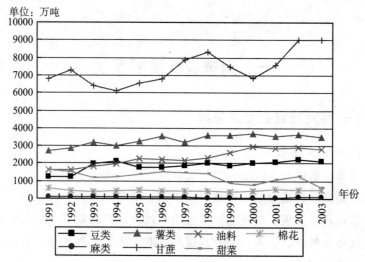

单位：万吨

单位：万吨

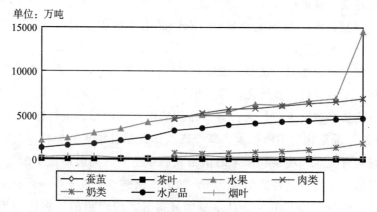

图 2 - 1　1991～2003 年大陆主要农产品产量

资料来源：根据《中国统计年鉴》2004 年相关数据绘制。

液态奶生产进一步扩大；水产品供给逐步上升，养殖渔业产品产量增加，水产品加工水平也得到大力发展。

（2）从需求角度来看，大陆农产品的需求量不断增加

粮食需求量在 2004 年继续维持在 49500 吨左右；油料需求达到人均 12 千克，食用油 1600 多万吨；水果、蔬菜类需求量直线上升；禽产品的需求量在经历了 2004 年初的禽流感的侵袭后，已经稳步回升；畜产品的需求量稳步有升，尤其是牛羊肉的人均需求量增加很多；奶产品的需求继续呈现大幅增长的态势，其中，无污染的纯鲜液态奶涨幅最大；水产品的整体消费水平进一步提高，居民消费稳步增加。近年来，随着大陆居民收入水平的继续增加，人民生活水平不断提高，需求结构也在发生重大变化，表现为对优质农产品的需求大幅度增加，其中，无公害农产品、绿色农产品、有机农产品需求增加最快。

2. 大陆农产品进出口状况

加入 WTO 以后，大陆农产品市场逐步开放，进出口贸易的潜力不断被挖掘。2005 年，大陆农产品的进出口量继续增加。出口量增加很快，进口量增加缓慢。2005 年上半年的主要农产品进出口状况如图 2－2 所示。

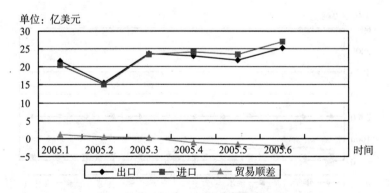

图 2－2 2005 年 1～6 月大陆农产品进出口值

资料来源：根据《中国农业分析报告》（2005 年 2 季度）相关数据绘制。

2005 年亚洲仍然是大陆农产品的第一大出口市场，但是市场份额有所减少，2005 年上半年对亚洲出口 87.0 亿美元，同比增长 20.8%，占大陆农产品出口总额的 66.6%，减少 1.2 个百分点。北美洲和南美洲分别是大陆农产品的第一大和第二大进口基地，亚洲是大陆农产品第三大进口市场。2005 年上半年，从亚洲进口 25.9 亿美元，同比下降 5.7%，占大陆农产品进口总额的 19.4%，减少 0.2 个百分点。

（二）台湾农业发展现状

1. 台湾农业基本情况

台湾可耕地面积非常有限，土壤并不肥沃，每户农家耕地面积平均仅约 1 公顷，农业经营规模甚小，生产成本甚高。台湾通过土地改革、积极培育农业人才及重视农业科技研究发展与应用，使农业在生产、远销、人才培育、公共建设等方面，就质与量来看，均有长足的进步。台湾部分农产品项目在国际市场上具有很强的竞争优势，如台湾的稻米、木瓜、蝴蝶兰、芒果等在国际上销售状况很好。2004 年 6 月，台湾以"公办民营"方式，在香港永安百货设立了台湾农产品海外专卖中心——"台湾农产品精品馆"，销售 200 多种台湾农产品，日平均销售 400 万元新台币。

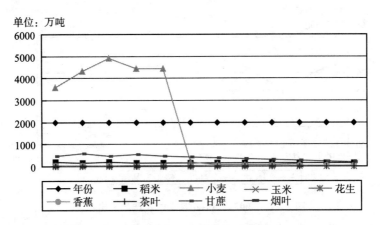

图 2-3　1991～2002 年台湾主要农产品产量

资料来源：根据《中国统计年鉴》2004 年相关数据绘制。

（1）从农产品的生产来看，随着台湾工业化进程的推进，台湾的农业耕地面积有所下降。台湾加入世界贸易组织以后，农产品面临更加激烈的竞争。小规模农业经营的缺陷日益明显，近年来台湾的主要农产品供给量日益减少。

（2）从农产品的需求来看，近年来，台湾经济发展不景气，岛内对农产品的需求量下降，许多产品价格下滑。比如说台湾的水果，其质量、品质都很好，但是由于其居民消费水平有限，水果在岛内的销售量很小。同时，台湾对出口政策实行种种限制，导致台湾的农产品外销量很小，不到总产量的两成。总的来说，近年来台湾的农产品市场需求量不足。

2. 台湾农产品的进出口贸易状况

台湾农业生产发达，生产技术先进；产品加工配套体系完善，农产品多以高级、高值形态出现，商品化程度相对较高，产品出口创汇能力强。每年台湾农产品及农产加工品出口约为 20 亿美元，其中，农产加工品占 85%。但面临土地面积有限、劳动成本过高等制约因素，发展势头近年已明显减缓。岛内农产品价格明显高于国际市场，出口竞争乏力，出口量呈现下滑的趋势，进口量逐年增加，农民依赖补贴增多。

二、两岸农业竞争性、互补性分析

农业经济活动范围广泛，农产品也多种多样，包括从初级产品到消费食品很多种类。影响农业竞争力的因素数量众多，包括：要素禀赋和自然资源，技术，投资，人力资本，管理技能，产品特征，企业策略和市场结构，原材料供应，营销和运输渠道，基础设施和外部性，制度环境，贸易政策。这些因素对农业竞争力的决定作用在四种农业经济活动（生产、集中、交易、分销）当中呈现出不同的重要程度。

（一）竞争性

台湾与大陆沿海省份特别是福建省地理位置十分接近，气候条件也相似，使得台湾与大陆沿海省份的农产品生产结构极其相近，两岸农业呈现一定的竞争性。

从两岸农业产业竞争力来看，大陆农业自然资源丰富、人力成本低下，因此在大宗农产品像稻谷、小麦、玉米等方面，凭借其价格优势，在国际上的竞争力大于台湾的同类产品。以两岸农产品主要的出口市场日本为例，大陆出口到日本的农产品，由 1990 年的 19.76 亿美元，扩增为 2000 年的 62.6 亿美元；而台湾出口到日本的农产品总值由 1995 年的 31 亿美元，锐减到 2000 年的 12 亿美元。与大陆农业相比较，历年来，台湾的农业发展都以精致农业而著称。台湾在农业生产技术、人力资本、管理技能、产品特征、营销和运输渠道上具有优势。这些优势对蔬菜、水果等直接消费品的影响较大。目前来看，台湾的蔬菜和水果的竞争力已经超过大陆。同时，台湾农产品加工配套体系完善，农产品多以高级、高值形态出现，商品化程度高，产品出口创汇能力强。从农业总体上看，台湾农产品的竞争力要强于大陆（见表 2-1）。两岸农业合作的竞争性可能会导致台湾农业对大陆农业造成一定程度的冲击。

表 2-1　1996~2000 年海峡两岸主要农产品竞争力比较

品　　种	内　　地	比　　较	竞争力
谷类作物	中等竞争力	>	弱竞争力
玉　　米	较强竞争力	>	极弱竞争力
小　　麦	极弱竞争力	=	极弱竞争力
家　　禽	较强竞争力	>	极弱竞争力
毛猪及制品	较强竞争力	=	较强竞争力
水　产　品	强竞争力	=	强竞争力
水　　果	强竞争力	=	强竞争力
蔬　　菜	强竞争力	>	中等竞争力

资料来源：李岳云：《海峡两岸农业合作》，2002 年。

（二）互补性

两岸农业也存在着很强的互补性。两岸农业的互补性首先表现为农产品的供给、需求方面。近年来，大陆农产品供给在质量和数量上都有所发展。粮棉油、水果、蔬菜等主要农产品总产量进一步提高，农产品品种和品质结构进一步优化。从需求角度来看，大陆农产品的需求量也不断增加。随着我国居民收入水平的继续增加，人民生活水平不断提高，需求结构也在发生重大变化，表现为对优质农产品的需求大幅度增加。其中，无公害农产品、绿色农产品、有机农产品需求增加最快。与此相对应，近年来台湾的农产品市场供给量有所下降而需求量也呈现出不足。

两岸农业的互补性还表现为资本和技术方面。两岸农业发展处于不同的发展阶段，大陆虽然目前已经进入由传统农业向现代农业转变的过渡时期，但总体上还是处于从粗放型向集约型转变的发展时期，资金和技术都比较缺乏。台湾的整体经济发展水平要高于大陆，农业生产企业化程度和技术水平相对较高，资本规模和密集程度也比大陆要高，农业微观企业组织较大陆具有优势，农业科技和农业推广优势明显。

两岸可以充分利用市场的差异以及资源要素禀赋结构差异的互补性，通过两岸农业合作实现优势互补，形成两岸农业进一步分工和专业化生产，从而将竞争关系化为互补关系；同时，由于竞争关系的存在，可以促使两岸农业企业不断提高企业的核心竞争力，提高各地区的农产品的竞争力，提高合作的效率。加入 WTO 后两岸农业发展都面临着新的挑战，通过农业资源整合等方式来加强两岸农业合作，有利于两岸农业共同发展。

三、两岸农业贸易、投资开放政策的演变

（一）大陆对台湾农业的贸易、投资政策

长期以来，大陆对台湾农产品没有任何限制，台湾的农产品可以方便地进入大陆市场。2004 年对台湾农产品进口实征关税平均税率在 6% 左右，同时大陆对 18 种台湾水果实行零关税。并在大陆靠近台湾

的福建省，开通水果运输的"绿色通道"，帮助解决水果在运输渠道上的保鲜问题。台湾农民到大陆投资可以享受到许多税收优惠政策，如符合《外商投资产业指导目录（2004 年修订）》中的鼓励类并转让技术的投资项目，在投资总额内进口的自用设备，除《外商投资项目不予免税进口商品目录》所列明的商品外，免征进口关税和进口环节增值税等。对台资而言，大陆的投资环境一直非常优越。

（二）台湾对大陆农业的贸易、投资政策

台湾对大陆的农业的贸易、投资，在不同的历史时期，采取了不同的态度，大致可以分为以下两个阶段。

1. 从 20 世纪 80 年代末期到 20 世纪 90 年代中期

20 世纪 80 年代末期开始，台湾当局将两岸农业交流与合作作为其推广和宣传所谓"台湾经验"的重要举措，采取了一些开放措施。"农委会"还设立了"大陆农业研究小组"，并于 1991 年 3 月召开第一次"大陆农业研究小组会议"，提出多项工作任务，包括研究两岸农业交流的进程计划、收集大陆农业信息、研究两岸渔业情况等。1992 年，台湾"农委会"提出第一期"两岸农业发展及技术交流计划"（1992～1995 年）、第二期"两岸农业交流计划"（1996～1998 年），在具体做法上包括提供小农经验、种源交流、渔业管理与资源维护、农业人员互访、交流学术信息与研究成果等。台湾"科学委员会"还投资 800 万元新台币进行"大陆农业发展与两岸农业交流之可行性整合研究"。

2. 20 世纪 90 年代中期以后

进入 20 世纪 90 年代中期后，台湾当局对两岸农业交流与合作开始趋于保守，官方不再公开提倡两岸农业合作，而是针对大陆制定一系列预警、保护等措施，从而影响到两岸农业之间贸易与投资的深入发展。

台湾当局对大陆农产品贸易采取较为严格的限制政策，目前对大陆农产品尚有近 40% 没有开放。岛内需求量较大的大陆农产品，特别是一些特色农产品，无法通过正常转口贸易进入台湾，因而主要通过双方民间海上的"小额贸易"及其他途径进入台湾。台湾对以"小额

贸易"方式进入岛内的农产品视为走私品，进行限制与查禁，从而影响到两岸农产品贸易的正常发展。

对台商赴大陆进行农业投资，台湾则根据其《在大陆地区从事投资或技术合作许可办法》，赴大陆投资的"准许类"项目223项，"禁止类"10项，其余500余项为"专案审查类"，即这些项目要经过审查后才能决定是否可以投资。同时，台湾为了进一步加强与东南亚地区及拉美地区的农业合作，分别制定了"南向政策农业合作方案"与"中南美洲农渔业投资合作计划"，并签署多个协议，试图将台商在农业领域的投资引向东南亚与拉美地区，以遏制台商赴大陆农业投资的势头。

四、两岸农业交流与合作现状

（一）两岸农产品贸易

农产品贸易是两岸贸易的重要组成部分。自两岸转口贸易恢复以来，两岸农产品贸易额以及农产品贸易结构都有很大的提升和改善，但是由于台湾并没有完全开放对大陆农产品进口项目，使得两岸农产品贸易进一步发展受到限制。据台湾统计，截至2005年8月1日，台

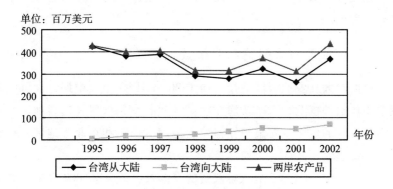

图 2-4　1995~2002 年两岸的农产品贸易额

资料来源：根据台湾"行政院农业委员会"《农产品贸易统计要览》数据整理。

湾准许进口大陆农产品为 1481 项，占农产品 2362 项的 62.70%。①

与两岸整体贸易发展相比，两岸农产品贸易发展缓慢，规模偏小。由于两岸的统计口径不一致，统计数据也略有不同。根据台湾"农委会"统计，1995～2002 年两岸农产品贸易总额由 4.28 亿美元略增到 4.34 亿美元，增幅仅为 1.4%，其中，由大陆进口额还从 4.22 亿美元下降到 3.67 亿美元，降幅为 13.03%，而向大陆出口额由 0.06 亿美元增长到 0.67 亿美元，增加了 10.17 倍。自 2001 年至 2004 年，台湾对大陆农产品出口值分别为 0.49 亿美元、0.67 亿美元、1.76 亿美元及 2.9 亿美元，出口地区排名自 2001 年的第九名，逐渐提升至 2004 年的第四名。

依大陆统计，2004 年两岸农产品贸易为 4.21 亿美元，占大陆农产品贸易总额 514.2 亿美元的 0.82%，较 2000 年的 1.3% 有所下降，占两岸贸易总额的比重也只有 0.54%。

依照 WTO 口径，2004 年两岸农产品贸易额为 3.5 亿美元，占两岸贸易的 0.4%，占大陆整体对外农产品贸易的 0.8%。

从贸易平衡来看，主要是大陆对台湾维持较大的顺差，1995 年顺差高达 4.14 亿美元，2004 年也达到 1.89 亿美元。

从贸易结构来看，大陆对台出口主要为加工层次较低的初级农副产品，单一产品占同类农产品进口比重很高；大陆自台进口农产品结构变化较大，从 20 世纪 90 年代中期以乳制品、皮及其制品等为主向多元化发展。

（二）台商对大陆的农业投资

台商对大陆农业领域的投资始于 20 世纪 80 年代中期，投资的领域主要包括种植业、水产及渔业、畜牧业、食品饮料及饲料加工、木竹等；投资的地区主要集中在福建、海南、山东和东北等地区；投资的方式多是农场式的大规模经营。

截至 2005 年年底，在大陆投资的台湾农业企业达 5000 多家，实际

---

① http://twbusiness.nat.gov.tw/paper/y06/04/49－101.htm。

表 2 - 2　台湾核准的台商赴大陆投资情况

年份	农林渔牧业与食品饮料产业			其他制造业			总　　计	
	件数（件）	金额（百万美元）	比重（%）	件数（件）	金额（百万美元）	比重（%）	件数（件）	金额（百万美元）
1993	946	354.56	11.19	8383	2813.85	88.81	9329	3168.41
1994	418	219.35	13.36	2516	1422.80	86.84	2934	1642.15
1995	367	183.63	10.36	2122	1589.03	89.64	2489	1772.66
1996	364	192.84	10.10	2018	1716.34	89.90	2382	1909.18
1997	367	189.60	8.26	2360	2104.88	91.74	2727	2294.48
1998	82	91.13	4.48	1202	1943.49	95.52	1284	2034.62
2002	140	181.60	2.70	2976	6541.40	97.30	3116	6723.10
2003	159	390.10	5.07	3716	7308.40	94.93	3875	7695.80
2004	39	93.30	1.34	1965	6847.40	98.66	2004	6940.70

注：2002～2004 年数据是根据台湾"陆委会""台商对大陆投资统计（行业篇）"的表格整理而成的；2002 年和 2003 年的数据是将"农林业及渔牧业"与"食品及饮料制造业"的数据合并；2004 年取"农林业及渔牧业"的数据。

资料来源：本表 1993～1998 年数据来源于 http://www.chinabiz.org.tw。

使用台资近 40 亿美元，台资农业企业总体经营状况良好。其中，福建是台商农业投资最早、最多的地区，自 1981 年第一家注册的台资农业企业在漳州落户以来，截至 2005 年年底，全省累计批办农业台资项目 1783 个，合同利用台资 21.6 亿美元，实际到资 12.7 亿美元。海南、山东和东北地区也都是台商农业投资的重点地区；另外，台商在北京、天津、河北、河南、浙江、广东、广西、湖北、湖南、江西、陕西、新疆等地均有农业方面的投资，只是规模不大，投资较为分散。

（三）农业科技交流与合作

两岸在种源引进与交流方面起步甚早，20 世纪 70 年代就有台湾部分优良品种经第三地引进大陆。目前两岸农业科技交流与合作主要从以下几个方面展开：一是相互引进农业良种及先进的农业技术，品种的引进与改良对提高农业劳动生产率有着十分重要的意义。二是积极开展两岸农业技术合作，两岸在生物技术的研究、开发和应用等领域紧密合作，取得了可喜的成果。三是两岸农业科技人才学术交流发展迅速，20 世纪 90 年代以来，两岸科技人才在农业领域的学术交流频繁开展起来，台湾每年都有一大批农业学者、专家来大陆考察访问及参加学术讨论会；大陆去台湾的农业科技人员也不断增加。

据台湾方面统计，到 2000 年年底，台湾自大陆引进农牧渔业优良种源累计达 400 多个，其中，农作物种源 386 个品种，林业 12 个品种，畜牧业 4 个品种，渔业 3 个品种。大陆从台湾引进的种源与优良品种更多，至 2004 年年底，福建全省累计引进台湾优良农业品种 2500 多个，占福建农业良种引进的 60% 以上。

在农业技术交流与合作方面，通过台商的投资与合作，大陆在植物组织培育、脱毒技术、工厂化育苗技术、速冻保鲜、包装技术、畜产品综合深加工、有机生物肥、生物防治技术等领域取得了较大进展。台湾许多先进的农业技术在大陆沿海地区得到应用与推广，促进了当地农业技术水平的提高。

两岸农业科研合作也已起步。如清华大学与台湾红典生物技术公司合作进行生物科技开发与生产。台湾"中央研究院"植物研究所黄檀溪博士与苏州应用藻类研究所李祥麟教授合作，经两年多的试验研究，得出冬虫夏草有室内人工培育的可能性，并达成进一步合作研究的协议。

（四）海峡西岸①与台湾的农业合作现状

海峡西岸与台湾一水之隔，地理的优势再加上血缘的优势，

---

① 海峡西岸经济区是"闽东南地区"概念的延伸，指以福建为主体的台湾海峡西岸地域经济综合体，又称"海西"。其构想包括：以构建福州、厦门、泉州三大城市基本框架为支撑，连接漳州、莆田、宁德，对接三明、南平、龙岩，加快形成福建省城市体系的总体布局；加强交通能源基础设施建设，扩大经济腹地和市场空间；建立产业集群，集聚规模效益。

这个概念在 2004 年 1 月初举行的福建省十届人大二次会议上首次被完整、公开地提出。2006 年两会期间，支持"海峡西岸"经济发展的字样出现在《政府工作报告》和"十一五"规划纲要中。"海西"是指台湾海峡西岸的以福建为核心区的台湾海峡海域与陆地。福建提"海西"，是因为还有"海东"，即海峡东岸的台湾，从战略地位看，这个经济区与台湾隔海相望，将是推进两岸统一大业的关键地带。建设海峡西岸经济区，意在为将来与台湾共同构建"环海峡经济圈"创造条件，并让它在未来中国的经济布局中，成为和长三角、珠三角、环渤海一样重要的经济区，成为中国经济的一个新增长极。

使得两地的农业合作早在 20 世纪 80 年代就开始了。两地之间的农业合作，在投资、贸易、科技交流等方面，都取得了一定的成就。

尽管目前两岸之间还没有实现"三通"直航，但是源起于民间的海峡西岸与台湾的农产品贸易，其规模却在逐年上升。2001 年海峡西岸农产品出口台湾 0.46 亿美元，从台湾进口农产品 0.52 亿美元；2002 年海峡西岸农产品出口台湾 0.54 亿美元，从台湾进口 0.51 亿美元；2004 年福建对台农产品贸易额达 0.46 亿美元，比 2003 年增长约两成，海峡西岸对台农产品贸易顺差达 1000 多万美元。

由于气候、地理条件相近，海峡西岸在引进台资农业企业方面具有很大的优势。台商对农业投资已形成了种养业全面发展，加工出口一条龙的格局。福州、漳州两个海峡两岸农业合作实验区已成为台商投资农业的热点地区。

台湾一直致力于发展精致农业，农业的科技水平远远高于大陆，因此在海峡西岸与台湾的农业合作中，科技交流和合作成为重要组成部分。至 2004 年年底，海峡西岸累计引进台湾优良农业品种 2500 多个，占海峡西岸农业良种引进的 60% 以上。其中有 150 多个良种得到规模化的推广和应用，推广面积超过 660 公顷的品种达 50 多个，引进包括粮食作物、经济作物、园艺作物和水产业、畜牧业等先进实用技术 800 多项，引进设备 5000 多台（套）。与此同时，台湾也把引进海峡西岸丰富的动植物种质资源和农业基础研究成果列为引进的重点，在台湾加以消化和利用。海峡西岸与台湾的农业交流与合作促进了两地农业经济的发展，提高了海峡西岸与台湾农产品的国际竞争力，使双方都得到了实惠。

五、深化两岸农业合作的政策设计

（一）大陆加入 WTO 在农业方面的承诺

农业是大陆加入 WTO 谈判的重点领域之一，大陆分别对农产品的准入、出口补贴、国内支持和卫生及植物检疫作出承诺。根据大陆加入 WTO 议定书，有关农业的承诺，主要包括以下几个方面的内容。

1. 农产品关税减让

大陆将逐年降低大陆农产品关税并对所有农产品关税进行约束。农产品平均关税水平将从 2000 年的 21.3%，逐步降到 2002 年的 18.5%，2003 年的 17.4%，2004 年的 15.8%，2005 年的 15.5%，降幅为 20%，多数农产品的关税减让承诺到 2004 年结束，具体如表 2 - 3 所示。

表 2 - 3　大陆农产品关税减让后的平均水平

单位：%

年　份	关税总水平	农产品平均
2000	15.6	21.3
2001	14	19.9
2002	12.7	18.5
2003	11.5	17.4
2004	10.6	15.8
2005	10.1	15.5
2006	10.1	15.5
2007	10.1	15.5
2008	10	15.1

资料来源：林善浪、张国，《中国农业发展问题报告》，中国发展出版社 2003 年版。

2. 重要农村产品的关税配额（TRQ）管理

加入 WTO 以后，大陆将按照世界贸易组织农业规则的要求取消数量限制，但在一段时间内可以对小麦、大米、玉米、棉花、豆油、食糖、羊毛等重要农产品实行关税配额管理。在关税配额管理制度下，配额内关税率为 1% ~ 10%，配额外关税率为 10% ~ 65%。

3. 农业支持（AMS）的限制

大陆保留了在乌拉圭回合谈判签订的《农业协定》（AOA）下对

农业国内支持提供特定支持和非特定支持的权利，两项支持占相关年份特定产品和农业生产总值的 8.5% 。

4. 取消非关税措施

大陆加入 WTO 后取消对农产品的非关税措施，包括配额、许可证等措施。取消进口许可证和进口配额所涉及的农产品有食糖、烤烟、烟草、橡胶、羊毛等。其中，食糖、烤烟、烟草、羊毛在加入 WTO 的时候取消，橡胶于 2004 年前取消。在加入 WTO 时取消单一许可证的农产品有小麦、玉米、稻谷、大米，以及豆油、花生油、棕榈油、菜籽油等食用油。

5. 出口补贴的消除

大陆承诺，国家或地方所属的国营贸易公司按照 WTO 规定的义务从事经营，国家和地方各级主管部门不对任何企业提供与 WTO 义务不一致的资金转移或其他利益，包括补偿因出口而产生的亏损。

6. 卫生与动植物检疫的限制

取消对美国 7 个州的 TCK 小麦出口禁令；放开美国 6000 多家肉类加工厂对大陆的出口等。

7. 保持对重要农产品的国营贸易、指定经营和国家定价

大陆保留了对粮食、棉花、植物油、食糖和烟草等关系国计民生的大宗商品的进口实行国营贸易管理的权利；保留了对茶、大米、玉米、大豆、丝、棉花等商品的出口实行国营贸易管理的权利。

（二）台湾加入 WTO 在农业方面的承诺

1. 关税减让

台湾承诺对 1021 项农产品平均关税由加入 WTO 之前时的 20% ，在加入 WTO 之后的第一年降为 14% ，然后降至 12.9% ，多数农产品降税在 2002 年完成，有 137 项敏感产品延至 2004 年。

2. 开放市场

加入 WTO 时已经有 90% 以上的农产品市场是开放的，但对 41 种农产品采取限制措施，加入 WTO 后承诺在 2002 年进口稻米 14 万吨；有 23 种农产品采取"关税配额"办法，将进口关税削减 50% ，配额

数量占岛内消费量的 8%；有 18 种农产品自由进口，关税在 20% ~ 40% 之间。

3. 削减岛内农业支持

削减对稻米和杂粮的保护价幅度，对稻田转产补贴和蔬菜价格补贴纳入 AMS 总量之中。

（三）参照 CEPA，深化两岸农业合作

由于大陆已经与港澳签订 CEPA，所以大陆与台湾深化两岸经贸合作后，两岸四地必须在一个平等的环境内进行农业合作。大陆在农业方面的承诺可以考虑 CEPA 中大陆对港澳做出的承诺。具体而言，大陆在农业方面的承诺可以包括以下几个方面：一是降低多数农产品的关税，而且降低的幅度大，时间迅速。二是建立合作机制，将通过《内地与香港澳门更紧密经贸关系安排》联合指导委员会具体指导和协调彼此间贸易投资促进方面的合作。三是通关便利化。通关便利化旨在促进内地和台湾间的货物便利通行。四是提高法律法规透明度。

（四）台湾对深化两岸农业合作应该做出的承诺

相应地，台湾也应对深化两岸农业合作做出相应的承诺，降低农产品的进出口关税，简化繁琐的通关手续，提高台湾法律政策的透明度。

六、深化两岸农业合作对双方的成本收益分析

（一）对大陆农业的成本收益分析

1. 降低农产品进出口价格，增加农产品进出口数量

深化两岸农业合作以后，台湾将消除对大陆农产品贸易的种种障碍。大陆出口到台湾的农产品不再需要转口，以及复杂的边境检验、繁杂的边境手续。这样将大大增加大陆产品的出口量。台湾取消各种

贸易障碍后，原来台湾限制出口到大陆的产品也可以到大陆销售。因此，大陆农产品的进出口数量都会增加。

2. 满足大陆消费者的高端需求

台湾在农业技术和农产品加工、保鲜方面具有优势，在产品创新、口味、包装、卫生条件等方面都是大陆所不能比拟的，因此台湾有不少产品质量远远超过大陆产品，有不少的高档产品。如台湾的花卉品种齐全，热带水果质量普遍优于大陆；同时，台湾生物技术、基因转化方面领先，培育出不少的优良品种。两岸人民消费习性相近，大陆农产品与台湾农产品实现自由贸易后，将会极大地丰富大陆的农产品市场，满足人们对高档农产品的需求。

3. 提高大陆农业的科技水平

深化两岸农业合作以后，来大陆投资的台湾企业的数量必然增加。这些台资企业在大陆生产经营产生技术外溢。两岸之间的农业专家和学者之间的交流也会增加，有利于提升大陆的农业科技水平。

（二）对台湾农业的成本收益分析

1. 降低农产品进出口价格，增加农产品进出口数量

深化两岸农业合作以后，大陆将对台湾的农产品实行零关税，同时两岸之间贸易的障碍也会消除，降低两岸间贸易的成本，增加两岸间农产品进出口数量。

2. 优化台湾的农业结构

台湾土地资源缺乏，人力资本成本较高，在大宗农产品等劳动密集型行业方面不具有优势。和大陆深化农业合作以后，两地之间的贸易、投资、生产要素、劳动力实现了自由化流动。根据贸易转移效应，台湾的大宗农产品生产必然向大陆转移，有利于台湾农业结构的优化升级，做强做大高科技行业。

3. 技术优势的散失

深化两岸农业合作以后，两岸农业相互投资的数量会大大增加。台湾在产品加工、保鲜方面具有明显的技术优势，台湾本土的人力成本很高，台资必然倾向于投资大陆，利用大陆低廉的人力成本，进行

食品加工。这些投资经营，将会散失台湾在产品加工方面的技术优势。

4. 农民的就业受到一定的影响

两岸农业合作加强，台湾劳动密集型产业如农作物的生产等将转移到大陆，农作物种植业的从业人员以及农作物生产的上下游相关产业，包括稻米及杂粮的代耕、干燥及其他食品加工、农药、肥料等产业的从业人员将会受到波及，其就业机会减少。同时，农业合作加深，两岸的劳动力能够自由流动，大陆的劳动力必然会流向人力成本高的台湾地区，势必减少台湾居民的就业机会。

七、加强两岸农业合作的政策建议

深化两岸农业合作以后，两岸农业合作将向着互惠、互利、互动的方向稳定地发展。一方面，阻碍两岸经贸关系发展的政策、法规将被取消，经济规律和市场法则将成为影响两岸经贸走向的主导因素；两岸之间的资金和技术可以依照市场规律运动，相互之间的农业贸易、投资都将增加。另一方面，台湾对技术优势的管制将降低，台资农业企业的技术水平会得到提高，台湾先进的农业技术和大陆低廉的劳动成本相结合，将增强两地的农产品竞争力。

（一）加强两岸农业合作的具体措施

1. 扩大和增加"海峡两岸农业合作试验区"和"台湾农民创业园"等现有的农业交流与合作的载体和平台，继续探求两岸农业交流与合作的新模式

自1997年起，国务院台湾事务办公室、农业部与原外经贸部先后联合批准在福建省（福州市、漳州市）、海南省、山东省平度市、黑龙江省多个县市、陕西杨凌、广西玉林市和广东省（佛山市、湛江市）建立了7个"海峡两岸农业合作试验区"，并在福建省漳浦县、山东省栖霞市设立两个"台湾农民创业园"，为两岸农业交流与合作提供了良好的载体和平台。截至2005年年底，试验区内台资农业企

业已达 1800 家，合同利用台资 20 多亿美元，区内台资农业企业总体经营情况良好。当前两岸除了要在现有的合作载体和平台上巩固和扩大农业合作之外，还应积极寻求制度创新，开创两岸农业交流与合作的新模式。

2. 民间推动与政府引导相结合

目前的两岸经贸合作主要是民间推动的，在农业合作领域也是如此，未来发展两岸农业合作，要继续充分发挥农业投资企业等微观主体的推动作用，加大两岸农业行业协会之间的合作，扩大两岸高校和科研机构的学术交流；同时，也要加大政府的引导力度，避免民间的自发行为在缺乏引导下出现无序行为。

3. 扩大零关税产品种类

自 2005 年 8 月 1 日起，大陆对原产于台湾地区的 15 种水果正式实施零关税。据海关初步统计，2005 年 8 月 1 日至 2006 年 4 月 30 日，大陆进口原产于台湾地区享受零关税待遇的水果共计 2310 多吨，进口总值为 290 多万美元，优惠税款 390 多万元人民币。但是，目前实施进口零关税措施的农产品仅限于水果，种类也只有 15 种，其他的农产品尚未涉及。大陆应该要继续扩大零关税产品的种类，促进两岸货物贸易自由化。2006 年 4 月 14～15 日，首届国共经贸论坛在北京举行，在大陆提出的 15 项惠台政策里，就涉及要对进口台湾的 11 种蔬菜和部分鲜、冷、冻产品实施零关税。

4. 遵循对等开放的原则，敦促台湾取消进口大陆商品限制，对进口原产于大陆的水果及其他农产品实施零关税

两岸经贸关系整体呈现单向不对称现象，在农业合作方面也是如此。农产品贸易方面，台湾单方面限制进口大陆部分农产品；在农业投资方面，台湾也限制大陆企业投资台湾农业。大陆已经给予台湾 15 种水果零关税的优惠政策，台湾也应该本着对等开放的原则，尽早地向大陆开放水果或其他农产品市场，实行零关税的优惠政策。

5. 十分重视并妥善处理好两岸农业合作中的农业安全问题

农业安全问题除了病虫害、污染、基因等问题外，还包括禽流感、口蹄疫、疯牛病、链球菌等涉及农产品与水产品的食品安全问题

以及外来物种等问题。台湾常常借口大陆农产品出口中的病疫与污染，限制大陆农产品进口。因此，大陆要积极发展无公害、绿色食品和有机食品，提升农产品质量安全水平。2005 年前三次例行监测中，大陆 37 个城市蔬菜农药残留监测结果，按照 CAC 标准，平均合格率为 94.2%，较 2001 年提高了 29.2 个百分点。在两岸未来农业合作中，要十分重视并妥善处理好农业安全问题，严把质量关，并通过信息、技术交流与合作，共同防范农业安全问题。

6. 加强闽台农业合作

福建省与台湾省地理位置相邻，气候相近，农业生产的自然条件相近，决定了闽台农业产品的相似与市场的相同，具有较强的竞争性；同时，由于闽台农业发展阶段和两地资源禀赋的差异性，使得两地农业同时也具有很强的互补性。福建省要抓住"海峡两岸农业合作试验区"扩大至全省这一契机，努力建成台湾农产品输入的区域物流集散基地、台湾农业外移的吸纳腹地、台湾农民再创业乐园和台湾农产品加工出口基地等"四大基地"，发挥试验区的窗口作用、示范作用和辐射作用，积极推动海峡两岸农业合作向更广领域、更高层次发展。

（二）拓展海峡西岸与台湾农业合作的政策建议

海峡西岸与台湾的农业合作，之所以取得如此大的成就。其主要原因是，海峡西岸在与台湾的农业合作中，具有人文优势、地缘优势、经济产业结构优势、政策优势等。在下一步的工作中，海峡西岸要尽量发挥自身的优势，争取与台湾的农业合作取得新突破。

1. 完善海峡西岸与台湾农业合作试验区

为加深海峡西岸与台的农业交流合作，海峡西岸已经建立了各种类型的闽台农业合作试验区：一是台商投资区；二是对台农业引进综合实验区；三是建立对台农业引进开发区；四是对台农业引种隔离区；五是闽台农业科技园区；六是两岸农业合作实验区。海峡西岸应该进一步完善这些试验区的配套措施，真正让这些合作区发生作用，促进合作区与台湾的农业合作。

建立农业合作试验区，其在吸引台资、科技交流及合作等方面具有非常重要的作用，这一点可以从漳州建设的"海峡两岸农业合作试验区"中得到很好的验证。1997年7月，国家在福州、漳州设立全国首家"海峡两岸农业合作实验区"，漳州实验区启动9年来，着力发展名、优、特、新、稀等农副产品，优化农业结构，发展高效优质农业。漳州市以试验区为中心，积极寻求拓展。它在全市范围内规划、细分了实验区的10个合作区，至2005年2月，实验区共批办台资农业项目468个。如今，漳州已成为台商投资农业的密集区，台湾农业外移基地和台湾农业科技信息示范、辐射的窗口。

2. 建立通关、检验、检疫便利机制

2005年大陆对部分台湾水果实行零关税，海峡西岸成为这些水果登陆大陆的主要通道。鉴于水果的保鲜要求，应该对输送到大陆的水果实施便利、快捷的通关和检疫。同时在大陆沿海设立集散地和中转站让台湾水果直接进入大陆市场已经成为当务之急，而海峡西岸最有条件成为台湾水果进入大陆的集散地和中转站。海峡西岸检验检疫局已推出优先审批、优先报检、优先检验检疫、优先出证放行的"四优先"便利措施，加快验放速度，希望推动海峡西岸成为台湾水果进入大陆的集散地和中转站。海峡西岸更应利用人缘地利等得天独厚的优势为台湾水果提供更便捷的通道，打造台湾水果进入大陆市场的运输和销售集散中心。快速通畅水果进关，加速水果集散地建设，进一步丰富海峡西岸与台湾农业合作的内容。

3. 加强渔工培训，引导渔工输台

两岸渔工劳务合作是两岸经贸合作的重要组成部分，但是长期以来，由于在两岸间没有建立起有效的对口协调机制，特别是大陆渔工的正当权益没有得到有效的保护，致使在这项业务的发展当中，各种纠纷，甚至意外事件时有发生。在这种情况下，大陆方面不得已在2001年年底暂停了这项业务。海峡西岸与台湾海上渔业资源相互叠，两地渔业应广泛合作。考虑到台湾渔业界渔工的缺乏，恢复大陆渔工的输台对台湾有着切实的利益。海峡西岸应该积极主动地为恢复这项合作创造条件，并且支持两岸民间的对口行业部门进行接触，举行商谈，建立有效的对口协调机制。另外，应该积极立法鼓励和规范对台渔工劳务输出，由渔业行政主管部门负责渔工资格审查，凡申请赴台渔工，一律须持合格证上岗。最后，海峡西岸应发挥渔业行业协会如水产学会、远洋渔业协会等的作用，与台湾渔会保持密切的联系与沟通，协调好各方关系，以维护海峡西岸渔工的合法权益。

4. 组建"两岸农业合作"试验区

两岸农业合作的加强和深化，很难在两岸这么大的范围内同时进行，我们可以考虑在具有各种优势的海峡西岸先设立试验区。在试验区内试行全面通关、通汇、通税的自由贸易政策；努力促进自由贸易区内的农业生产要素与台湾的农业要素资源进行全方位的合作，同时，彻底打破单纯农业合作的框架，开展自由贸易区内农业、科技、信息、资源、人才、资金、土地等资源充分整合和优化利用。

第三章 旅 游 业

一、两岸旅游业的发展现状

（一）大陆旅游业的发展

1949 年 11 月，大陆第一家旅行社诞生。到改革开放前，旅游工作一直属于民间友好往来的范畴，对宣传大陆的建设成就、加强国际友好往来，起到了重要的历史作用。但是，由于当时的旅游接待主要是从扩大政治影响考虑，旅游设施总体规模很小，结构单一，旅游业并没有真正形成一个完整的产业。1978 年，来大陆旅游入境人数仅为180.9 万人次，其中外国游客 23 万人次；旅游创汇 2.63 亿美元，位居世界第 41 位。

1978 年以后，大陆旅游业从无到有，从小到大，产业形象日益鲜明，产业规模不断壮大，成为国民经济中发展速度最快的行业之一。

1. 旅游业总体情况

（1）企业数量

2003 年，大陆共有各类旅游企事业单位 304362 家（其中，星级饭店、旅行社等统计报表报送单位 30317 家，抽样调查的其他旅游住宿设施 274045 家）。具体构成是：旅行社 13361 家（其中，国际旅行社 1364 家，境内旅行社 11997 家）；星级饭店 9751 家（客房 99.28 万间）；旅游景区（点）、旅游车船公司等其他旅游企业 7205 家；其他旅游住宿设施 274045 家（其中，社会旅馆 80074 家，个体旅馆 193971 家；共拥有客房 634.08 万间、床位 1358.27 万张）。2004 年年底大陆共有 15339 家旅行社，新增加 1978 家，其中，国际旅行社增加 108 家，境内旅行社增加 1870 家；旅行社总资产 424.38 亿元，同比增长 9.42%。

（2）旅游从业人员情况

2003 年年末，大陆旅游业直接从业人员 648.74 万人。具体构成是：旅行社 24.98 万人；星级饭店 135.06 万人；旅游景区（点）、旅游车船公司等其他旅游企事业单位 82.33 万人；其他旅游住宿设施 406.38 万人（其中，社会旅馆 336.97 万人，个体旅馆 69.41 万人）。

（3）旅游企业经营情况

2003 年，30317 家旅游企业年营业收入达 2308.04 亿元，向国家上缴营业税金 71.01 亿元；大陆 13361 家旅行社共实现营业收入 652.79 亿元，向国家上缴税金 6.66 亿元；旅行社的全员劳动生产率为 26.13 万元/人，全年人均实现利税 0.26 万元。2003 年年末大陆共有星级饭店 9751 家，其中，内资饭店 9073 家，外资饭店 678 家；星级饭店共实现营业收入 983.16 亿元，上缴营业税金 49.52 亿元；全员劳动生产率达 7.28 万元/人。2003 年，纳入统计范围的主要旅游景区（点）、旅游车船公司等"其他旅游企业"有 6122 家。"其他旅游企业"全年共实现营业收入 635.57 亿元，向国家上缴营业税金 23.50 亿元，全年实现利润 55.84 亿元。

2. 旅游市场

大陆入境旅游、出境旅游和境内旅游均快速增长，旅游产业规模日渐庞大，已成为全球第五大旅游国。

（1）入境旅游

大陆正吸引着越来越多的境外游客到大陆来旅游，无论是外国游客还是港澳台同胞、侨胞的人数都有大幅度的上升。2004 年，大陆入境旅游全面恢复振兴并有新的突破性大发展，入境旅游外汇收入累计达 257.4 亿美元。从 1978 年至 2004 年国际旅游的外汇收入有了巨大的增长，2004 年的旅游外汇收入是 1978 年的 97.9 倍（见表 3-1）。

表 3 – 1　1978～2004 年大陆国际旅游外汇收入

年　　份	外汇收入（亿美元）	发展指数（1978 年为 100）	比上年增长（%）
1978	2.63	100.0	—
1979	4.49	170.9	70.9
1980	6.17	234.6	37.3
1981	7.85	298.6	27.3
1982	8.43	320.7	7.4
1983	9.41	358.0	11.6
1984	11.31	430.3	20.2
1985	12.50	475.5	10.5
1986	15.31	582.3	22.5
1987	18.62	708.1	21.6
1988	22.47	854.6	20.7
1989	18.60	707.7	– 17.2
1990	22.18	843.5	19.2
1991	28.45	1082.1	28.3
1992	39.47	1501.3	38.7
1993	46.83	1781.4	18.7
1994	73.23	2785.4	—
1995	87.33	3321.7	19.3
1996	102.00	3880.0	16.8
1997	120.74	4592.7	18.4
1998	126.02	4793.4	4.4
1999	140.99	5362.7	11.9
2000	162.24	6171.2	15.1
2001	177.92	6767.6	9.7
2002	203.85	7753.9	14.6
2003	174.06	6620.8	– 14.6
2004	257.39	9790.4	47.9

注：表 3 – 1 中的发展指数及比上年增长的百分比数据均四舍五入到小数点后一位。
资料来源：中国国家旅游局。

　　2004 年入境旅游人数 10903.8 万人次，比上年增长 19%，比 2002 年增长 11.4%。其中，外国人 1693.25 万人次，香港同胞 6653.89 万人次，澳门同胞 2188.16 万人次，台湾同胞 368.53 万人次① （见表 3 - 2）。

表 3 - 2　1978 ~ 2004 年大陆入境旅游人数

单位：万人次

年　份	总　计	外国游客	港澳台侨胞	港澳同胞	台湾同胞
1978	180.92	22.96	157.96	156.15	—
1979	420.39	36.24	384.15	382.06	—
1980	570.25	52.91	517.34	513.90	—
1981	776.71	67.52	709.19	705.31	—
1982	792.43	76.45	715.98	711.70	—
1983	947.70	87.25	860.45	856.41	—
1984	1285.22	113.43	1171.79	1167.04	—
1985	1783.31	137.05	1646.26	1637.78	—
1986	2281.95	148.23	2133.72	2126.90	—
1987	2690.23	172.78	2517.44	2508.74	—
1988	3169.48	184.22	2985.26	2933.56	43.77
1989	2450.14	146.10	2304.04	2243.09	54.10
1990	2746.18	174.73	2571.45	2467.54	94.80
1991	3334.98	271.01	3063.97	2955.96	94.66
1992	3811.49	400.64	3410.85	3262.57	131.78
1993	4152.69	465.59	3687.11	3517.79	152.70
1994	4368.45	518.21	3850.24	3699.69	139.02
1995	4638.65	588.67	4049.98	3885.17	153.23
1996	5112.75	674.43	4438.32	4249.47	173.39
1997	5758.79	742.80	5015.99	4794.33	211.76
1998	6347.84	710.77	5637.07	5407.53	217.46
1999	7279.56	843.23	6436.33	6167.05	258.46
2000	8344.39	1016.04	7328.34	7009.93	310.86
2001	8901.29	1122.64	7778.65	7434.46	344.20
2002	9790.83	1343.95	8446.88	8080.82	366.06
2003	9166.21	1140.29	8025.92	7752.73	273.19
2004	10903.82	1693.25	9210.57	8842.05	368.53

资料来源：中国国家旅游局。

---

①　http：//www.cnta.gov.cn/tongjibanlan/index.htm。

大陆入境旅游产业规模和在国际上的竞争力正在不断加强，入境旅游人数和旅游（外汇）收入的世界排名分别从 1980 年的第 18 位和第 34 位发展到 2003 年的第 5 位和第 7 位（见表 3 - 3）。

表 3 - 3　1978 ~ 2004 年大陆入境旅游人数和旅游（外汇）收入的世界排名①

年　份	过夜旅游者人数（万人次）	世界排名	旅游（外汇）收入（亿美元）	世界排名
1978	71.60	—	2.63	—
1979	152.90	—	4.49	—
1980	350.00	18	6.17	34
1981	376.70	17	7.85	34
1982	392.40	16	8.43	29
1983	379.10	16	9.41	26
1984	514.10	14	11.31	21
1985	713.30	13	12.50	21
1986	900.10	12	15.31	22
1987	1076.00	12	18.62	26
1988	1236.10	10	22.47	26
1989	936.10	12	18.60	27
1990	1048.40	11	22.18	25
1991	1246.40	12	28.45	21
1992	1651.20	9	39.47	17
1993	1898.20	7	46.83	15
1994	2107.00	6	73.23	10
1995	2003.40	8	87.33	10
1996	2276.50	6	102.00	9
1997	2377.00	6	120.74	8
1998	2507.29	6	126.02	7
1999	2704.66	5	140.99	7
2000	3122.88	5	162.24	7
2001	3316.67	5	177.92	5
2002	3680.26	5	203.85	5
2003	3297.05	5	174.06	7
2004	4176.14	*	257.39	*

资料来源：中国国家旅游局。

---

① ＊表示世界旅游组织尚未公布。

（2）境内旅游

大陆旅游市场规模大，增长快，潜力强。大陆旅游业，是在改革开放以后逐渐起步，20世纪90年代以后大力发展起来的。改革开放是境内旅游业繁荣和发展的前提，境内旅游业又是国民经济持续发展、人民生活水平不断提高的一个表现。近年来，境内旅游整体发展势头良好。2004年大陆境内旅游出游人数达到11.02亿人次，首次突破10亿人次大关。2004年大陆境内旅游的总花费达4710.71亿元，而1985年大陆境内旅游的总收入只有80亿元，到了1995年也仅仅达到1375.7亿元，同时，由表3-4我们可以看到大陆境内旅游的出游率①也达到了84.8%，可见大陆境内旅游市场的火暴。城镇居民的出游率一直保持在农村居民出游率的两倍以上，但近年来农村居民出游率的增长速度有高于城镇居民的趋势。

大陆旅游业市场具有三个显著的特点：现实性、规模大和潜力足。其现实性体现在它是一个适应不同层次消费者的市场，无论花费高低，其相应的旅游消费需求都能得到满足。这一多层次的消费特征，决定了它是一个现实的、大众化的市场。随着经济的发展和人民生活水平的提高，国民对旅游的消费需求将更加普遍，旅游市场的发展潜力将不可限量。旅游业已经成为许多地方新的经济增长点，它促进区域经济发展、改善地区经济结构，带动了一大批相关产业的发展。大陆境内旅游业的经济总量目前已达到大陆国际旅游业的2倍。按照发达国家的统计，这个倍数可以达到7～8倍。因此，境内旅游业在大陆有着相当大的发展潜力。境内旅游业的发展，不但可以使中低档次的旅游景点产生效益，而且由于它具有创造的就业空间大、劳动就业成本低的特点，从而可以吸收大量人员就业，进一步扩大内需、拉动经济，创造新的经济增长点，促进老少边穷地区脱贫致富。在开展爱国主义教育和进行社会主义精神文明建设的过程中，"红色旅游"也发挥了特殊的积极作用。随着国家有关部门和各地政府从政策上及协调配合上进一步采取措施，居民有薪假期时间的增多，以及

---

① 出游率指城镇居民或农村农民出游的人次数占其人口数的比重。

旅游交通设施的完善，境内旅游正日益成为人们的一种生活时尚，大陆境内旅游业将会有更大的发展。

表 3 - 4   2004 年大陆境内旅游基本情况

	总人次数（亿人次）	出游率（%）	总花费（亿元）	人均花费（元）
大陆合计	11.02	84.8	4710.71	427.5
城镇居民	4.59	126.6	3359.04	731.8
农村农民	6.43	68.7	1351.67	210.2
城镇居民	4.59	126.6	3359.04	731.8

资料来源：中国国家旅游局。

（3）黄金周境内游

黄金周的旅游市场在 2004 年到 2005 年，无论是在出游人数或是出游收入上都有较大增长。2005 年"十一"黄金周期间，在大陆接待的 1.11 亿人次旅游者中，过夜旅游者（仅限于住在宾馆饭店和旅馆招待所）为 2858 万人次，比 2004 年同期增长 7.6%；一日游游客为 8284 万人次，比 2004 年同期增长 11.5%。在所实现的 463 亿元旅游收入中，民航客运收入 24.5 亿元，比 2004 年同期增长 32.4%；铁路客运收入 12.3 亿元，比 2004 年同期增长 7.9%；39 个重点旅游城市实现旅游收入 210 亿元；其他旅游城市和景区实现旅游收入 216 亿元。39 个重点旅游城市监测的 186 家商业企业，共实现销售收入 46.86 亿元，比 2004 年同期增长 17.3%；监测的 173 家餐饮企业，共实现营业收入 3.35 亿元，比 2004 年同期增长 20.4%（见表 3 - 5）。

（4）出境旅游

大陆公民出境旅游的发展，使大陆旅游业的市场体系更加完整和成熟，形成了"入境、境内、出境"三个方面共同发展的局面，在国际旅游市场上的地位进一步提高；同时，也满足了境内比较富裕的居民出境旅游的需求，成为大陆进一步扩大对外开放的标志之一。

表 3 – 5　2004~2005 年大陆黄金周旅游情况统计表

时　　期	旅游人次（亿人次）	比上年同期增长（%）	总收入（亿元）	比上年同期增长（%）	人均花费支出（元）
2004 年春节	0.63	6.4	289.6	12.4	458
2004 年"五一"	1.04	19.6	390	17.8	375
2004 年"十一"	1.01	12.1	397	14.7	—
2005 年春节	0.69	9.1	313	8.1	453
2005 年"五一"	1.21	16.0	427	20.0	385
2005 年"十一"	1.11	10.5	463	16.6	415

资料来源：根据中国国家旅游局和全国假日办有关资料汇总。

　　1994 年至 2003 年短短 10 年间，大陆累计出境近一亿人次，年均增长 13.87%。其中，2003 年出境总人数达 2022 万人次，首次超过日本 1700 万人次左右的出境规模。2004 年是大陆公民旅游目的地数量增加最快的一年。截至 2004 年年底，大陆公民可以组团前往旅游的目的地国家和地区达到 63 个。与 2003 年年底的 28 个相比，增长迅速。首先，欧盟的整体开放并与欧洲《申根协议》国家相连接，使大陆出境旅游的欧洲目的地扩大到欧盟以外。其次，非洲国家成片跟进。再次，2004 年年底，中美两国《旅游合作谅解备忘录》的签署，使大陆公民出境旅游目的地在北美实现零的突破。与此同时，大陆公民德国"自由行"，也预示了非团体出境旅游逐步放开的趋势。2004 年上半年，大陆出境旅游市场继续强劲增长，大陆公民出境人数在 2004 年上半年累计达到 1333 万人次，其中，因私出境人数达到 1057 万人次，占出境总人数的 79%，分别比 2003 年和 2002 年同期增长 87% 和 136%。2004 年大陆公民出境旅游超过 2800 万人。

（二）台湾旅游业的发展

1. 旅游业总体情况

　　台湾的旅游业是从 1956 年起开始发展起来的。半个世纪以来，依次经历了外国游客来台观光、民众出岛观光和民众岛内观光三个重点发展阶段，现已实现入境旅游（"境"特指关境，下同）、出境旅游和岛内旅游"三位一体"的发展格局。但是，台湾基本上属于旅客产出地区，出境旅客多于入境旅客，观光收益逆差较大。总体而言，台湾旅游业落后于亚洲一些国家和地区，其入境游客接待量占全球出境游客人数的0.33%，观光收益约占全球观光收益的2.5%。目前，台湾正实施"二十一世纪发展观光新战略"，力图打造"观光之岛"，争取一跃成为亚洲主要旅游目的地之一。各旅游企业也使出浑身解数"深耕旅游业"，以使台湾旅游业在国际市场上令人耳目一新。

台湾的旅游资源十分丰富，尤以自然旅游资源最为突出，复杂奇特的地貌景观、变化多端的气候和种类繁多的动植物，使得台湾像一座海上大公园，从清代开始便有"八景十二胜"之说。随着现代旅游业的发展，传统的自然风景区已经无法满足需求，许多主题公园或乐园如剑湖山、九族文化村等相继被开发出来。台湾还日渐重视对人文旅游资源如文物古迹、建筑、民间艺术、民俗风土、特色美食等的开发，使其与自然景观融合在一起，充分体现出历史价值和人文特色。此外，旅游资源的开发范畴不断向都会景观、工农业生产景观、科技园区、博物馆、展览馆等延伸，极大地丰富了旅游的内容。

台湾在开发旅游资源的同时，较为重视旅游资源的保护问题，如推行"生态保育、环境永续"理念，制定并实施了"观光资源永续发展策略"，辅导旅游业界推广生态旅游，建立观光资源退场与养息机制、观光环境监测机制等，收到较好的效果。

台湾旅行社成长的分水岭是当局1979年开放民众出境观光，并于次年开放台湾人民赴大陆观光，旅行社的数量迅速发展，业务经营范围更广。截至2003年，全台湾旅行社共计1923家，从业人员40740人。但台湾的旅行社存在家数多而规模小、抗风险能力差的问题。

台湾旅游饭店依规模与设备分为国际观光旅馆与一般观光旅馆。截至2003年年底，台湾共有国际观光旅馆62家、客房18776间，一般观光旅馆25家、客房3120间。旅馆业平均住房率在60%左右，总营业收入每年约有300多亿元新台币，从业人员19853人。近十年来，台湾旅馆业朝向国际化发展，饭店等级不断提高，新建的饭店多是四、五星级的国际观光旅馆，出现了福华、长荣等连锁经营的本岛大型饭店集团。

台湾的旅游景点景区星罗棋布，全岛观光游憩区共计279处，较具代表性的有100处左右。这些景点景区的经营管理因行政体制隶属不同，分为"国家"风景区（12处）、"国家"公园（6处）、"国家"森林游乐园（16处）、"国家"农场、自然保留区和保护区以及县、市级风景区等。值得一提的是，阿里山、阳明山、太鲁阁、垦丁、东部海岸等处景区的开发已具有世界级水准。

2. 旅游市场

入境旅游方面，2004年来台旅客计2950342人次，2005年1月至7月来台旅客累计1914749人次，与2004年同期相较增长17%。主要来台市场与2004年同期比较分别为：日本629431人次（增长39.2%）、中国港澳25040人次（增长4.9%）、美国231328人次（增长2.2%）、韩国110710人次（增长28.6%）、新加坡85973人次（增长40.4%）、马来西亚58603人次（增长21.9%）、欧洲101380人次（增长7.6%）、新西兰和澳大利亚31076人次（增长14.9%）。

出境旅游方面，台湾于1979年开放出境观光旅游，到2002年出境旅游人数达到750.7万人次，23年间增长500倍。2000年以来，每年台湾民众出境率超过20%，平均每人出境次数0.4次左右、停留天数约10天。可见相较于增长缓慢的入境旅游，台湾的出境旅游增长猛烈。2005年1~7月累计出境游4900367人次，与上年同期比较增长8%。如此大量的出境人数，造成了每年旅游外汇逆差约23亿美元。由于近年来台湾对大陆的投资和两岸贸易的增长，台湾每年出境旅游人次有近五成前往港澳或经由港澳进入大陆。

台湾岛内旅游市场快速发展，依据台湾"观光局"2001年的《旅游状况调查》估算，岛内游客人次为9745万人次，旅游总花费约2417亿元新台币，民众出游率为86.1%，平均每人出游5.26次，平均停留天数1.7天，平均到访据点数1.5个，每人每次旅游花费2840元新台币。除了平均每人每天花费、停留天数和到访据点数略有降低外，其他指标都是增长的，显示出岛内旅游市场有持续增长的潜力。

二、两岸旅游业的国际竞争力

依据波特（Michael E. Porter）的产业国际竞争力国家钻石模型[①]，将旅游业国际竞争力的影响因素概括为旅游生产要素状况、境内旅游需求、旅游相关及辅助产业的状况、旅游企业的战略、结构与竞争、机遇以及政府六个方面。同时根据影响旅游业国际竞争力的相关因素及其内在关系，运用层次分析法（AHP），将旅游业国际竞争力综合评价的基本层次概括为具体模型。朱应皋、万绪才将 2000 年和 2001 年国际旅游目的地全球前 10 位或国际旅游收入全球前 10 位的 11 国列为全球旅游11 强，并对其旅游业国际竞争力分别进行了定量综合评价，同时将大陆旅游业国际竞争力与其他旅游强国进行了横向比较，得出的结论是，大陆旅游业国际竞争力较强，居全球第 6 位[②]。而根据台湾方面的统计，2003 年台湾旅游业的国际竞争力列全球倒数第二十名[③]，足以看出两岸旅游业的国际竞争力存在着本质的差距（见表 3－6）。

表 3－6　大陆旅游业国际竞争力评价值与世界其他旅游强国比较

国　别	美国	法国	西班牙	意大利	德国	大陆	英国	加拿大	墨西哥	奥地利	希腊
旅游资源与产品	0.280	0.326	0.346	0.346	0.297	0.328	0.281	0.243	0.259	0.214	0.265
社会经济条件	0.662	0.252	0.156	0.221	0.286	0.157	0.228	0.162	0.149	0.108	0.083
其他条件	0.071	0.069	0.060	0.059	0.067	0.058	0.066	0.065	0.053	0.063	0.056
国际旅游业绩	0.797	0.593	0.496	0.391	0.220	0.297	0.237	0.176	0.160	0.182	0.134
总评价值	1.810	1.240	1.060	1.010	0.870	0.840	0.810	0.650	0.620	0.560	0.530

资料来源：朱应皋、万绪才：《中国旅游业国际竞争力综合评价》，载《人文地理》2005 年第 1 期。

---

① 迈克尔·波特：《国家竞争优势》，华夏出版社 2002 年版。
② 朱应皋、万绪才：《中国旅游业国际竞争力综合评价》，载《人文地理》2005 年第 1 期。
③ 台湾《远见杂志》，www. bookzone. com. tw：81/gate/gb/www. gvm. com. tw。

虽然相比之下大陆旅游业的国际竞争力和市场规模是台湾方面无法比拟的，而在配套设施、从业人员素质、服务特色、行业发展的成熟程度方面大陆的旅游业与台湾旅游业相比仍存在着差距，两岸的旅游业各具优势。

三、两岸旅游业的开放政策

（一）大陆旅游业的开放政策

1. 大陆加入 WTO 之后旅游业对外资开放的承诺

大陆旅游业在加入世界组织谈判中对外资开放已经做了如下承诺：

在饭店经营准入方面，允许外国服务提供者以合资企业形式在大陆建设、改造和经营饭店，并允许外资拥有多数股权；在大陆加入 WTO 后 4 年内，取消只允许外资以合资企业形式在大陆建设、改造和经营饭店的限制，允许设立外资独资饭店。

在旅行社准入方面，承诺大陆加入世界贸易组织后，允许外国服务提供者以合资旅行社形式在大陆经营旅行社业务；大陆加入 WTO 后 3 年内，允许外资在合资旅行社中拥有多数股权，即可以控股；大陆加入 WTO 后 6 年内，允许设立外资独资经营的旅行社，且取消设立地域的限制和设立分支机构的限制；外商投资设立的旅行社注册资本为 400 万元人民币，大陆加入 WTO 后 3 年内，外商投资旅行社的注册资本降为 250 万元人民币，大陆加入 WTO 后 6 年内，外商投资旅行社的注册资本数额享受国民待遇，即等同内资旅行社。

在外商投资旅行社的经营范围方面，允许经营入境旅游和境内旅游业务，不允许经营大陆公民出境旅游的业务。

此外，根据大陆服务业加入 WTO 水平承诺，允许外国提供者在大陆自由选择投资合作伙伴，包括行业内外的合作者。由此，外国服务提供者投资旅游业，不仅可以选择旅游业内的合作者，也可以选择旅游业外的合作者。就外商投资旅行社而言，不仅可以选择大陆旅行社共同投资设立合资经营旅行社，也可以选择大陆其他行业的合作者共同投资设立合资经营旅行社。当然，外商选择的大陆合资伙伴，必须是在大陆合法的公司法人，同时还必须满足国务院旅游行政管理部门规定的审慎要求和特定的行业要求。

2. 目前大陆方面对于大陆居民赴台旅游的政策

2005年3月4日，胡锦涛就新形势下发展两岸关系提出了四点意见，受到两岸同胞的普遍欢迎和国际舆论的广泛肯定。2005年3月和5月，国民党主席连战、亲民党主席宋楚瑜分别访问大陆。胡锦涛与连、宋在北京就促进两岸关系改善和发展的重大问题及两党交往事宜，广泛而深入地交换了意见。中国国民党、亲民党大陆访问团表达了台湾同胞期待大陆居民赴台湾旅游的强烈愿望。

2005年5月3日，中共中央台湾工作办公室、国务院台湾事务办公室主任陈云林在上海宣布，大陆有关方面将于近期开放大陆居民赴台湾旅游。陈云林表示，开放大陆居民赴台湾旅游，不仅可以扩大两岸民间交往，而且有助于促进台湾旅游、餐饮服务及相关产业的繁荣，给台湾民众带来实实在在的利益。陈云林说："由于众所周知的原因，这件事情一直未能办成。国民党、亲民党多次向我们表达了台湾同胞期待大陆居民赴台旅游的强烈愿望，亲民党并就此提出了具体意见和建议。我们的旅游主管部门和相关团体欢迎台湾旅游业民间组织，尽快与我们磋商相关问题，做出安排。"

2005年5月20日中国国家旅游局新闻发言人就开放大陆居民赴台旅游的问题提出了以下几点原则：

（1）开放大陆居民赴台旅游是两岸中国人之间的事情。

（2）组织大陆居民赴台旅游将有计划、有步骤、循序渐进地开展。

（3）大陆旅游业界将与台湾旅游业界及相关各界人士相互协作，积极推动大陆居民赴台旅游早日实现。

（4）将根据台湾方面的接纳能力和有关条件考虑游客数量。

（5）呼吁台湾改变大陆居民赴台观光进行分类的做法。

一旦赴台旅游开放，国家旅游局将会选择国旅、中旅、青旅、海旅等数家旅行社先行试点，预计市场前景将非常看好，但关键还是要看台湾是否配合以及允许人数而定。此外，由于全面开放大陆人士来台观光，牵涉到身份查核、违法或滞留旅客遣返、双方旅行社的合作规范、旅游纠纷调处以及相互通报窗口的建立等问题，都需要双方进行磋商，对此，国家旅游局表示，希望台湾方面不要附带条件，让业者团体能够尽快前来协商。

（二）台湾旅游业的开放政策

在海峡两岸人民的积极呼吁和推动下，台湾当局在 2001 年年底通过了《大陆地区人民来台从事观光活动许可办法》。但是，却又将大陆居民分成三类（第一类是在大陆生活工作的大陆居民；第二类是出访其他国家或地区的大陆居民；第三类是在其他国家或地区工作、学习、定居的大陆居民），并先开放所谓"第三类大陆居民"赴台旅游，其后于 2002 年 5 月 1 日开放所谓"第二类大陆居民"赴台旅游。即使第二类、第三类的赴台旅游也限制甚多，如必须"团进团出"，晚上 11 时以后不得外出及每晚点名等。这些严苛的限制严重影响游客的自由安排和旅游心情，这两类人士赴台旅游的人数十分有限。由于台湾当局政策的人为限制，部分两岸旅游行业企业通过变相手法，组织大陆居民以商务考察为名赴台旅游，导致价格高，一般一周需要 3 万新台币以上，而且风险大。

2003 年台湾"大选"之后，台湾旅游行业要求开放大陆居民赴台旅游的呼声再度高涨，台湾当局迫于压力，"陆委会"于 2004 年 4 月底通过"大陆地区人民来台从事观光活动许可办法"修正案，取消第二类、第三类大陆居民赴台旅游须"团进团出"的规定，放宽大陆居民赴台旅游不得变更行程的限制等。随后，台湾当局又规划在两岸协商的基础上全面开放大陆居民赴台观光旅游。台官员表示，开放大陆居民赴台观光旅游是既定政策，但两岸官方必须先取得共识，必须有大陆的配合才可行，实际上仍为大陆居民赴台旅游设置障碍，导致大陆居民赴台旅游迟迟不能实现。

对于 2005 年大陆方面要放开大陆居民赴台旅游的政策，台湾当局并没有做出积极的回应，只表示了"基本上欢迎"的态度。并制定了以下相关原则：

（1）每天开放 1000 人，停留最长 10 天，包括第一类居住在大陆的民众。

（2）经第三地来台的第二类人士须团进团出、不得脱队；已取得第三国居留权的第一类人士可以自由行形式观光。

（3）不得参观军事国防相关据点。

（4）金马地区小三通可每天开放 600 个大陆观光客名额赴外岛旅游。

（5）接待大陆观光客旅行社须事先查核团员身份是否符合资格。

虽然两岸都对旅游业向深化两岸合作方向发展做出了一些政策上的让步，但是这些让步仍远远不够，特别是台湾方面应当对大陆单方面的政策优惠更加积极地给予反馈，这样才能真正促进两岸旅游业的协调和长期发展。

四、深化两岸旅游业合作对
两岸旅游业的成本收益分析

（一）大陆方面

1. 有利于优化整合旅游资源，拓展大陆旅游产业内涵和市场空间

两岸的旅游景点风格各异，风土人情各有特色，可以很好地形成互补。两岸旅游业合作的深化，将有利于大陆和台湾地区联动开发本地旅游资源，进一步拓展城市旅游以及潜藏着巨大市场和旅游开发价值的农村旅游，进一步挖掘自然资源和人文资源的价值，实现资源合理配置，优势互补，以满足国际旅游市场日益多样化的需求。

2. 有利于推动产业互动战略，促进大陆旅游业与其相关产业在更高层次上的协调发展

旅游业是一项综合性产业，其发展受到多方面条件的影响。从旅游产业增加值看，旅馆业、旅游商贸业、旅游交通业是旅游产业增加

值的主要创造者。深化两岸旅游业合作，将密切两岸在旅游业及相关产业上的合作与交往，台湾地区先进发达的管理理念、管理手段、营销模式、人才培养、信息网络等将促进大陆旅行社业、旅游饭店业、旅游交通业、旅游商贸业进一步与国际接轨，建立综合产业体系，形成集旅游交通、旅游农业、旅游工业、旅游商贸、旅游文化、旅游教育、旅游信息、旅游安全等于一体的旅游产业群，并带动相关产业的发展，促进大陆方面经济的持续健康快速发展。

3. 对大陆旅游行业和相关服务行业造成冲击

首当其冲的是旅行社行业。一是人才大规模向台资企业流动造成的冲击。二是台资旅行社对现有的市场份额的抢占，将使实力弱小的旅行社退出竞争。三是随着全方位的对外开放，一些有实力的台湾旅行社通过设立控股和独资旅行社，并与一些大陆航空公司及大陆拥有股份的饭店、商场、餐厅联手经营的方式，实现入境接待一条龙服务，造成对大陆有关企业的排斥和部分旅游经营利润的外流。

第二个层次是对旅游饭店等行业的冲击。由于原本开放程度较高，两岸旅游业合作的加强对旅游饭店等行业不会产生根本性的震动，主要表现为在存量之间、在管理体制方面进行调整。旅游饭店业将在结构、客源、人才等方面遭受一定冲击。在结构上，台商独资、合资、合营饭店的总量将会进一步扩张，增加饭店业的对外依存度。在客源上，台湾旅游行业有实力的大型企业将利用其在客源、品牌和营销网络等方面的优势，扩大其在饭店客源市场的份额，在自身品牌内形成客源流动。在人才上，台商投资饭店将利用其高薪等利益诱导机制，广揽人才，在拥有客源和管理优势的前提下，继而形成人才优势，其集合优势将更为突出，并最终通过效益优势得以体现。

（二）台湾方面

1. 开放大陆居民赴台旅游对台湾旅游业意义重大

旅游业曾是台湾重要的产业之一。但今天，台湾昔日繁荣的观光旅游盛景已不复存在，观光产业每况愈下。2000 年，台湾观光外汇收入为 37.4 亿美元，约占台湾 GNP 的 1.2%。多年来，每年来台观光的人数一直未超过 300 万人次，一般在 250 万人次左右。由于旅游业不景气，许多观光企业亏损严重，惨淡经营。为振兴旅游业，台湾当局将观光产业列入重点发展产业，在"六年国家发展计划"中提出"观光客倍增计划"，将 2004 年定为"台湾的观光年"。2004 年 6 月，还成立"行政院观光发展推动委员会"，并一连举行四次"观光发展策略会议"，希望听各方意见，再创台湾观光产业的春天。

为实现"2008 年观光倍增计划"目标，台湾当局提出一系列旅游设施建设规划，包括澎湖吉贝度假旅馆暨休闲区、东北角福隆休闲旅馆区、东海岸都兰鼻休闲区、东海岸三仙台旅馆区、台中港滨海休闲区、阿里山森林铁路等十多项重大旅游设施投资计划，并陆续举办"台湾观光投资说明会"，积极鼓励民间企业投资。

台湾方面尽管提出许多振兴观光产业的政策与口号，但却不愿开放大陆居民赴台旅游，使得台湾旅游业的振兴只能停留在口头上，却无法真正改善台湾旅游业发展的困境，可以说舍本求末，未能对症下药。

开放大陆居民赴台旅游对台湾观光事业至关重要，这是众所皆知的事情。依台湾"观光局"的估计，以一天开放来台 1000 人，每人停留 10 天，一天平均消费 207 美元，一年至少有 265 亿元新台币的观光收入。依此计算，一天开放 20000 人，就会有 5000 亿元新台币的市场。香港与澳门正因为通过开放与吸引内地居民旅游而获得巨大利益，成为带动港澳经济发展的重要支撑力量。特别是 2003 年 7 月，内地开放广州、北京与上海等部分地区个人赴港旅游，此后又陆续扩大开放，此举对刺激香港经济复苏意义重大。2004 年，赴港旅游人数超过 2100 万人次，是赴台湾旅游人数的 7 倍，而赴港游客中大陆游客就达 1200 万人次。香港没有台湾丰富的旅游资源，却能取得如此巨大的旅游业绩，对台湾有重要启示。

2. 大陆居民赴台旅游为台湾经济注入活力

随着大陆经济的迅速发展，大陆居民的收入近些年来大幅提高，已成为一个庞大的旅游客源。从这个意义上看，大陆游客除了将给台湾旅游业带来立竿见影的"利好"之外，还会辐射到相关的餐饮、购物、交通等多个相关行业，并将创造可观的就业机会。

对台湾而言，即便按照每日开放 1000 人的上限，一年来台的大陆游客人数也会达到 36.5 万人次；假设每人次花费 3 至 4 万元新台币（一元人民币约相当于 4 元新台币），可能商机即高达 100 至 150 亿元新台币左右。评论说，"这对岛内航空、饭店、交通及零售产业而言，绝对是一大利多"。台湾有关主管部门也评估称，若能顺利开放大陆居民来台观光，对台湾经济的成长助益相当大，预计每年可增加 250 亿新台币的商机。台湾旅游市场对大陆游客有很大吸引力，只要政策开放，大陆居民赴台旅游将成为刺激台湾经济的"特效药"。目前，大陆宣布开放大陆居民赴台旅游后，台湾的航运股与观光股出现大涨局面，就充分反映了开放大陆居民赴台旅游对台湾经济的重要意义。可以预期，一旦台湾方面开放大陆居民赴台旅游，将为台湾旅游业的发展注入新的活力，并将促进台湾经济的发展。

接踵而来的大陆游客除了给台湾带去巨额利润，对解决岛内民众的就业问题也将大有裨益。不仅岛内长年惨淡经营的众多旅行社有望招兵买马，各旅游景区的餐饮、交通等服务行业也将由此拥有更多的就业良机。近几年来，失业问题严重困扰着台湾的农村及工厂，而通过吸引大批大陆居民来台旅游，台湾可以将这些失业人口辅助转型进入旅游、餐饮等服务行业。

近两年来，大陆游客的巨大能量已经让世人有目共睹。据统计，2004 年内地赴香港游客消费占到香港全部零售业销售额的 12%。由于零售业增长，为香港人创造了 1.65 万个新职位，并且使得本地人的消费也得到了鼓励。香港经济从内地游客中获得的利益，对台湾无疑具有重要的"窗口效应"和启示。

3. 深化两岸旅游业合作，台湾业者将从大陆旅游业和相关服务产业的对外开放中获得巨大利益

如果深化两岸旅游业合作，那么大陆方面将相对于加入 WTO 时的相关承诺，进一步放宽对台湾业者投资旅游业及其相关服务产业的限制。这无疑将为台湾旅游业者扩展大陆广阔的市场打开一个全新的局面，更有可能掀起新一轮的投资大陆的热潮。台湾旅游业和配套的

餐饮等相关服务行业经过长期的发展，已经积累了相当丰富的经验，能够为顾客提供成熟、精致、周到的服务。拥有5000多家台资企业和数十万台胞的上海，早已成为台湾餐饮业的开拓目标。近年来，台商西进上海投资创业，举家迁沪居住者已达数十万人，台湾餐饮业也随之进入上海，发展迅速，有了一定规模，在上海3万多家饮食店中，台湾餐馆约占10%左右，台湾菜已占据上海餐饮市场份额近20%。在上海，台湾各式餐馆应有尽有，而最富特色的台湾风味小吃更是风靡上海滩，极受市民欢迎，还吸引了无数来沪观光的海内外游客。从台湾餐饮业进军上海的缩影中，可以看到将来深化两岸旅游业合作之后，台湾旅游业以及相关服务行业必然能够占据一部分大陆市场，获得巨大的商业利益。

五、深化两岸旅游业合作的政策建议

（一）简化大陆居民赴台手续，积极推动大陆居民赴台旅游的实现

目前，大陆前往台湾的主要是文化交流、商务和探亲客人，数量受到台湾当局入台许可证配额的限制。大陆居民赴台，需要填写入台申请表，包括个人的详细资料，待台湾相关部门审批，得到台湾寄来的"台湾地区出入境许可证副本"之后才能出行，但在香港机场转乘时还必须得到由台湾"中华旅行社"发放的正本，作为证件入台。由于台湾方面的限制，赴台手续是相当繁琐的。大陆方面所能做的一方面是积极与台湾当局协商简化相关手续，另一方面是进一步规范和方便赴台手续的审批工作。

目前，赴台手续的审批依据是《中国公民往来台湾地区管理办法》，大陆居民申请前往台湾，须履行下列手续：交验身份证、户口证明；填写申请表；在职、在学人员须提交所在单位或学校对申请人前往台湾的意见；非在职、在学人员须提交户口所在地公安警署（派出所）对申请人前往台湾的意见；提交与申请事由相应的证明。而且

赴台旅游者还需要旅行所需费用的证明、有效的入台许可证明（入台旅行证或台湾地区入境证）以及亲属邀请函电。大陆方面应该就这些手续做进一步的简化，并督促审批部门提高审批效率，使得赴台旅游能够更加便利化。

（二）分步骤开放大陆居民赴台旅游

在第一阶段，旅游合作的主要内容应该是允许一部分地区，比如福建省、北京市、上海市的个人居民赴台湾进行试点旅游，在较小的区域内对赴台旅游的具体情况和所存在的问题提供一个实验的范本以供参考，在调整和完善不足之处以后再取消赴台旅游的区域限制。

（三）深化两岸旅游业合作

深化两岸旅游合作，大陆方面将允许台湾服务提供者以独资形式在内地建设、改造和经营饭店、公寓楼和餐馆设施。

在旅行社方面，大陆在加入 WTO 时承诺允许外国服务提供者可以以合资旅行社形式提供旅游服务，但是有地域限制。而在两岸旅游业合作的框架下，大陆方面可取消地域限制，允许台湾服务提供者与内地合资设立的由内地拥有多数股权的合资旅行社提供旅游服务，但是不允许提供出境游的服务，即对于利润相对丰厚的出境游业务，台湾旅行社仍是不能涉足的。

（四）深化两岸旅游业合作的准备工作

考虑到深化两岸旅游业合作以后对旅游业可能产生的影响，应提前有针对地做好准备工作。第一，各级旅游部门要结合机构改革，搞好职能转变，服务于两岸旅游业的合作，提高工作效率和管理水平。第二，把法规建设和标准化工作作为突出任务来抓，修改不适应新形势的有关法规政策，尽快填补旅游法制的空白区，完善旅游标准化体系。第三，旅游部门要及时介入旅游新兴领域的管理。第四，加强对出境游的管理，保证出境游有计划，有步骤，健康、有序的发展。第五，积极吸引台资开发中西部旅游资源。

第四章 物 流 业

随着经济全球化进程的加快，现代物流业作为一种先进的组织方式和管理技术，对于优化资源配置，调整经济结构，改善投资环境，提高经济运行质量和效益，实现可持续发展，实现经济增长方式的根本改变，具有重大而深远的意义。

一、两岸物流业发展历程

（一）大陆物流业发展历程

大陆物流业的发展受经济发展水平、经济结构、技术发展状况以及经济体制改革的影响，发展大致经历了以下五个阶段：

第一阶段为开始创建阶段（1950～1954年）。这一时期物流业发展缓慢，主要集中在流通部门，表现为通过修建仓库和成立仓储公司或储运公司来发展仓储业，以及通过购置车辆和成立汽车队或运输公司来发展交通运输业。

第二阶段为初期发展阶段（1955～1965年）。这一时期物流业发展较快，在一些大中城市流通部门建立了储运公司、仓储公司、外运公司等"商物分离型"、专业性的大中型物流企业以及附属于各专业公司、批发站的"商物合一型"的小型物流企业。初步形成了一个以国营大中型物流企业为主，小型物流企业为辅，覆盖整个大陆的物流网络。

第三阶段为不景气（停滞）阶段（1966～1976 年）。众所周知，这是十年"文革"时期，是中华民族经历的一场大灾难。这一时期社会秩序非常混乱，经济发展遭到严重破坏。物流业也和其他行业一样，只能维持原状或陷于停滞状态。

第四阶段为改革开放阶段（1977～1992 年）。这一时期物流业快速发展，专业性的物流企业不断增加，企业的形式也由原来单一的国营企业转变为国营、集体和个体物流企业共同发展。同时，物流业本身也随着企业改革的深入，坚持开放搞活，加强横向联合，逐步打破部门、地区的界限，向社会化、专业化、现代化的方向发展。

第五阶段为现代物流业开始发展阶段（1993 年至今）。这一时期，在市场经济机制的推动下，大陆物流业呈现一派繁荣发展的局面。特别是由于国企改革的深入以及大量吸收和利用外资，大陆物流业发展加快。

（二）台湾物流业发展历程

台湾物流业一直是随着地区经济的增长而不断蓬勃发展，尤其是随着台湾经济的迅速崛起，台湾成为许多跨国公司的重要原材料、零配件供应地，物流配送需求大幅增长，在很大程度上推动了社会物流配送的发展。台湾物流业的发展大致经历了两个重要发展阶段：

第一阶段（20 世纪 60、70 年代）：当地政府大力推动"十大"建设，进行高速公路、机场与港口的建设，打通了北高两市交通的任督两脉，使台湾一下子成为亚洲地区的重要枢纽，商贸活动开始频繁起来，许多企业也开始认识到物流的重要性。

第二阶段（20 世纪 80 年代以后）：20 世纪 80 年代台湾完成工业化之后，"经济部商业司"紧接着推动流通自动化，将自动化扩展到资金流、信息流、商流与物流四大领域之中，至此物流正式成为台湾发展地区经济建设的重要一环。

二、两岸物流业竞争性、互补性分析

（一）大陆物流业竞争力分析

1. 大陆物流业发展现状

在国民经济持续快速发展的推动下，大陆物流业快速发展，经济发展对物流的依赖程度越来越高。物流增加值增长持续快于服务业的发展速度，现代物流已经成为加快发展第三产业、推动经济结构调整的必不可少的重要措施。物流企业和企业物流都有较大发展，为物流产业提供配套服务的基础设施建设、物流技术与装备、物流信息与咨询、物流地产等相关的产业和企业也取得了较快的增长。2004年全社会物流总额达38.4万亿元，同比增长29.9%，是近10年来增长最快的一年，物流总额比2001年增长了近一倍。

（1）物流需求总体规模持续增长

一个国家或地区的社会物流需求总体规模与其国民经济发展存在高度的正相关关系，而国内生产总值从一定程度上反映了其物流需求总体规模的发展变化情况。大陆GDP一直保持高速的增长趋势，2004年经济普查调整后的GDP为159878亿元，增长10.1%；2005年GDP达到182321亿元，增长9.9%（见图4-1）。同时，大陆货运总量及货运周转量的长期增长也一定程度上反映了大陆物流需求总体规模持续增长的发展趋势。

（2）物流业固定资产投资不断增加

2004年，大陆物流相关行业固定资产投资额为7283亿元（见表4-1），同比增长24.3%，增幅比上年提高13%。其中主要是用于交通运输业的固定资产投资，达到6039亿元，占物流用固定资产总投资的82.9%，同比增长23.3%，增幅比上年提高13.8%，也是近六年来增幅最高的年份。仓储业固定资产投资额为343亿元，同比增长12.3%，增幅比上年回落18.4%；批发业物流用固定资产投资额为830亿元，同比增长39.7%，增幅比上年提高13.8%；配送、加工、包装业物流用固定资产投资额为 34 亿元，同比增长 17.3%；邮政业固定资产投资额为 37 亿元，同比增长 18.3%（见图 4-2）。

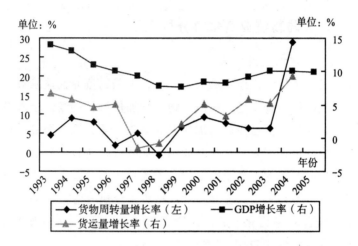

图 4-1 1993～2005 年大陆 GDP 及货运增长情况

资料来源：根据《中国统计年鉴》2005 年及经济普查调整后的 GDP 增长率整理编制。

表 4-1 1991～2004 年大陆物流业固定资产投资情况

单位：亿元

年 份	交通运输业	仓储业	批发业	流通加工、包装业	邮政业	合计
1991	299.8	9.6	42.7	1.3	4.1	357.5
1992	499.6	11.1	122.7	3.3	16.4	650.0
1993	890.6	18.5	128.9	5.8	31.9	1075.6
1994	1284.5	24.2	163.1	9.1	46.4	1527.3
1995	1469.7	28.7	169.9	9.6	45.8	1723.6
1996	1776.3	39.5	150.1	8.1	46.8	2020.8
1997	2113.2	52.2	149.5	6.8	45.8	2367.2
1998	3082.0	69.9	185.0	6.5	58.1	3401.6
1999	3164.7	130.6	185.8	6.4	46.0	3533.5
2000	3194.6	95.3	194.5	7.7	62.7	3554.7
2001	3589.4	91.4	202.2	8.7	64.6	3956.4
2002	4154.9	115.5	231.7	12.0	39.4	4553.6
2003	4861	161	510	23	38	5594
2004	6039	343	830	34	37	7283

资料来源：根据《中国物流年鉴》（2004）；王丹：《2004 年我国物流行业运行状况分析》，载《中国物流行业研究报告》（2005）相关资料整理编制。

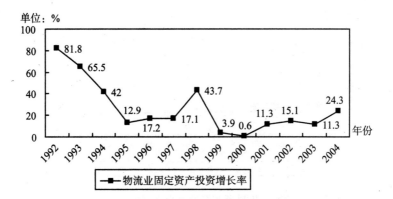

图 4 – 2 1992～2004 年大陆物流业固定资产投资增长率

资料来源：根据《中国物流年鉴》（2004）；王丹：《2004 年我国物流行业运行状况分析》，载《中国物流行业研究报告》（2005）相关资料整理编制。

（3）物流业增加值稳步上升，占第三产业比重及占 GDP 比重呈现下降的趋势

自 1991 年以来，大陆物流业增加值稳步上升，1991 年大陆物流业增加值 2257 亿元，到 2004 年大陆物流业增加值已经达到 8459 亿元。这一期间，1994 年物流业增加值增长率达到最高，为 30.3%，1998 年物流业增加值增长率最低仅为 1.5%。但大陆物流业增加值占第三产业增加值的比重呈现逐年下降的趋势，1991 年大陆物流业增加值占第三产业增加值的比重接近三分之一，达到 31.2%，此后这一比重开始逐年下降，到 2004 年大陆物流业增加值占第三产业增加值的比重已经下降到 13.0%。同时，大陆物流业增加值占大陆 GDP 的比重也呈现逐年下降的趋势，1991 年大陆物流业增加值占 GDP 的比重为 10.4%，此后这一比重开始逐年下降，到 2004 年大陆物流业增加值占 GDP 的比重已经下降到 5.3%（见图 4 – 3）。

2. 大陆物流业存在的问题

（1）社会物流总成本占 GDP 比重过高

国际物流界通常将社会物流总成本与 GDP 的比例作为衡量一个国家或地区物流发展水平的标志。自 20 世纪 90 年代以来，随着大陆物流业总体发展水平的不断提高，社会物流总成本占 GDP 比重呈现

单位：%

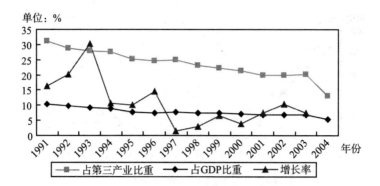

图 4 - 3　1991～2004 年大陆物流业增加值增长及占比情况

注：2004 年大陆物流业增加值占 GDP 比重及占第三产业比重下降幅度较大是因为 2004 年经济普查对 GDP 做了调整，增加的 2.3 万亿 GDP 中 93% 为第三产业增加值。

资料来源：根据《中国物流年鉴》（2004）；王丹：《2004 年我国物流行业运行状况分析》，载《中国物流行业研究报告》（2005）相关资料整理编制。

逐渐降低的趋势。1991 年，社会物流总成本 5182 亿元，占 GDP 比重为 24.0%；此后这一比重开始下降，到 2001 年社会物流总成本占 GDP 比重下降到 21.1%；加入 WTO 后三年的社会物流总成本分别为 2.2 万亿元、2.5 万亿元和 2.91 万亿元，社会物流总成本占 GDP 比重分别为 21.5%、21.4% 和 18.2%。（见图 4 - 4，表 4 - 2）尽管近年来社

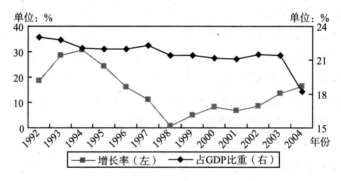

图 4 - 4　1992～2004 年大陆社会物流总成本增长率及占 GDP 比重

注：2004 年为 GDP 调整后数据。

资料来源：根据《中国物流年鉴》（2004）；王丹：《2004 年我国物流行业运行状况分析》，载《中国物流行业研究报告》（2005）相关资料整理编制。

表4-2 2001~2004年大陆物流业的增长与经济增长的比较

年份	GDP（亿元）	GDP增长率（%）	社会物流货物总值		社会物流总成本		社会物流总成本占GDP比重（%）	社会物流增加值		第三方物流企业营业额（亿元）	单位GDP物流需求系数
			总值（万亿）	增长率（%）	总值（万亿）	增长率（%）		总值（亿元）	增长率（%）		
2001	97315	8.3	19.5	14.0	2.03	6.7	21.1	6634	3.9	400	2.00
2002	105172	9.1	23.3	19.6	2.20	8.4	21.5	7133	7.5	600	2.22
2003	117390	10.0	29.6	27.5	2.50	13.6	21.4	7880	10.5	800	2.52
2004	159878	10.1	38.4	29.9	2.91	16.6	18.2	8459	7.3	N. A.	2.40

注：第三方物流企业营业额为预测数，GDP增长率为2004年经济普查调整后的经济增长率，2004年GDP数值为调整后数值。

资料来源：根据《中国物流年鉴》（2004）；王丹：《2004年我国物流行业运行状况分析》，载《中国物流行业研究报告》（2005）；丁俊发：《加入WTO三年来中国物流业的发展》等相关资料整理编制。

会物流总成本占GDP比重呈现逐渐下降的趋势，而且2005年社会物流总成本占GDP比重也只有18%左右，但是与其他发达国家10%左右的比重相比，这一比重明显偏高，说明大陆的物流业发展水平和西方发达国家还存在着很大的差距。

（2）物流专业人才短缺

造成物流专业人才短缺的原因主要有：首先，物流专业人才教育起步较晚，教育规模很小。大陆在物流行业方面教育落后，高等院校中开设物流专业和课程的仅有10多所，仅占全部高等院校的1%，研究生层次的教育才刚刚起步，职业教育更是贫乏。[①] 其次，物流的人才需求结构与人才培养教育结构不对称，产需不对口。一些开设物流专业的学校在专业设置上没有充分结合市场需求做出快速转变，使得培养出的物流人才实用性降低，导致了大陆物流人才缺口继续扩大，据权威部门统计大陆物流人才的需求缺口达到60余万人，物流人才

① 张红艳：《加入WTO后中国物流业发展策略分析》，载《沿海企业与科技》2005年第5期。

成为大陆 12 种紧缺人才之一。再次，物流业从业人员学历普遍偏低，中高级物流人才严重不足。目前，在大陆物流业从业人员中，具有中专以上学历的人才仅占物流行业职工总数的 7.5%。[①]

（3）物流企业信息技术水平较低

运用信息技术是发展物流业的关键，大陆物流企业还处在电话联系、手工操作、人工装卸的低级阶段，许多现代信息技术，还都处于学习和起步阶段。大陆目前完全实现计算机辅助设计系统、信息管理系统的企业不足 10%，作为企业电子商务最核心的 ERP 系统，目前已实现的企业不超过 3%，而美国企业业务量的 70%、欧盟企业业务量的 50% 是在互联网上完成的。从一定意义上讲，信息化程度决定了大陆物流业的发展程度。因此，要充分利用互联网、地理信息系统、全球卫星定位系统、条码、射频技术等基础应用技术，促进现代物流与电子商务的融合。

（二）台湾物流业竞争力分析

1. 台湾物流业的发展现状

（1）台湾物流进出口规模逐渐扩大，国际物流产业稳步发展

台湾国际物流业者主要业务为处理境内进出口货物，而历年来台湾进出口规模与国际物流业的市场大小息息相关。1996 年台湾地区进出口货物总量 1.47 亿公吨，其中，出口货物量 1.25 亿公吨，进口货物量 0.22 亿公吨；到 2001 年台湾地区进出口货物总量达到 1.98 亿公吨，其中，出口货物量 1.58 亿公吨，进口货物量 0.40 亿公吨（见图 4-5）。

（2）物流总费用占 GDP 比重及物流费用构成变化不大

台湾地区的物流产业涵盖范围非常广，包括传统仓储业、运输业、批发业等提供仓储、流通加工、配送、运输等。台湾物流业发展迅速，市场规模不断扩大。根据台湾"经济部门工业技术研究院"调查，

[①] 吉宏、刘静、邓婧媛：《经济全球化下中国物流业发展策略研究》，载《经济问题》2004 年第 8 期。

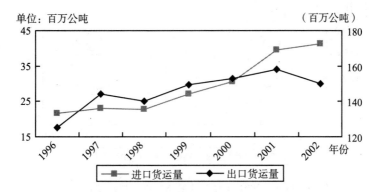

图 4 - 5　1996 ~ 2002 年台湾进出口货物量

资料来源：台湾物流，《中国物流年鉴》（2003），数字年鉴网。

台湾地区的物流市场已具相当规模，1999 年物流总费用为 12852 亿元新台币，2000 年为 13289 亿元新台币，2001 年为 13188 亿元新台币（见图 4 - 6）。台湾总物流费用占 GDP 的比重，1999 年为 13.83%，2000 年为 13.75%，2001 年为 13.82%，这表明这三年来台湾地区物流市场占 GDP 比重变化不大。同时，这三年总物流费用构成变化也不大，1999 年至 2001 年运输费占物流费用比例均接近六成，保管费用约占三成，物流管理费则维持在 6.0% ~ 6.5% 之间。

表 4 - 3　1999 ~ 2001 年台湾地区总物流费用及其构成情况

年份	总物流费用		运输费用		保管费用		物流管理费用	
	金额（亿元新台币）	占 GDP 比重（%）	金额（亿元新台币）	占总费用比重（%）	金额（亿元新台币）	占总费用比重（%）	金额（亿元新台币）	占总费用比重（%）
1999	12852	13.83	7633	59.39	4423	34.41	796	6.20
2000	13289	13.75	7833	58.95	4580	34.47	875	6.58
2001	13188	13.82	7843	59.47	4547	34.48	798	6.05

资料来源：整理自"台湾地区财团法人工业技术研究院"，《物流整合应用技术发展暨辅导计划》，2002 年 8 月；转引自：《中国现代物流发展报告 2003》，机械工业出版社 2004 年版，第 233 页。

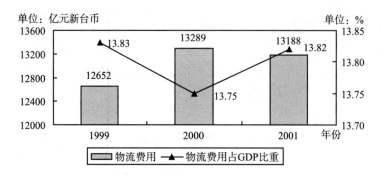

图 4－6　1999～2001 年台湾地区总物流费用及占其 GDP 比重

资料来源："台湾地区财团法人工业技术研究院"：《物流整合应用技术发展暨辅导计划》，2002 年 8 月。

（3）农业物流发展迅速

自 20 世纪 90 年代起，由于连锁超级市场及量贩店相继出现，使台湾的农产品营销趋向多元化变革。尤其现阶段农产品营销进入国际化竞争，使台湾本土农产品面临商品国际化、市场国际化的挑战。为此，在台湾的物流政策制定过程中，首要考虑的问题是：如何孕育强固的产销组织，创造完全自我管理的"品牌"，保持"生产安定、出货安定、品质安定"的优秀产地，以强化本土农产品的市场竞争力。

台湾非常重视农产品物流成本管理，这可以从果蔬产品的物流成本中看出。由产地农民构成的上游农业企业中，果蔬产品的物流费用占总支出成本比例（物流费用/总支出成本）约为 30％，物流费用占营业额百分比（物流费用/营业额）约为 25％，物流费用支付给专业物流公司的比例约为 50％；由食品加工厂、农业合作社、产销班等构成的中游农业企业中，果蔬产品的物流费用占总支出成本比例约为 25％，物流费用占营业额百分比约为 55％，物流费用支付给专业物流公司的比例约为 50％；由直接面对消费者的零售商、零批商等构成的下游农业企业中，果蔬产品的物流费用占总支出成本比例约为 45％，物流费用占营业额百分比约为 55％，物流费用支付给专业物流公司的比例约为 80％。可见，在果蔬产品供应链的各阶段，农业物流成本均占有很高的比率，其中下游农业企业的物流成本最高，约占二分之一。而且，专业物流公司在下游农业企业经营过程中扮演重要的角色，对零售商和批发商的经营成败起到重大影响作用。

2. 台湾物流业存在的问题

（1）物流业者之间存在不当的价格竞争

台湾在工业化进程中，由于岛内产业大量外移，导致台湾的物流市场缩小，造成物流商机的不断流失，由此造成的物流业供求结构发生变化导致了物流服务价格和利润面临下降的压力。同时，由于台湾岛内经济不景气，使得一些物流服务提供者在竞争加剧的市场环境中容易出现为争夺客户、抢占市场而进行的一些不当的价格和非价格竞争，这些短期行为不但无助于台湾物流业者提高物流服务的品质和水准，也不利于台湾物流业的整体发展。

（2）物流专业人才缺乏

从物流企业自身来讲，部分厂商物流专业人才缺乏，对于现代物流发展认识不足，在企业自身营运规模扩大的同时物流人才教育没有跟上。并且，由于台湾高校以及中等职业技术教育学校专业设置和课程开办的滞后性也一定程度上造成了台湾物流专业人才的供求脱节。

（三）两岸物流业竞争力比较

SWOT 分析法是一种常用的战略分析法，其实质是通过分析自身内部所具有的优势（Strengths）和劣势（Weaknesses），判断所面临的外部机遇（Opportunities）和威胁（Threats），来提出相应的战略方案。美国哈佛大学著名管理学家迈克尔·波特在其著作《竞争优势》中提出了基于 SWOT 分析的四种可供选择的战略，即 SO 战略、WO 战略、ST 战略和 WT 战略。[①]

由于两岸经济发展水平和产业结构的差异，两岸物流业处在不同的发展阶段，存在着各自的优势和劣势以及机会和威胁。特别是两岸

---

① SO 战略是指利用内部优势去抓住外部机遇的战略；WO 战略是指改变内部劣势来利用外部机遇的战略；ST 战略是指发挥内部优势避开或减轻外在威胁冲击的战略；WT 战略是指直接克服内部劣势和减轻外部威胁的战略，其目的是将劣势和威胁弱化，属于防御型战略。

加入 WTO 以后，两岸物流业都面临着来自国际市场的竞争和压力，同时也为两地的物流业进军国际市场创造了机遇（见表 4 - 4）。

表 4 - 4　两岸物流业 SWOT 分析

	大　陆	台　湾
S （优势）	1. 市场规模优势 2. 劳动力成本优势 3. 物流网络优势 4. 本土化经营，文化背景一致优势	1. 运筹战略地位优势 2. 经营和管理优势 3. 服务的软硬件设施优势 4. 高科技产业全球供应链优势
W （劣势）	1. 物流整体规划不够理想，各自为政，条块分割 2. 物流技术水平较低，基础设施不完善 3. 人才短缺 4. 体制不健全 5. 经营规模小，服务水平低 6. 信息系统不够完善	1. 物流规模、效率不及跨国企业，缺乏全球性物流业者 2. 缺乏国际知名的本土企业依附 3. 物流业者间不当的价格竞争 4. 产业外移，物流商机流失 5. 缺乏跨国物流人才 6. 物流责任风险高于国际水准
O （机会）	1. 政府的高度重视，物流业的发展已列入"十五"规划 2. 外资大量进入，扩大了物流市场容量 3. 加入 WTO 有利于物流企业与国际接轨，提高管理水平和增强竞争力	1. 整合跨国领域的运筹物流管理 2. 台商登陆及全球布局 3. 建立信息等各种运筹共同平台，协助企业降低成本 4. 电子商务促进物流国际化
T （威胁）	1. 大量跨国物流企业的进入，加剧了市场竞争，物流业面临重新洗牌 2. 人才争夺 3. 加入 WTO 协议对物流业的开放 4. 标准化和规范化不够	1. 内地积极发展物流，物流基础建设逐步完成 2. 东亚各国发展深水港 3. 物流外商实力雄厚 4. 华人地区物流市场面临香港、新加坡的竞争

资料来源：王唤明：《加入 WTO 对我国物流业的影响与对策》，www. boraid. com/artide/ 14/14570_4. asp。

　　两岸物流业经过长期的发展都取得了丰硕的成果，基于两岸物流业的 SWOT 分析，两岸物流业发展都具有各自的优劣势，存在着互补性。台湾物流业总体发展水平要高于大陆物流业发展水平，台湾物流业具有丰富的管理经验和物流专业培训经验，这可以提高大陆物流业的管理技术和教育水平；大陆物流业市场由于发展水平还不是很高，对于台湾来说是个很大的市场，这可以弥补台湾岛内市场规模过小的不足。两岸物流业还存在市场和技术上的互补性。台湾物流信息系统优势可以弥补大陆物流企业信息技术水平低下的不足,大陆低廉的劳动力成本也有利于台湾物流业特别是装卸、仓储和运输等劳动密集型物流业的发展。由此可见,两岸物流业存在着巨大的互补互利的合作空间,两岸物流业合作存在其必然性和可行性。

三、两岸物流业的对外开放政策

(一) 两岸物流业对外开放政策

1. 大陆物流业对外开放政策

2000 年以来,大陆各级政府高度重视现代物流的发展,许多地区将物流业列入"十五"规划,确定为支柱产业并作为改善地方投资环境、乃至提高整个城市和地区整体竞争力的重要问题。2001 年大陆加入 WTO,在物流市场开放方面做出了承诺,具体涉及道路货运行业、水路运输行业、仓储行业、船舶检验行业以及公路、水运基础设施建设行业,这些行业都将不同程度地分阶段开放。2003 年,党的十六届三中全会通过了《关于完善社会主义市场经济体制若干问题的决定》指出:要"发展电子商务、连锁经营、物流配送等现代流通方式"。

原外经贸部 2001 年 11 月颁布了《外商投资道路运输业管理规定》;2002 年 6 月颁布《关于开展试点设立外商投资物流企业工作有关问题的通知》,2002 年 12 月颁布了《外商投资国际货物运输代理企业管理办法》,目的是鼓励国际上有先进物流管理经验的大型跨国生产企业和大型跨国的流通、物流企业在大陆设立国际大型物流公司,从事出口采购、全球配送和国际流通物流及第三方物流业务。此后相继出台了若干鼓励外资投资物流领域的政策,如交通部全面清查和废止了不适应"加入 WTO"要求的文件和法规,并相继出台新的文件和法规,提前放宽了外商投资道路运输业的条件。

2003 年,内地与香港、澳门签署了 CEPA,CEPA 容许香港公司全资拥有内地物流公司,并降低门槛,最低注册资本要求由以往的

100 万美元降低到 200 万元至 500 万元人民币，与内地物流企业待遇相同。

2. 台湾物流业对外开放政策

台湾在扩大物流业开放度的同时也通过制定一系列政策来促进台湾物流业发展，以提高台湾物流业的国际竞争力。这些计划包括"推动信息业电子化计划"（简称 AB 计划）和"推动资金流、物流及研发设计协作的信息化"（简称 CDE 计划）。台湾交通及经济部门针对物流发展面临的问题，研究制定了"台湾地区物流发展政策纲领"及《货运发展政策白皮书》。2000 年 10 月台湾当局通过"全球物流发展计划"，积极推进"自由贸易港区"、"桃源航空货运园区"以及"台北港"等规划建设。

具体到物流产业的各个行业，台湾地区制定了开放航空货运市场自由竞争，并解除管制以吸引民间资金和外资投入；在海运货物运输行业，积极发展自由贸易港区，成功吸引外商进驻，把台湾建成全球物流中心。2003 年 9 月 3 日台湾"全球运筹发展协会"成立，苏隆德任协会理事长。2003 年 9 月规范自由贸易港区完成"自由贸易港区申请设置办法"草案，2003 年 10 月"交通部"完成"自由贸易港区"相关办法制定。2004 年 7 月 29 日，台湾"基隆港务局"发布"基隆港自由贸易港区入出及居住管理办法"草案。

（二）两岸物流业合作现状

由于受两岸政治关系的影响，两岸物流业合作进展缓慢。2003 年 8 月 19 日台湾"国贸局"公告修正未经"经济部"准许输入的大陆地区物品，不属于关税配额项目的农渔畜产品的，依照进储"经海关核准登记之物流中心"的规定，放宽了大陆货物进出物流中心的条件。目前两岸企业界已经开始一些物流合作，如广东 TCL 与台湾 SAMPO、四川长虹与台湾 TECO 的合作。

2004 年 5 月，在中国（厦门）国际港口物流展会暨港口物流城市经济高层论坛上，中国交通运输协会、香港物流协会、台湾物流协会、澳门空运暨物流业协会举行了两岸四地物流联盟签字仪式。确定了建立四方定期会晤制度，并约定在联盟基础上逐渐形成亚洲物流联盟，实现四地合作的共赢。2004 年 6 月，台湾大荣货运与日本第一大路线货运业西浓（SEINO），及台湾中华航空、阳明海运与货物承揽业正晖等商谈共组策略联盟团队，打造两岸三地海空联运中心。大荣预计三年内，把大陆据点至少拓展达 30 个以上，打造大荣成为两岸物流业龙头，届时大陆地区营业额将超过台湾。据悉，大荣目前在上海、广州、北京、成都、武汉、昆明、天津、深圳、重庆等城市设有据点，在大陆已承揽 8000 家以上便利商店的配送业务。

农业物流方面，2005 年 4 月 22～25 日在深圳市西丽果场召开的由中国果品流通协会、中国蔬菜流通协会和（香港）国际农业技术促进会共同主办，海南省农业交流协会和深圳市南山区西丽果场共同协办的海峡两岸农产品经贸合作研讨会上，台湾农业物流联盟协会和台湾区农业合作社联合社系统作为台湾目前最大的产地农产品物流平台，与大陆农产品物流龙头、深圳市农产品股份公司达成农产品购销合作意向，双方将进一步磋商，争取有关部门支持，并签订购销合作协议。

四、深化两岸物流业合作的政策构想

（一）两岸加入 WTO 关于开放物流业的规定

加入 WTO，针对大陆物流发展状况，大陆在物流市场开放方面做出了一些具体的承诺与规定：

1. 流通领域

两年内允许外资在合资批发公司内拥有多数所有权，届时地域或数量限制将不复存在。除了图书、报纸、杂志、药品、杀虫剂和农用薄膜商品的分销将在三年内放开，化肥、成品油和原油在五年之内放开之外，一年之内合资企业将可分销一切进口产品及国内生产的产品。外国投资的企业可以分销其在中国生产的产品，并针对其分销的产品，提供包括售后服务在内的相关配套服务。所有的省会以及重庆市、宁波市将在两年内向合资零售企业开放，三年之内将取消地域、数量限制和企业股权比例的限制。

2. 交通运输

对公路运输，将分别在一年和三年后允许外资占合资企业多数股份和全资拥有子公司；对于铁路运输，将分别在三年和六年后允许外资占合资企业多数股份和全资拥有子公司。

3. 仓储

分别在加入 WTO 一年和三年后允许外资占合资企业多数股份和全资拥有子公司。

4. 货运代理

分别在加入 WTO 一年和四年后允许外资占合资企业多数股份和全资拥有子公司，合资企业经营一年以后可以建立分支机构。外资货运代理公司在其第一家合资公司经营满五年后可以建立第二家合资公司。加入 WTO 两年后，此项要求将被减至两年。

5. 海上运输

允许开展国际海上货运和客运业务（如航班、散货和不定航线货船）。外资占少数的合资企业还可以中国国旗作为国籍旗进行经营注册。

6. 邮递服务

分别在加入 WTO 一年和四年后允许外资占合资企业多数股份和全资拥有子公司。可以涉及国内一种或多种运输方式的邮递服务，但邮政部门专营的服务除外。

（二）CEPA 关于物流业方面的承诺

《内地与香港关于建立更紧密经贸关系的安排》及其附件分别于 2003 年 6 月 29 日和 9 月 29 日由中央政府和香港特别行政区政府在香港签署，《内地与澳门关于建立更紧密经贸关系的安排》于 2003 年 10 月 17 日由中央政府和澳门特别行政区政府在澳门签署。CEPA 对港澳开放物流业做出了一些具体的规定：

1. 海运及其辅助服务

允许港澳服务提供者①以独资形式在内地设立企业，经营国际船舶管理、国际海运货物仓储、国际海运集装箱站和堆场以及无船承运人业务；允许香港服务提供者在内地设立独资公司为其拥有或经营的船舶提供日常业务服务；允许香港服务提供者利用干线航班在内地港口自由调配和租用空集装箱。

2. 公路运输服务

允许港澳服务提供者在内地设立独资企业经营道路货运业务；允许在内地的西部地区设立独资企业经营道路客运业务；允许港澳服务提供者经营港澳至内地各省、市及自治区之间的货运"直通车"业务。

3. 仓储服务

允许港澳服务提供者以独资形式在内地提供仓储服务，在内地设立仓储企业的最低注册资本要求比照内地企业实行。

4. 货代服务

允许港澳服务提供者提前2年以独资形式在内地提供货代服务，设立货代企业（国际货代）的最低注册资本要求比照内地企业实行。

5. 物流服务

允许香港服务提供者以独资形式在内地提供相关的货运分拨和物流服务。

（三）深化两岸物流业合作的政策构想

随着两岸贸易和投资的进一步发展，两岸物流合作成为必然。两岸物流合作的基本内容可以分为以下几个方面：

1. 允许台湾服务提供者以独资形式在大陆提供相关的货运分拨和物流服务，包括道路普通货物的运输、仓储、装卸、加工、包装、配送及相关信息处理服务和有关咨询业务，国内货运代理业务，利用计

① 根据世界贸易组织《服务贸易总协定》（GATS），服务提供者是指一项服务的生产、分销、销售的主体，包括自然人或法人。

算机网络管理和运作物流业务。

2. 允许台湾服务提供者以独资形式在大陆设立物流企业。台商岛外投资主要集中在大陆，涉及不同的行业和产业，台商在大陆已形成群聚效应的分布，大陆台资企业的发展需要物流企业特别是台资物流企业的支持。

3. 降低独资物流企业最低注册资本要求。2002 年 6 月颁布的《关于开展试点设立外商投资物流企业工作有关问题的通知》中规定外商投资设立独资物流企业其注册资本不得低于 500 万美元。门槛过高是制约台资物流进入内地的一个重要因素。

4. 开放两岸物流专业人才的自由流动，允许台湾办学机构在大陆开设物流专业。两岸可以通过联合举办各种形式的物流培训来交流经验，依托台湾物流专业职业技术教育的优势，允许大陆学生赴台进行物流专业学习和交流，允许台湾职业技术学院在大陆开设物流专业。

五、深化两岸物流合作的成本收益分析

在国民经济增长推动和政府积极引导下，大陆的物流业发展迅速。但大陆物流业发展尚处于初级阶段，对物流产业及其发展的认识不足，存在着许多问题。而台湾物流产业的基盘虽小，但由于较早接受国际化及自由化的冲击，各种经营模式与管理活动已接近甚至超越先进国家的水平，这些都可以作为大陆物流企业发展的借鉴，因此两岸物流企业可以携手合作，共同为扩展全球市场而努力。

（一）对大陆的成本收益分析

1. 促进大陆物流产业升级

从三次产业构成来看，大陆产业结构层次明显低于台湾产业结构层次。1995 年大陆三次产业构成为 20.5∶48.8∶30.7，处于工业化早期阶段，2004 年经济普查调整后的产业构成为 13.1∶46.2∶40.7，处于工业化中期阶段。2003 年台湾三次产业构成为 1.8∶30.57∶67.63，其工业化已进入"更成熟"阶段。2003 年 10 月 2 日，联合国贸易暨发展委员会（UNCTAD）公布《2003 年贸易及发展报告》将台湾列为"第一阶层"新兴工业化经济体（NIES），也是成熟"工业化经济体（INDUSTRALIZERS）"。

单就物流产业来看，大陆物流产业结构层次偏低，物流需求以传统物流需求为主；物流企业整体水平还不高，很多是由传统的仓储、运输企业转型而来，在管理水平、技术力量及服务范围上还没有质的提高，真正实力超群、竞争力强的物流企业为数不多。而台湾物流业发展起步较早，已经形成和积累了丰富的物流业管理经验，其对物流业观念上的认识也比大陆深，两岸物流业合作可以给大陆物流业带来观念上的更新和技术及管理经验上的丰富和完善，有利于大陆物流产业的升级。

2. 加速大陆第三方物流的发展

目前，大陆第三方物流尚处于发展初期，市场正在逐步扩大。2002 年，Mercer 公司与中国仓储物流协会对大陆第三方物流市场的调查结果显示：2001 年，大陆第三方物流市场规模在 400 亿元人民币左右，整个大陆第三方物流市场 2000～2005 年的年增长率将达 25%。近年来，大陆第三方物流业快速发展，其占整个物流市场的份额有所提高，但总体而言，其占有率仍然偏低。大陆真正的第三方物流在物流市场中的比例不到 10%，而发达国家则已经达到 30% 左右。美国物流专家罗伯特·德兰雷在 2000 年《美国年度物流状况报告》中指出，1999 年美国物流成本为 9210 亿美元，其中第三方物流占到大约 15% 左右，约 1300 多亿美元[1]。在产业组织规模上，大陆从事第三方物流的包括传统的运输和储运等流通企业和新型的专业化物流企业的规模和实力还都比较小，网络化的经营组织尚未形成；在经营管理水平上，大陆第三方物流企业缺乏必要的服务规范和内部管理规程，经营管理粗放，服务质量较低，服务意识不足；在物流技术上，很多物

---

[1] 许晶：《我国现代物流产业现状及发展分析》，载《吉林商业高等专科学校学报》2003 年第 2 期。

流企业仍然停留在传统的人工操作阶段，有效引进和利用现代高新物流技术手段发展第三方物流有待进一步加强。

第三方物流是台湾物流产业的优势所在。台湾地区最早的第三方物流服务业，是在1975年由声宝和新力两家台湾主要的家电业公司为配送旗下家电而共同投资设立的东源储运公司（已更名为东源物流）。此后，台湾第三方物流服务业者逐渐增多，在主要的产业通路中提供专业的物流服务，由供货商直接通过物流中心将商品运送到各零售卖场据点或是个别消费者。台湾第三方物流的优势同时还体现在先进的经营管理体制、丰富的经营管理经验、先进的物流科技手段、充裕的资金支持和完善的信息系统等方面。在两岸物流产业合作中，台湾第三方物流的发展优势可以弥补大陆第三方物流发展的缺陷，从而促进大陆第三方物流的快速发展。

3. 加快大陆物流标准化、信息化以及网络化建设步伐

信息化是物流产业发展的基础，"信息化是物流的灵魂，没有物流的信息化，就谈不上物流的现代化"。物流信息化涉及面很广，既包括制造业、商贸流通业的信息化，也包括交通运输、铁路、民航以及第三方物流企业的信息化，既包括硬件产品的采购与应用，也包括物流管理系统的研发与应用实施。2003年大陆物流行业IT产品应用的总体市场规模为16.3亿元人民币，从目前大陆互联网发展状况看，虽然近年来网络用户一直在呈几何级数增长，但能够真正用于生产和经营活动的用户网络体系还没有完全建立。

尽管大陆物流标准化、信息化以及网络化建设正在加快发展，但总体上仍然滞后于现实物流企业发展的要求，物流标准化、信息化和网络化还需进一步加强。而台湾电子资讯产业发展具有比较优势，两岸加强物流合作将促进大陆信息产业的发展，从而促进包括物流业在内的各行业和产业信息化和网络化建设。

（二）对台湾的成本收益分析

1. 有利于扩大台湾物流业市场规模

受台湾地区经济规模的限制，台湾岛内物流业市场规模有限，同

时由于近年来台湾经济不景气以及岛内产业加速外移，台湾岛内物流业发展受到限制，市场规模进一步扩大存在障碍。而大陆物流业发展水平相对较低，深化两岸物流合作通过允许台湾服务提供者在内地以合资或独资的形式提供物流服务就可以弥补台湾岛内物流业市场规模狭小的不足，加快台湾物流业的发展。此外，随着台湾物流业市场规模的扩大，台湾物流业提供者获得了大陆这个广阔的物流业市场，降低了竞争的激烈程度，一定程度上缓解和遏制了台湾物流业的恶性竞争问题，为台湾物流业持续健康地发展创造了条件。

2. 促进两岸贸易及投资发展

两岸物流业的合作将直接带来两岸贸易的便利及成本的降低，这将极大地促进台湾出口贸易的发展以及两岸进出口贸易量的扩大。两岸物流业合作对台商扩大对大陆投资也将起到积极作用，一方面，两岸物流合作通过允许台湾物流服务提供者在大陆以合资或独资形式设立物流企业，这本身就可以增加台商在大陆物流业领域的投资；另一方面，随着台资物流公司在大陆的出现和增加，使得台商在大陆能够获得更好的服务，投资环境的改善将对台商在大陆其他产业和领域的投资起到带动和示范效应。而投资的扩大又反过来会进一步刺激两岸贸易量的扩大，从而促进两岸经贸关系的进一步发展。

3. 有利于促进台湾物流企业和企业物流的发展

台湾地区的物流企业绝大部分总部设在北部地区，有85%的企业提供全岛运输与仓储保管物流服务，有70%的企业提供流通加工或地区性配送服务。岛内的物流企业主要物流服务项目包括长短途运输、仓储保管以及流通加工等。两岸物流业合作将有利于岛内一些有实力的物流企业积极拓展岛外市场，开发岛外客户，提高企业自身的综合竞争力。企业物流是以企业经营为核心的物流活动，是具体的、微观物流活动的典型领域。两岸物流业合作，必然会引起台湾物流市场销售网络结构的变化，提高对商业企业物流各方面的要求，从而激励台湾商业企业物流朝着"专业化"、"一体化"及"效率化"方向发展。

六、深化两岸物流合作的政策建议

首先，继续发展和扩大两岸物流协会、港口协会等民间组织的互访，加强两岸物流学术交流，增进两岸对各自物流业发展现状的了解，并积极寻求两岸物流业合作的突破口与结合点。具体可以先从两岸存在物流合作潜质的物流服务提供者以点对点的形式结对开展物流交流与合作，然后以先合作并取得成功的企业带动后续的企业开展物流合作，以大企业带动小企业。在地域上，可以先从大陆沿海地区与台湾进行物流合作，逐步过渡到中西部及东北老工业基地，最后扩大到全国。

其次，搭建闽台物流合作平台，积极发展两岸农业物流合作。两岸农业交流与合作已经取得了显著成效，主要集中在农业技术合作、科技人才交流及农业物流等方面。根据台湾"农委会"的统计结果，2002 年两岸农产品贸易总额为 4.34 亿美元，其中台湾自大陆进口农产品 3.67 亿美元，台湾对大陆出口农产品 0.67 亿美元。在两岸农产品贸易中，闽台农产品贸易意义重大。福建的主要农产品国际竞争力指数都高于大陆的整体平均水平，其中，水果竞争力指数，2001 年大陆为 0.0848，而福建则高达 0.9275；蔬菜竞争力指数，2001 年大陆为 0.7853，福建为 0.9409。因此，可以以闽台农产品贸易为基础，搭建闽台农业物流合作平台，从而促进大陆与台湾的农业物流合作。

再次，加快两岸教育服务的合作，推进两岸物流人才培养的合作。当前，两岸都缺乏物流专业人才，特别是高级物流专业管理和技术人员。一方面，两岸都应该积极引进西方发达国家或地区的高级物流人才及其物流人才培养模式；另一方面，两岸也应该在教育服务业合作的基础上，特别是依托台湾具有优势的职业技术教育，通过合作办学等形式培养物流技术人才。

第五章 运 输 业

一、两岸运输业发展历程

(一) 大陆运输业发展历程

1. 海运和港口业发展历程

新中国成立时，大陆海上运输特别是远洋运输处于空白，海上运输没有自己的船队。面对帝国主义的封锁，大陆的海上运输在十分艰难的条件下进行。从新中国成立后，港口发展先后经历了 5 个阶段：

第一阶段（20 世纪 50 年代～20 世纪 70 年代初）。由于帝国主义的海上封锁，加上经济发展以内地为主，交通运输主要依靠铁路，海运事业发展缓慢。这一阶段港口的发展主要以技术改造、恢复利用为主。

第二阶段（20 世纪 70 年代）。随着对外关系的发展，对外贸易迅速扩大，外贸海运量猛增，沿海港口货物通过能力不足，周恩来于 1973 年初发出了"三年改变港口面貌"的号召，开始了第一次建港高潮。

第三阶段（20 世纪 70 年代末～20 世纪 80 年代）。大陆经济发展进入一个新的历史时期，政府在"六五"（1981～1985 年）计划中将港口列为国民经济建设的重点。港口建设进入第二次建设高潮。

第四阶段（20 世纪 80 年代末～20 世纪 90 年代）。随着改革开放政策的推行以及国际航运市场的发展变化，大陆开始注重泊位深水化、专业化建设。初步形成了一个比较完整的水运营运、管理、建设和科研体系。

第五阶段（20世纪90年代末~21世纪初）。贸易自由化和国际运输一体化、现代信息技术及网络技术伴随着经济全球化的高速发展，使现代物流业在全球范围内迅速成长为一个充满生机活力并具有无限潜力和发展空间的新兴产业。现代化的港口不再是一个简单的货物交换场所，而是国际物流链上的一个重要环节。为适应加入WTO后和现代物流发展的需要，在激烈的竞争中立于不败之地，大陆各大港口都在积极开展港口发展战略研究，全面提升港口等级。

经过5次大规模的港口建设，目前，在大陆初步建成了布局合理、层次分明、功能齐全、河海兼顾、内外开放的港口体系。大陆港口无论是在规模上，还是在专业程度和管理水平上，都迈上了新的台阶。

2. 民用航空业发展历程①

自1949年11月中国民用航空局成立以来，大陆民用航空业已经走过了五十多年的发展历程。改革开放之前，大陆民航一直是政企合一。十一届三中全会以后，民航拉开了全面改革的序幕。1980年3月5日，国务院、中央军委做出了改变民航领导关系的决定，把民航局从隶属于军队建制改为国务院直属机构，实行企业化管理。经过二十多年的改革，航空运输业和民航体制发生了重大变化，取得了明显的成效。在运输方式上，除了定期航班外，还有包机运输；在运输市场上，逐步形成了竞争的航空运输市场；在管理体制的创新方面，形成了以民航总局为领导、以航空公司和机场为主体分工协作的航空运输体系。

第一阶段的改革——"三家分晋"。始于1986年，这一阶段主要进行了以政企分开为原则、将航空公司和机场分设的管理体制改革。

---

① 民用航空是使用各类航空器从事除了军事性质（包括国防、警察和海关）以外的所有的航空活动。民用航空分为商业航空和通用航空。

对北京、上海、广州、成都、沈阳、西安六大地区政企合一的管理局进行一分为三的改革，先后成立西南、东方、国际、西北、北方和南方航空公司六大骨干航空公司；组建北京首都国际机场、上海虹桥、广州白云、成都双流、西安西关、沈阳桃仙6个机场；成立华北、华东、中南、西南、西北、东北6个地区管理局。对原拥有飞机的民航省、自治区、直辖市管理局和航站进行了改革，把航空运输和通用航空业务从机场分离出来，成立航空公司分公司。此外，将民航原各级管理机构从事的围绕航空主业的服务性业务分离出来，组建中国航空油料总公司、中国航空器材总公司、计算机中心、结算中心等9家专业性的直属企业。为了充分发挥中央和地方两方面的积极性，从20世纪90年代开始，相继成立了上海、厦门、海南、四川、深圳等16家地方航空公司，作为骨干航空公司的补充。

第二阶段的改革——企业改革。始于1994年，这一阶段突出了企业改革的内容，同时针对前一阶段体制改革的遗留问题开展理顺关系的工作。按照人员精干、机构精简、政企分开的原则，成立了行政性的民航福建、江苏、湖北、海南省局。理顺省局与航空公司分（子）公司生产运营关系，大陆18个驻有航空公司分（子）公司的省、区、市局与航空公司分（子）公司签订协议，完善双方的职能，落实企业经营自主权。在探索机场管理体制多种模式的过程中，形成了民航投资民航管理、地方投资地方管理、联合投资联合管理等形式。按照国务院的指示，1988年10月，民航总局将厦门高崎机场下放由厦门市政府管理；1994年12月，将上海虹桥国际机场移交上海市政府管理。目前，民航121个运输机场按产权所有和隶属关系分类，属民航直接管理的机场92个，属地方政府管理的机场26个，民航与地方联合管理经营的机场4个。民航空中交通管理体制也进行了改革，成立了事业单位性质的六大地区空中交通管理局。

第三阶段的改革——兼并重组。2000年7月21日，民航总局宣布，民航总局直属的10家航空公司将以国航、东航、南航为基础，重组为三大集团，非直属的地方航空公司可在自愿基础上参与重组。

（二）台湾运输业发展历程

1. 海运业发展历程

对外贸易和国际航运是台湾经济的两大支柱，台湾经济在20世纪80年代取得快速发展，很大程度上得益于其国际航运业的发展。1949年从大陆撤退到台湾的船舶共有133艘，但大部分是旧船，不少被淘汰，至1952年船舶数减少到126艘。台湾在1953～1958年和1958～1963年实施了第一期和第二期经济建设计划，航运业也开始快速发展。台湾海运业发展大致经历了四个发展阶段。

第一阶段为发展阶段（1963～1970年）。台湾为了配合外贸发展需要建造了一大批新船并购买了一批旧船，使得船舶总数量增加60%，总载重量增加1.2倍，发展较为迅速。

第二阶段为调整提高阶段（1971～1980年）。这一时期的船舶总数量及总载重量没有发生多大变化，但平均船龄则由第一阶段的16年降为10年左右，平均航速也有所提高，提高了海运业的竞争力。

第三阶段为快速发展阶段（1981～2001年）。这一时期船舶总数量增幅不大，但船舶总载重量有了很大提升，航速也有所提高。

第四阶段为新时期发展阶段（2002年至今）。2002年台湾加入WTO以后，台湾海运业船舶艘数总数量及其总载重量都呈现下降趋势。台湾海运业发展受到来自世界各国和地区，特别是东亚国家和地区海运业的威胁和挑战。

2. 航空运输业发展历程

日据时代，台湾就已建立了台北松山机场等航空设施。1949年以后，台北松山机场升格为国际机场，并开辟台南机场为国际辅助机场。经五十多年的扩展，全岛已建成民用机场18个。其中，桃园、高雄2处为国际机场；台北松山、台中、嘉义、台南、马公、花莲、台东、屏东、新竹9处为岛内机场；梨山、阿里山2处为直升机机场；兰屿、绿岛、小琉球、七美、望安5处为地方管理的离岛小型机场。另外，还有供军事用的军用机场多个。

台湾航空运输以国际航运为主，岛内航空运输因受小型岛屿与高山之影响，业务量较小。到 20 世纪 90 年代初，台湾有岛内航线 18 条，国际航线 97 条。

20 世纪 80 年代末期以后，台湾开放航空市场，民间航空公司迅速增加，打破了过去公营航空公司垄断的局面。台湾借航空公司由 1987 年的 6 家增加到 1997 年的 17 家。由于岛内市场有限，航空公司竞争十分激烈，在 20 世纪 90 年代末出现合并趋势，2004 年航空公司降至 12 家。台湾积极开拓国际航线，先后与澳大利亚、南非等 45 国家或地区签订航约，依双边协定在台湾经营定期客货运输业务的外籍航空公司由 1987 年的 17 家增加到 1995 年的 34 家，2004 年减少为 32 家。

台湾航空运输分为旅客运输与货物运输两种，其中以客运为主。1962 年以前，台湾只有台北松山机场一个运行；1963 年，花莲机场投入使用；1966 年，高雄机场、台南机场、台东机场、马公机场开始启用；1970 年，台中机场启用；1976 年，其他小型机场投入营运；1979 年，桃园中正机场加入营运；1991 年，七美、望安、兰屿、绿岛与金门等机场加入营运；1993 年，马祖机场启用；1994 年，屏东机场启用；1998 年，新竹机场加入营运。至此，形成目前台湾的航空运输格局。

二、两岸运输业竞争性、互补性分析

（一）大陆运输业竞争力分析

1. 社会物流货物总额持续快速增长，货物运输总量波动增长

1992 年，全社会物流货物总额 39088 亿元，此后连续三年社会物流货物总额加速增长，到 1994 年社会物流货物总额达到 79237 亿元，增长率高达 45.9%；加入 WTO 以后，社会物流货物总额继续保持高速增长，连续三年增长率超过 15%，2004 年达到 29.9%。1992～2004 年，大陆货物运输总量波动增长，表现为：1992～1996 年，货

运量逐年增加，由 1992 年的 104.59 亿吨增加到 1996 年的 129.62 亿吨，且增长率都维持在 4.5% 以上；1997 和 1998 年货运量连续两年下降，到 1998 年货运量已经回落到 126.72 亿吨；1999～2004 年货运量继续保持正的增长率，特别是 2004 年全年累计完成货运量 161.1 亿吨，比上年同期增长 10.6%（见图 5-1）。

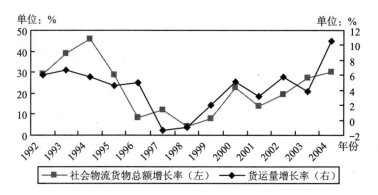

图 5-1　1992～2004 年大陆全社会物流货物总额增长情况

资料来源：根据《中国物流年鉴》（2004）；王丹：《2004 年我国物流行业运行状况分析》，载《中国物流行业研究报告》（2005）相关资料整理编制。

2. 大陆港口业进入快速增长期

1990～2003 年的 14 年间，大陆港口货物吞吐量平均增长 12.3%，超过同期 GDP 增长率（见图 5-2）。近年来，大陆兴起了新一轮的港口建设热潮，由此带动了当地及其辐射区域系列产业链的发展，而这种辐射正形成一种"港口集群"效应，并且基本形成了以天津港和大连港为代表的华北环渤海港口群、以上海港为代表的华东长三角港口群和以深圳和广州为代表的华南珠三角港口群三大港口群。2002 年，大陆港口及内河航道建设完成投资 169.8 亿元。2003 年，沿海港口投资力度进一步加大，全年完成投资额 241.0 亿元，比上年增长 48.8%。在港口投资的方向与趋势上，集装箱港口投资仍然是投资的重点；同时，石油等专用码头的投资潜力巨大，有望成为下一个港口建设的重点领域。

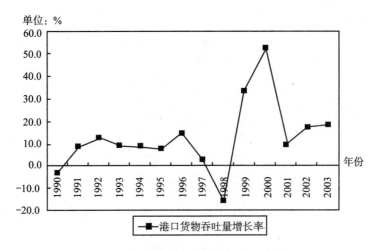

单位: %

图 5 - 2 1990 ~ 2003 年大陆港口吞吐量增长率

资料来源: 孔祥智:《中国产业前景报告·2005》, 中国时代经济出版社 2005 年版, 第 234 页。

3. 民用航空运输业发展潜力巨大

1990 ~ 2002 年, 大陆民航运输获得了快速发展。1990 年大陆民航运输定期航班总周转量 25 亿吨/公里, 位列国际民航组织缔约国第 16 位; 2002 年航空运输总周转量和旅客周转量分别位居国际民航组织缔约国第 5 位和第 4 位。这一时期大陆民航运输总周转量平均增长 17%, 远远高出同期国际平均水平的 4.6%。1985 ~ 2003 年期间, 大陆总周转量与 GDP 的平均弹性系数为 1.7, 旅客运输量与 GDP 的平均弹性系数为 1.6。货邮运输量与 GDP 的平均弹性系数为 1.6。如果继续保持这种增长势头, 2004 ~ 2010 年民航货运市场将保持年均 11% ~ 12% 左右的增长速度, 有较好的发展前景 (见表 5 - 1)。

表 5 - 1 2004 ~ 2010 年民航市场需求预测

年 份	总周转 (亿吨/公里)		客周转 (亿人/公里)		客运量 (万人)		货运量 (万吨)	
	对数回归	弹性回归	对数回归	弹性回归	对数回归	弹性回归	对数回归	弹性回归
2004	230	230	1700	1700	12000	12000	270	270
2005	260	265	1938	1955	13800	13800	308	311

年 份	总周转 （亿吨/公里）		客周转 （亿人/公里）		客运量 （万人）		货运量 （万吨）	
	对数回归	弹性回归	对数回归	弹性回归	对数回归	弹性回归	对数回归	弹性回归
2006	294	299	2171	2209	15594	15663	345	354
2007	332	338	2431	2496	17621	17778	386	404
2008	375	382	2723	2821	19912	20177	432	460
2009	424	431	3049	3188	22501	22901	484	524
2010	479	487	3415	3602	25426	25993	542	598

资料来源：孔祥智：《中国产业前景报告·2005》，中国时代经济出版社 2005 年版，第 367 页。

（二）台湾运输业竞争力分析

1. 运输配送为台湾物流业者主要营运项目之一

台湾物流业者所配送的商品形态大致分为 10 类，包含 3C、药品、化妆品、日用百货、一般食品、生鲜冷冻食品、服饰、图书/唱片/出版品、机械设备以及其他主要配送商品种类。目前岛内物流业者以配送 3C、化妆品、日用百货与一般食品类较多，大约各占配送产品的一至二成，整体配送商品种类比例分布见图 5-3。

目前台湾物流业者从配送车辆形态来看，以自有车队最为普遍，约占 41%；其次为外包给其他货运公司，约有 38%。大型物流业者一般拥有自己的车队，在货量较稳定且有一定规模下，自有车队的调度与服务品质皆掌握较佳，外包货运则作为淡旺季调节之用。而中小型物流业者，在资金与营运经济规模考量下，大多会与两、三家货运公司签约合作，作为灵活调度之用。而在快递或邮寄部分，则属于小量或紧急的情况下使用。

2. 机场与港口建设投资趋缓

在物流基础设施建设方面，近年来对于地区外运输服务质量至关重要的机场与港口建设投资趋缓，与周边国家和地区相比，以往的优势已经不复存在。同时，台湾地区的铁路里程数也在逐年减少（见表 5-2），而铁路运输货运量却一直保持上升的趋势，这就给台湾铁路运输造成压力。船舶总吨位也逐年下降，1996 年台湾船舶总吨位为 604.7 万吨，到 2004 年已经减少到 365.5 万吨（见表 5－3）。

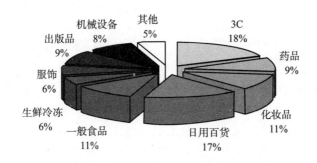

图 5－3 台湾物流业者主要配送商品形态

资料来源："台湾地区财团法人工业技术研究院"："物流整合应用技术发展暨辅导计划"，《中国物流年鉴》2003 年版。

台湾属于"海岛型经济"，自然资源匮乏，所有原材料须从岛外购入，生产的成品又须出口输往国际市场。这种经济形态需要强有力的运输业支持，必然对海运和港口业发展产生强烈的需求。近年来台湾"国籍"船舶登记数量不断减少，营运能力也有所下降，这给台湾进出口贸易带来严峻的挑战，威胁到岛内的经济发展。

表 5－2 1995～2004 年台湾地区物流运输基础设施建设及货运情况

年份	铁路		公路		船舶总吨位（吨）	港埠货柜装卸量（TEU）	航空运输营运量（千公吨）	
	里程（公里）	货运量（千公吨）	里程（公里）	货运量（千公吨）			民航	"国籍"航空公司
1995	2315	30120	32197	291176	5991967	7665178	837	—
2000	1887	22261	35931	343581	5307656	10510762	1338	1159
2001	1851	19287	36698	299983	4740660	10427714	1310	1122
2002	1836	18217	36978	289066	4297149	11608634	1514	1345
2003	1431	16735	37642	303765	3827173	12094753	1623	1481
2004	1250	16960	38197	344864	3655023	13034362	1823	1754

资料来源：台湾"交通部"《交通统计月报》，http：//www.motc.gov.tw。

表 5 - 3　1994～2004 年台湾"国籍"船舶登记数与货运总量

年份	总　计			干货船			货运吨数（千公吨）	延吨海里（百万吨海里）
	艘数（艘）	总吨位（吨）	载重吨（吨）	艘数（艘）	总吨位（吨）	载重吨（吨）		
1994	245	5935729	9158584	52	158456	251820	112929	526952
1995	245	5991967	9152063	51	162072	256562	123614	568529
1996	256	6046869	9232665	53	178316	252037	130052	610350
1997	256	5929232	9147862	54	169517	260104	114108	567706
1998	255	5509533	8728327	60	183654	279522	109885	519624
1999	261	5419776	8590461	68	206491	310920	111719	557201
2000	260	5307656	8348999	75	219423	331932	110271	527891
2001	249	4740660	7397270	75	217416	328187	101533	359295
2002	241	4297149	6821256	68	241174	350267	101091	312823
2003	235	3827173	6121877	64	197084	296382	95440	247560
2004	220	3655023	5890680	62	195407	293721	96735	195066

资料来源：台湾"交通部"网站，http：//www.motc.gov.tw。

3. 民航运输业开始向岛外发展和扩张

近年来，台湾岛内民航运输起降架次逐年下降，已经由 1997 年的 580115 次减少到 2004 年的 329632 次，岛外国际线运输起降架次由 1997 年的 135730 次增加到 2004 年的 175230 次。在具体的客运和货运领域也是如此，2004 年台湾岛外国际线旅客人数达到 2075.6 万人次，岛外货运总吨数达到 125.5 万公吨（见表 5 - 4）。这既是台湾发展航空物流实现台湾"全球物流发展计划"的要求，也是台湾继续发展外向型经济的需要，更是两岸实现全面"三通"，发展两岸经贸关系的条件和基础。

表 5－4　1952～2004 年台湾民航运输营运总量

年份	起降架次（次）			旅客人数（千人次）				货运吨数*（公吨）		
	总计	国际线	岛内线	总计	国际线	岛内线	过境	总计	国际线	岛内线
1952	5133	N. A.	N. A.	26	N. A.	N. A.	N. A.	3122	N. A.	N. A.
1961	10898	N. A.	N. A.	211	N. A.	N. A.	N. A.	6457	N. A.	N. A.
1971	74993	30012	44981	3500	1143	2065	292	63493	48084	15409
1981	121654	37252	84402	10493	4063	5639	792	252735	229320	23415
1991	317481	68181	249300	22832	10364	11210	1257	714808	670127	44681
1995	632888	111356	521532	45621	14954	28773	1894	836915	744398	31386
1996	700964	123931	577033	54103	16157	35902	2044	885185	791803	29409
1997	715845	135730	580115	56303	17069	37400	1835	1015712	909900	31210
1998	638344	135023	503321	51650	16440	33294	1916	1032772	936403	26407
1999	616322	132343	483979	52374	17808	32534	2031	1173412	1064289	30573
2000	586560	138379	448181	48407	19780	26650	1976	1338181	1214859	33853
2001	561910	147212	414698	46084	19501	24614	1970	1310220	1035552	37375
2002	548555	156023	392532	44186	20063	21890	2233	1513859	1137627	44246
2003	489171	146490	342681	37879	15913	20052	1914	1622730	1186032	43704
2004	504862	175230	329632	44117	20756	20995	2365	1823139	1254890	40623

注：*货运数据包含一般货运、旅客托运、收费行李、超重收费行李、邮件等项目；1995 年起货运分类加列转口乙项，另资料不含行李。

资料来源：台湾"交通部"网站，http：//www. motc. gov. tw/hypage. cgi？HYPAGE = stat. asp。

三、两岸运输业对外开放政策

（一）两岸运输业对外开放政策

1. 大陆运输业对外开放政策

（1）海运业对外开放

1990 年 12 月 5 日国务院发布《中华人民共和国海上国际集装箱运输管理规定》，1998 年 4 月 18 日国务院修订了这一规定。2001 年

12 月 11 日，国务院发布《中华人民共和国国际海运条例》，同时废止《中华人民共和国海上国际集装箱运输管理规定》，《中华人民共和国国际海运条例》规定内地与香港特别行政区、澳门特别行政区之间的海上运输，由国务院交通主管部门依照本条例制定管理办法；内地与台湾地区之间的海上运输，依照国家有关规定执行。

2004 年 2 月 25 日，交通部与商务部共同发布《外商投资国际海运业管理规定》，《外商投资国际海运业管理规定》自 2004 年 6 月 1 日起施行，香港特别行政区、澳门特别行政区和台湾地区的投资者在大陆其他省、自治区和直辖市投资设立国际海运及其国际海运辅助企业，参照本规定办理。

（2）民用航空业对外开放

1994 年 5 月 6 日，民航总局与外经贸部发布《关于外商投资民用航空业有关政策的通知》；1994 年 10 月 25 日，民航总局与外经贸部发布《关于发布〈关于外商投资民用航空业有关政策的通知〉若干问题的解释的通知》；2002 年 6 月 21 日，民航总局与对外贸易经济合作部和国家发展计划委员会发布《外商投资民用航空业规定》，于 2002 年 8 月 1 日起施行，并同时废止上述两个《通知》。《外商投资民用航空业规定》指出香港、澳门特别行政区和台湾地区的公司、企业、其他经济组织或个人在大陆其他省、自治区和直辖市投资民航业，参照本规定办理。

为适应加入 WTO 要求，航空运输服务业积极推进政企分开。民用航空总局已撤销 23 个民航省（区、市）局，同时把 93 个机场移交地方政府管理，以推动民航管理体制改革的进一步深化。此外，从服务国民经济发展的大局出发，民航总局向外国航空公司开放"第五航权"①，首次允许外国航空公司的航班从大陆境内飞抵第三方。澳大利亚航空公司自 2003 年 11 月 1 日起在上海浦东国际机场行使货运第五

---

① 五大航权是指：第一航权为领空飞越权；第二航权为技术经停权；第三航权为目的地下客和货权；第四航权为目的地上客和货权；第五航权为经停第三国境内某点上下旅客或货物权。

航权，除此之外，民航总局还于 2003 年 7 月将海南定为客运第五航权开放的试点，为进一步开放客运第五航权做准备。

2. 台湾运输业对外开放政策

2006 年 3 月 8 日，台湾"交通部"部长郭瑶琪应邀在"立法院"第六届第三会期交通委员会，就政府重要海运施政报告时表示，为促进航运事业发展，该部 2006 年将以强化自由贸易港区招商、落实市港合一政策、全面检讨港埠业务自由化为施政重点，发展台湾成为全球运筹管理中心。为强化高雄港货柜业务之国际竞争力，使高雄港成为全球运筹海运中心，"交通部"全力推动高雄港洲际货柜中心计划，计划共分两期。在海运港埠部分，持续推动各港港埠基础建设，包括台北港货柜储运中心及第二散杂货中心、台中港航道浚深拓宽工程、高雄港洲际货柜中心计划等，并依据各港的功能定位与营运需求，拟订 2007 至 2011 年各港整体规划及未来发展计划，以发挥多港一体效能，使港埠资源公平合理分配利用。在推动海空自由贸易港区方面，基隆港、高雄港、台中港、台北港，及桃园航空自由贸易港区已陆续完成设置启用，将以强化招商为重点工作，除持续辅导区内现有货柜航商、业者转型申设为自由港区事业外，积极对外招商，以吸引更多新进业者进驻自由贸易港区，达成累计 50 家自由贸易港区事业进驻营运的目标。

（二）两岸运输业合作现状

两岸通航应是两岸人员往来和货物运输的主要方式。两岸在 20 世纪 80 年代中期就形成"不通航而通运"的局面；20 世纪 90 年代中后期，又逐步摸索出"试点直航"等模式；至 21 世纪初期，进而出现福建沿海地区与金门、马祖直接通航的局面。两岸直航是两岸三通的重要环节，也是两岸经贸交流中日益突出且亟待解决的现实问题。

1. 海运业合作——两岸海上通航

二十多年来，在两岸同胞的共同努力下，两岸海上通航经历了一个不平凡的发展历程，从 1986 年之前的互不通航到之后的间接通航，由 1995 年起分步开放通航到 2001 年的沿海局部直航，不断取得进展。

1979 年 8 月，大陆方面倡议就两岸海上运输问题同台湾航运界进行协商，并宣布各对外开放港口均可对台湾船舶开放。1997 年 1 月，大陆的"海峡两岸航运交流协会"与台湾的"海峡两岸航运协会"在香港商谈，就福州、厦门与台湾高雄港的"境外航运中心"之间试点直航达成共识。1997 年 4 月 19 日，厦门轮船总公司的"盛达轮"集装箱船驶抵高雄港，24 日，台湾立荣海运公司所属的"立顺轮"从高雄港直驶厦门港，两岸试点直航正式启动，终于使已中断 48 年的两岸船舶的直接航行重新恢复。1996 年 8 月交通部与外经贸部先后公布《台湾海峡两岸间航运管理办法》与《台湾海峡两岸间货物运输代理管理办法》，规范了两岸海上直航的基本事项。1998 年 3 月，两岸定期集装箱班轮航线开通，运输两岸货物的船舶经第三地换单不换船航行至两岸港口。

福建沿海与金门、马祖之间的直航是两岸海上航运交流的重要一环。2001 年，台湾当局为回避两岸直接三通的压力，提出并推动金门、马祖与福建沿海的通航与通商即所谓的"小三通"。2004 年 12 月 7 日首批大陆旅游团 55 人从厦门乘"同安号"客轮直航金门，这是大陆居民第一次以"游客"的身份乘船直航金门。到 2004 年年初，大陆方面共批准台湾航运公司在大陆沿海主要港口设立 7 家营业性机构和 37 家航运代表处。

"小三通"从实施到现在，已经取得了丰硕成果。金马"小三通"两岸船舶往返航次由 2001 年的 182 次增加到 2004 年的 3029 次，其中厦门—金门航线大陆船舶往返航次由 2001 年的 34 次增加到 2004 年 1215 次，台湾船舶往返航次由 2001 年的 83 次增加到 2004 年的 820 次，厦门—金门航线两岸船舶往返累计航次由 2001 年的 117 次增加到 2004 年的 2035 次；福州—马祖航线大陆船舶往返航次由 2001 年的 11 次增加到 2004 年的 593 次，台湾船舶往返航次由 2001 年的 54 次增加到 2004 年的 401 次，福州—马祖航线两岸船舶往返累计航次由 2001 年的 65 次增加到 2004 年的 994 次。

2. 航空运输业合作——两岸空中通航

1981 年 10 月，大陆民航主管部门表示随时准备与台湾有关方面进行两岸空中通航的谈判。1990 年 3 月，大陆颁布《中国大陆与台湾间民用航空运输不定期飞行的申请和批准程序的暂行规定》。1989 年至 1996 年，两岸民航业界互为客货销售代理和开办"一票到底"、"行李直挂"等业务，签署了多项协议，开展了涉及票务、商务、机务、航务、服务等方面的合作。1995 年 12 月、1996 年 8 月，澳门航空、港龙航空分别开辟了澳台、港台航线，实现了大陆经澳门、香港至台湾"一机到底"的间接通航。1997 年迄今，大陆有关方面批准 4 家台湾航空公司在北京设立代表处。

2003 年春节期间，为便利台商返乡过年，大陆方面采取灵活务实的办法，批准台湾 6 家航空公司共 16 架次包机，从台北、高雄经停港澳至上海往返接送台商。这是五十多年来台湾航空公司的飞机首次通过正常途径停降大陆机场。台商春节包机虽于 2003 年成行，但 2004 年春节包机却因台湾当局的阻挠而中断。2005 年台商春节包机实现了两岸民航飞机 56 年来首次双向对飞。双方的 6 家航空公司 48 个航班均顺利完成飞航任务，接送台胞 10767 人次；其中，大陆 6 家航空公司送 5133 人次；台湾 6 家航空公司运送 5634 人次。比仅有台湾航空公司 16 架次航班、客运量仅为 2600 余人次的 2003 年春节包机又往前迈了一大步。在连战和宋楚瑜访问大陆之后，大陆推动两岸直航三通步伐加快。大陆民航总局 2005 年 9 月 2 日核准台湾华航、长荣、华信、立荣等四家民航业者提出的飞越大陆领空申请，并于 2005 年 9 月 5 日零时生效。2006 年春节包机直航增加了厦门—台北、厦门—高雄往返航班。

但是，在通航方面，两岸船舶、飞机不能直接往来；两岸人员旅行仍需经香港、澳门等地中转；试点直航不能运输两岸贸易货物，两岸贸易货物仍需经日本、香港等第三地中转，造成了"船通货不通，货通船不通"的奇怪现象。

四、深化两岸运输业合作的政策构想

（一）大陆加入 WTO 关于开放运输业的规定

1. 航运服务业

（1）海运服务，包括国际运输（货运和客运），不包括沿海和内河运输服务

对于跨境交付方式下的班轮运输（包括客运）以及散货、不定期和其他国际船运（包括客运）没有限制。允许外商设立合资船运公司经营悬挂中国国旗的船队，外资不得超过合资企业注册资本的 49%；合资企业的董事会主席和总经理应由中方任命。对于提供国际海运服务的其他商业存在形式不作承诺。国际海运提供商可获得以下港口服务：领航、拖带和牵引辅助、物资供应、供油和供水、垃圾收集和压舱废物处理、驻港船长服务、助航设备、船舶运营所必需的岸基运营服务（包括通信、水、电供应）、晋级修理设施、锚地、泊位和靠泊服务。

（2）辅助服务，包括海运理货服务、海运报关服务、集装箱堆场服务和海运代理服务

除海运代理服务的跨境交付没有限制外，大陆对其他服务的跨境交付不作承诺。外商在大陆境内只能设立合资企业，除了海运代理，合资企业的外资持股比例不超过 49%，其他辅助服务合资企业中外资可拥有多数股权。

2. 航空运输服务业

大陆航空运输服务业在加入 WTO 时承诺将开放两个领域，即航空器的维修服务以及计算机订座系统。

在航空器维修领域中，大陆对于航空器维修服务的跨境交付不作承诺，但允许外国服务提供者在大陆境内设立合资航空器维修企业，且中方必须占控股或主导地位。此外设立合资企业的营业许可需进行经营需求测试。在国民待遇上，规定中外合资、合作航空器维修企业

有承揽国际市场业务的义务。

在计算机订座系统中，大陆对此服务的商业存在不作承诺，只在跨境交付方式上做出如下承诺：外国计算机订座系统，如与大陆空运企业和大陆计算机订座系统订立协议，则可通过与大陆民用航空计算机旅客订座系统联网，为大陆空运企业和销售代理人提供分销服务；外国计算机订座系统可以为根据双边航空协定在大陆境内有经营销售业务的外国空运企业在大陆通航城市设立的代表处或营业所提供服务；大陆空运企业和外国空运企业的销售代理人直接使用外国计算机订座系统需经大陆民航总局批准。

（二）CEPA 关于开放运输业的规定

在运输业领域，CEPA 对内地与香港和澳门之间的海运及其辅助服务开放做出了具体规定。允许香港和澳门服务提供者以独资形式在内地设立企业，经营国际船舶管理、国际海运货物仓储、国际海运集装箱站和堆场以及无船承运人业务，突破了大陆加入 WTO 时的承诺和现有规定。允许香港服务提供者在内地设立独资船务公司为其拥有或经营的船舶提供日常业务服务；允许香港服务提供者利用干线班轮船舶在内地港口自由调配和自由租用空集装箱。

（三）加强两岸运输业合作业的构想

随着两岸贸易和投资的进一步发展，两岸运输业合作成为必然。两岸经贸合作的深化包括的范围极其宽泛，具体涉及各个不同的行业和领域，在运输业服务贸易领域中，特别是海运业和民用航空业，两岸应该开展运输业合作。

大陆方面，在海运业领域，经交通部和商务部批准，允许台商在大陆设立合资、合作和独资企业经营国际船舶运输、国际船舶代理、国际船舶管理、国际海运货物装卸、国际海运集装箱站和堆场业务；允许台商在大陆设立合资、合作和独资企业经营国际海运货物仓储业务，并为投资者拥有或者经营的船舶提供揽货、签发提单、结算运费、签订服务合同等日常业务服务。在航空运输领域，鼓励台资投资建设民用机场，包括民用机场飞行区即跑道、滑行道、联络道、停机坪、助航灯光和航站楼；允许台资以合资、合作形式在大陆设立从事公务飞行、空中游览或为工业服务的通用航空企业，其中台资可以控股；允许台资以独资形式在大陆设立从事农、林、渔业作业的通用航空企业。

两岸关于运输业的开放，不仅仅是大陆对台湾运输业特别是海运业和航空运输业服务提供者的单向开放，还应该包括台湾对大陆运输业服务提供者的开放，是双向、对等的开放。因此，台湾方面也应该在海运业和航空运输业等对大陆开放采取积极措施。考虑到两岸关系的特殊性，在两岸运输业开放时，可以采取积极主动、先易后难、循序渐进的推进措施，逐步由当前的单向和不对等开放过渡到双向、对等的开放。

五、两岸深化运输业合作的成本收益分析

（一）对大陆的成本收益分析

1. 有利于大陆海运服务业加快技术创新

从大陆加入 WTO 承诺来看，海运服务业的开放程度较大；在内地与香港、澳门签署的 CEPA 中，内地海运服务业也做出了巨大努力；在两岸经贸合作进一步加强的总体架构下，大陆对台湾海运服务业的开放程度可以超过目前对任何国家和地区的开放程度，这对大陆海运业发展带来严峻挑战。两岸海运服务业合作，通过引入和借鉴台湾海运服务业的先进技术和管理经验，重视新技术的开发、运用，建立完善的技术创新体系和灵敏的市场应变机制，刺激大陆海运服务业加快技术创新，提高大陆海运服务企业的国际竞争力。

2. 有助于大陆港口业进行结构调整

集装箱运输是港口业的一种重要运输方式，大陆集装箱运输从 20 世纪 50 年代开始试办，20 世纪 70 年代正式起步，20 世纪 80 年代初开始全面发展。2003 年，大陆港口集装箱吞吐量跃居世界第一。同

时，2004年1月1日起开始实施《中华人民共和国港口法》，使港口建设和管理有法可依。但必须指出的是，大陆港口业同时也存在着一些结构性问题，主要反映在港口基础设施结构性矛盾突出、港口功能结构不适合经济发展的需要等方面。两岸深化运输合作，通过大陆沿海港口与台湾港口的合作，有利于加快大陆沿海港口的整合，提高沿海港口吞吐能力。沿海港口一直是大陆港口货物运输的主力军，两岸港口业合作将使得沿海港口货物吞吐量占全部货物吞吐量的比重继续上升，巩固和提高沿海港口在大陆港口业发展中的地位。

3. 有助于拓宽民航基本建设投资渠道

大陆民航投资体制改革始于20世纪80年代，其后改革力度逐年加大，投资渠道不断拓宽，投资结构发生了巨大变化。民航业投资模式已经由原来的单一政府拨款和企业自筹方式发展为国家、地方、外资、民间等多元化投资，各类投资主体投资金额所占份额也有了很大变化。1990年，民航基础建设中利用外资仅0.035亿元，占当年全部投资7.354亿元的0.48%；到2003年，民航基础建设中利用外资已经达到40.85亿元，占当年全部投资134.7417亿元的30.32%。两岸航空运输业的合作，使得大陆可以利用台资这一新的民航基础建设投资渠道来拓宽民航投资资金来源，增加民航基础建设中外资的比重。

（二）对台湾的成本收益分析

1. 两岸"直航"降低运输成本，促进运输业发展

两岸恢复经贸关系近30年来，两岸贸易发展迅速，贸易额不断增长，2004年两岸贸易额突破700亿美元，达到783.24亿美元。但是两岸"三通"迟迟未能实现，这在很大程度上限制了两岸贸易的进一步发展，也限制了两岸运输业合作的发展。

根据台湾"陆委会"公布的两岸直航评估报告显示，海运"直航"可节省相关成本约8.2亿元新台币（据不同的估计从8亿元至12亿元新台币不等），可减少约一半的运输时间（以不经石垣岛估计每航次可节省16至27小时）；空运"直航"可节省货物运输成本每年约8.1亿元新台币（空运"直航"因各种假设条件不同，成本估计差

异甚大)。① 因此，以两岸"三通"为基础的两岸运输合作将会降低两岸物流运输成本，从而促进两岸运输业特别是海运业和民用航空业的发展。

2. 促进台湾海运和航空运输业的发展

台湾地区 2004 年货物运输总量为 460313 千公吨，比上年同期增长 10.28%。近年来，全社会货运结构发生变化，水路运输和公路运输所占比重变化不大，2002 年水路运输和公路运输分别占全社会货运总量的 22.60% 和 75.60%，而 2004 年这一比重分别为 21.02% 和 74.92%；铁路运输占货运总量比重由 2002 年的 1.70% 上升到 2004 年的 3.68%，增幅较大；航空运输占货运总量的比重由 2002 年的 0.10% 上升到 2004 年的 0.38%。

两岸经贸合作的加强将直接促进两岸贸易和投资的发展，而两岸贸易和投资的发展必须要有物流业的支持，而两岸物流业货运主要是通过海运和空运，所以两岸"直航"降低物流成本的同时也促进了台湾海运和航空运输业的发展。

表 5 - 5   台湾地区 2004 年货运总体情况

	货运吨数（千公吨）	增长（%）	货运周转量（千吨公里）	增长（%）
铁路	16960	1.34	908558	5.17
公路	344864	13.53	20428995	12.47
水路	96735	1.36	195066*	-21.20
航空	1754	18.43	11281670	18.79
总计	460313	10.28	N.A.	N.A.

注：*水路运输货运周转量的单位为百万吨海里。
资料来源：台湾"交通部"《交通统计月报》，http://www.motc.gov.tw。

---

① 傅丰诚：《三通对两岸经济之影响评估》，第四届"两岸远景论坛"两岸交流的回顾与展望会议论文，财团法人两岸交流远景基金会，http://www.future - china.org/csipf/activity/2004PF_Vol/ME - 02.pdf。

3. 有利于确保台湾海运和航空运输地位

两岸深化运输合作，实现海运直航和空运直航，通过两岸各港口如大陆的上海港、厦门港与台湾高雄港，机场如大陆的厦门高崎国际机场和上海浦东、虹桥国际机场与台湾的桃园中正国际机场、高雄小岗国际机场之间的合作，缓解台湾港口和机场来自大陆方面的竞争威胁。台湾为了结合在 1995 年提出的构建亚太营运中心的计划，当局于 2000 年 10 月通过"全球物流发展计划"，强调协助民营建设并与全球接轨的法制环境，在这种构架下，积极推进"自由贸易港区"、"桃园航空货运园区"以及"台北港"等规划的建设。深化两岸运输合作将推进两岸海运业特别是港口业和民航运输业更深层次的合作，为台湾港口业和民航运输业的发展提供广阔的发展空间。

（三） 对港澳的影响

香港一向是世界一流的物流枢纽，多年来香港都保持世界最繁忙货柜港及国际航空货运中心的地位。物流业是香港四大支柱产业之一，服务跨越海陆空领域，涉及多个政策范畴及服务范围，包括分发、供应链管理及资讯科技。空运货物方面，香港是亚洲主要的国际和地区航空航运枢纽，也是全球最大的空运货物中心和行李处理系统中心；每周约有 4100 架次定期客运和全货运航班，前往全球约 140 个目的地；2003 年香港国际机场航空货运吞吐量为 264.21 万吨。港口及海陆运输方面，每周有逾 80 条国际航线及 370 班货柜船航班，把货物运往 500 多个目的地。香港港口每日有超过 300 班驳船提供服务，连接珠江三角洲的港口。香港是两种不同模式海上运输的交汇处，在港内作业的包括从太平洋驶来的巨型远洋船，以及从珠江驶来的较小型沿岸船和内河船。2003 年港口货物吞吐量为 20761 万吨；其中内河货运吞吐量 5899 万吨；海运货运吞吐量 14861 万吨。香港物流业有优势的一面，也有劣势的一面。香港物流的优势是珠三角崛起成为世界工厂为香港的贸易物流业提供了发展机遇。劣势方面则是陆路运输成本比海运或内河运输的要高，通关的能力差，尽管 24 小时通关扩大了通关能力，但还是远远不够，口岸的拥挤情况还是日益严重，客观上制约了货物通过陆路进出香港，限制了香港物流服务需求的增长。

进入21世纪，澳门对运输业服务的需求急剧提升。2003年，澳门国际机场货运量14.1万吨，2004年5月，澳门国际机场获授"亚洲最具潜质货运机场"荣誉。在海运方面，2003年出口总货运量34000个20尺货柜。①澳门是全球最自由的经济体系之一，同时拥有枢纽性的地理位置，因此，澳门特区政府正积极地把澳门构建成为区域性的物流中心。但澳门目前处理的货物以两岸中转货为主（约占整体的五成半），过于单一的货源也为澳门运输业发展带来一定的隐忧。

由于没有实现两岸"三通"，两岸贸易主要是通过香港转口，近年来台湾政策的放松以及"小三通"促进了两岸直接贸易的发展，经香港转口的贸易比重逐年减少。据香港海关统计资料，1989年两岸经香港转口贸易额34.83亿美元，占"陆委会"统计当年两岸贸易总额39.18亿美元的88.9%，此后经香港转口贸易占两岸贸易比重逐年下降，到2004年这一比重只有28.0%。两岸实现"三通"、深化经贸合作之后，两岸贸易中经香港转口贸易比重还将继续下降，这多少会对香港的进出口贸易造成一定的冲击，进而会影响到香港的运输业。但考虑到在此之前，两岸经香港转口的贸易已经在不断地下降之中，台湾在大陆经贸地位的上升对香港与大陆的经贸关系并没有造成太大的威胁。此外，台湾与大陆加强物流业合作的时候，完全可以也应该将香港和澳门纳入进来，进行运输业合作，实现两岸四地运输业共同发展。

六、深化两岸运输合作的政策建议

1. 巩固和扩大两岸"小三通"，早日实现两岸全面"三通"

从1997年4月开始两岸"试点直航"到2001年实现两岸"小三

---

① 中国物流与采购联合会编：《中国物流年鉴》（2004），中国社会出版社2004年版，第484~485页。

通"，两岸在实现全面"三通"方面已经取得了突破性的进展。"小三通"虽然受到一些限制，但在促进两岸货物往来和人员往来方面还是起到了积极作用，在目前实现全面"三通"还存在障碍的情况下，应该继续巩固和扩大"小三通"的成果，通过循序渐进、逐步扩大的方式最终实现全面"三通"。

2006 年年初，马英九首度提出了"三通"直航时间表，他强调，"如果国民党执政，两年内一定完成两岸'三通'直航"。对于台湾方面所表达出来的合作意向，大陆积极给予回应，并希望通过协商的方式尽早与台湾方面确定两岸"三通"直航的详细的时间表，尽早开展各项相关工作，为其实现铺平道路。

在这一方面，两岸双方都应搁置政治争议，不因政治分歧影响和干扰两岸"三通"。两岸"三通"属于经济问题。两岸之间的政治分歧不应成为阻挠"三通"的借口和障碍。"三通"商谈不是政治谈判，在这种商谈中可以不涉及一个中国的政治含义，寻求务实地解决"三通"中的各种具体问题，推动"三通"进程。大陆可选择积极推动由两岸民间行业组织协商"三通"问题。为早日实现"三通"，协商方式可以尽量灵活，解决办法应当简单易行，力求使技术问题单纯化、解决方式便捷化。在台湾当局造成海协与海基会对话、商谈无法恢复的形势下，可采取由两岸民间行业组织协商"三通"的办法。这一协商方式的步骤是：（1）民间协商。两岸民间行业组织就"三通"问题进行协商，双方有关业务主管部门人员可以民间名义参与商谈。（2）达成共识。长期以来，两岸民间行业组织已就如何解决"三通"的技术性、业务性问题积累了大量经验。在此基础上，经两岸民间行业组织正式协商，即可达成共识。（3）各自确认。经商谈达成的"共识"、"协议"、"纪要"、"备忘录"或"商务安排"，经由两岸有关方面各自确认后，即可组织实施。这种解决办法无损于双方的权利。

2. 继续做好"春节包机直航"，将"包机直航"节日化、常态化，并由客运包机直航扩大到货运包机直航

实现"三通"的关键在直接通航，而直航的突破口在实现两岸客运、货运包机直航。两岸包机直航每年都有进展和突破，但目前在大

陆方面还仅局限于北京、上海、广州和厦门，在台湾方面也只有台北和高雄，开通直航的城市有限；此外，在时间上也仅局限于春节期间。随着两岸包机直航的开展，两岸民众特别是大陆台商积极呼吁扩大两岸包机直航，实现节日化、正常化。胡锦涛在2005年3月4日的重要讲话中就提出，如果两岸客运包机实现了节日化，还可以向常态化发展。据台湾媒体报道，在台北公布的一项民意调查结果显示，超过七成的台湾民众赞成两岸客货运包机常态化。

目前两岸包机直航还仅仅局限于客运直航，尚未涉及货运直航。两岸货运包机问题，也可以由两岸民间行业组织交换意见。事实上，两岸在航空领域能进一步合作的议题与范畴还有很多，实现客货运包机应是现阶段的当务之急。

第六章 零售业

一、两岸零售业发展现状

(一) 大陆零售业发展现状

到 2004 年，大陆批发零售业商品零售额达到 44839.9 亿元，比 1991 年增长 5.5 倍，年平均增长 15%。在行业规模迅速提升的同时，大陆零售业的业态结构也发生了巨大变化。由单一的百货商店为主导的业态结构，发展为百货商店、超级市场、仓储商店、专业商店并存的多元化业态结构。目前，零售业的 17 种业态在大陆均已出现。具体看来，大陆零售业的特点如下：

1. 零售业规模迅速提升

2004 年社会消费品零售总额达到 53950.1 亿元，其中，城市消费品零售额 35573.2 亿元，县及县以下消费品零售额 18376.9 亿元。分行业看，批发零售贸易业零售额 44839.9 亿元，餐饮业零售额 7486.0 亿元，其他行业零售额 1624.2 亿元。

从零售百强企业来看，商品销售额和商品销售的平均规模快速增长。与 2001 年相比，2002 年百强零售企业的商品销售总额增长 23.6%，商品零售额增长 26.8%，零售增长速度比社会消费品零售总额高 16.3%。2002 年零售企业百强平均每家企业商品销售总额为 28.95 亿元人民币，零售额为 24.13 亿元，比 2001 年分别高 5.53 亿元和 5.1 亿元。

2. 新旧业态并存发展

对外开放以前，大陆零售市场长期保持着百货商店一统天下的单一格局，百货商店的市场份额达到 60% 以上。对外开放以来，随着消费者需求的变化和零售市场竞争的加剧，大型综合超市、超级市场、便利店、专业店、专卖店、家居中心、仓储商店等新型零售业态得到快速发展，成为大陆零售业规模扩大的主要动力。

2005 年上半年，专业店的销售额占前 30 家连锁企业总销售额的31.8%，与 2004 年同期相比，销售额的增长幅度和店铺数的增幅分别达到 42.1% 和 40%，居各业态之首。家电专业连锁店发展快速，前 30 家连锁企业中 6 家家电专业连锁企业销售额增长 26.7% ~69.6%，店铺数增长 17.2% ~90.7%，且这 6 家企业上半年销售额全部超过 50 亿元。北京、上海、天津、重庆、深圳等地连锁企业的销售额，都已超过当地零售总额的 20%。

超市成为主力业态。超市（包括大型超市和仓储会员店）的销售额与 2004 年同期相比增长了 25%，占前 30 家连锁企业总销售额的48.7%，店铺数增长了 19.5%。从超市单店销售额来看，一些外商投资连锁企业由于业态专一化发展和标准化经营，单店销售额较高，如家乐福、沃尔玛、麦德龙等达 1 亿元，北京华联、利群集团、人人乐、武汉中商等连锁企业超市单店销售额也达 1 亿元以上。

尽管受到新型零售业态的巨大冲击，百货商店进入了一个调整和转型期，并继续保持着大陆零售市场的主要业态地位。百货商店将原有的中低档商品和五金家电等商品分流出去，专注做精品化、品牌化、高毛利、低周转的百货，体现百货公司的层次感、时尚感，引领时尚变化的潮流。百货零售企业占全社会消费品零售总额的比重仍在稳步增加，其发展的绝对速度仍然维持在较高水平。在前 30 家连锁企业中，百货店的销售额与 2004 年同期相比增长了 24.6%，占前 30 家连锁企业总销售额的 13.5%，店铺数增长了 18.7%。武汉武商集团股份有限公司百货店单店平均销售额达 5 亿元。

3. 市场集中度提高

对外开放以来，大陆零售百强企业迅速成长，市场份额逐步向优势企业集中。2001 年，零售百强占社会消费品零售总额的比重为 5.06%，2002 年提高了 0.87 个百分点，达到 5.93%。2003 年大陆零售百强企业实现销售额达 4129.8 亿元，比 2002 年提高 56.2%，占当年社会消费品零售总额的 9%，比 2002 年提高了 2 个百分点。2002 年排名前十位的零售企业商品销售总额占零售企业百强商品销售总额的比重为 38.8%，比 2001 年提高了 4.7 个百分点。零售行业市场集中度的提高，不仅发挥了稳定市场的作用，还将带来工业、商业、消费者三者关系的调整。

4. 兼并收购是企业规模迅速扩大、产业集中度提高的重要手段

2004 年 8 月，大陆重点扶持的 20 家零售企业名单出炉，2004 年 11 月百联股份的成立和百联集团的重组标志着零售企业向超大型零售企业快速发展。零售业的全面开放，外资的大量涌入，必将进一步加剧行业内的兼并与收购，但现阶段行业兼并重组的主要障碍有两个：一是现存的零售商不愿意放弃控制权；二是收购兼并方多以现金支付，而发行新股融资需要较长的周期，因此收购兼并成本较高。

表 6-1 主要零售企业 2005 年上半年经营状况

企业名称	2005 年上半年销售额				2005 年上半年门店数				2004 排名
	总计（万元）	直营（万元）	去年同期（万元）	同比增长（%）	总数（个）	直营（个）	去年同期（个）	同比增长（%）	
上海百联	3648727	2724581	3208022	13.7	5910	2609	4804	23.0	1
国美电器	1957257	1935056	1483221	32.0	309	305	162	90.7	2
苏宁电器	1783022	1142799	1055318	69.0	255	149	185	37.8	3
大连大商	1295342	1295342	910036	42.3	120	120	96	25.0	4
家乐福	1023600	1023600	776070	31.9	69	69	50	38.0	5
苏果超市	950000	384000	696800	36.3	1405	400	1236	13.7	6
上海永乐	930000	930000	650000	43.1	135	135	74	82.4	8
北京华联	917900	917900	732700	25.3	70	70	53	32.1	

5. 外资大举进入

截至 2005 年年底，世界前 50 名大型零售商大多数已在大陆占领了一席之地，知名的零售业巨头如美国的沃尔玛、法国的家乐福、德国的麦德龙、日本的伊藤洋华堂等，已经逐步在大陆形成了一定的网络规模。1998 年，外资零售企业的零售额占大陆零售总额的比重大约为 1.5%，2000 年增长至 3% 左右。

根据商务部商业发改司调查的 2005 年上半年前 30 家连锁经营企业排名中，外商投资连锁企业共 7 家，包括家乐福（大陆地区各企业）、上海永乐家用电器有限公司、苏果超市有限公司、好又多管理咨询服务（上海）有限公司、华润万家有限公司、沃尔玛中国有限公司、锦江麦德龙现购自运有限公司，合计销售额为 497.3 亿元，比 2004 年同期增长了 26.4%，占 30 家连锁企业销售总额的 21%；店铺数为 2255 家，比 2004 年同期增长了 15.6%，占 30 家店铺总数的 16.7%。

（二）台湾零售业发展现状

台湾地区零售业由于开放早，从 20 世纪 70、80 年代起就开始进入全面自由发展的时期，已有了一些国际级的零售集团，在国际竞争中具有一定的竞争力。现在已经基本上形成了完全竞争的局面，2004 年台湾批发和零售贸易增加值为 19496.6 亿新台币，占台湾当年 GDP 比重的 19.1%。台湾零售业对其经济的贡献度相当高，对经济增长的拉动作用已达到国际上发达国家的水平。

台湾百货零售商业的发展，大体经历了三个发展阶段：第一阶段是 1965~1978 年，为导入期；第二阶段是 1978~1986 年，为成长期；第三阶段是 1986 年至现在，为饱和竞争期。从 1965 年（"国民收入"人均 230 美元）开始，台湾成立了第一家百货公司（第一百货），现在发展到 60 家。1969 年（台湾"国民所得"人均 320 美元），台湾成立了超级市场（西门超市、顶好超市），现已发展到 200 家。到 1978 年（台湾"国民所得"人均 2155 美元），台湾成立了第一家连锁便利商店（统一商店），现已发展到 6000 家以上。到 1988 年（台湾"国民所得"人均达到 5829 美元），台湾成立了第一家量贩店（万客隆），现已发展到 60 家左右。到 2005 年为止，台湾"国民所得"人均达到 11815 美元，第一家购物中心（南欣—台茂）于当年 6 月底试营业，有 52 家购物中心拟申请开业。

台湾的商业零售业十分发达，主要划为四个大商圈：台北商圈、桃园商圈、台中商圈、南部商圈。按人口比例计算，四个商圈年人均营业额分别是 16030 新台币、5000 新台币、5452 新台币、6850 新台币，占国民所得的比例并不高。发达国家居民在百货公司的消费额约占家庭总支出的 15%～30%，日本亦已高达 25%，而台湾目前仅有 6%，显示其百货业仍有成长空间。

目前台湾商业零售业呈卖场大型化、中小型商场差异化、各种业态竞相发展的趋势。大型综超、百货店和便利店市场份额相当，但便利店增长最为显著，大型综合超市次之。台湾百货零售业目前主要有五种类型：一是百货公司。共有 60 多家，其中主要的百货集团是：远东百货（12 家店），新光百货（6 家店），崇光（SOGO）百货（5 家店），来来百货（4 家店），太平洋百货（3 家店），力霸百货（2 家店），统领百货（2 家店），中友百货（2 家店），汉神百货（2 家店），中兴百货（2 家店）。二是超级市场。共有 200 多家，以西门超市、顶好超市为代表，目前经营大都比较困难。三是量贩店。现在数量约 60 多家，从 1988 年第一家万客隆引进台湾以来，这种业态发展势头良好，是台湾成活比例最大，赢利率最高的业态。主要有：家乐福（22 家店），大润（11 家店），大乐（4 家店），中兴（3 家店）。除福元、大乐、中兴外，其余的量贩店都赢利。四是连锁便利商店。现在总数量在 6000 家以上。连锁便利店是台湾零售业发展最快的业态，目前正处于快速发展期，具有一定规模的主要有：统一超商（2053 家店），7-ELEVEN（1895 家店），全家（710 家店），莱乐富（581 家店），富群超商（370 家店），统一面包（290 家店）等，店铺数超过 200 家这一盈亏分界点的连锁便利店有 9 家，互相间的竞争异常激烈。五是购物中心。目前只有一家试营业。

台湾零售业态的发展，具有 5 个方面的特点：

1. 集团规模化

台湾无论是大型百货公司，还是量贩店、超市、便利店都是走规模化经营的路子，以发展多个店铺来扩展经营业绩。远东、新光、崇光、力霸等大型百货公司虽拥有多个店，但仍在计划发展新的百货店。万客隆已有6家量贩店，年销售量额达250亿元新台币，但计划还要开4个店。家乐福在台湾已有22个大卖场，销售额达315亿元新台币，利润11.6亿元新台币，规模效益明显，但仍在按十万户开一家卖场的速度发展。台湾百货业的竞争形态，不再是店铺与店铺之间的竞争，而是集团与集团之间的竞争。

2. 经营连锁化

连锁经营是台湾百货零售商业的主要特点，大型百货公司、量贩店和便利店，充分利用自身的品牌、技术、管理和网络优势，大力发展连锁经营，经历了以下四个阶段：

第一阶段为1956～1969年的萌芽期。这期间的主要态势表现为连锁店零星出现。如老字号的"天仁茗茶"、"郭之益饼铺"、"宝岛钟表公司"、"生生皮鞋"等，这些连锁店都以直营店方式行销。直到1961年，"正章洗染店"才以直营和特许加盟并行的方式行销。该时期连锁经营的概念尚未普及，连锁经营的规模经济效益不太被人了解，店铺的连锁扩张比较缓慢，大多数连锁体系在一家分店成立之后，要许久才成立第二家，很少能有一个通盘的迅速扩张的计划。

第二阶段为1970～1979年的成型期。该时期连锁经营的知识逐步引进与传播，连锁体系的队伍逐渐扩大。如"尖崎蛋糕"、"丽婴房"、"正章洗染"、"海霸王餐厅"、"得恩堂眼镜"、"小美冰淇淋"等都形成连锁体系。其中"正章洗染"在两年的时间内便成立100多个直营店和加盟店，成为岛内最具备连锁制度特点的体系。"三商百货"在成立4年间，便以每年平均开设5家的速度扩展。它们被视为台湾连锁业成型的标志。

第三阶段为1980～1990年的成长期。这一时期的特点主要表现在连锁店在业种及业态方面均蓬勃发展，国际性连锁店大举进入台湾。如1980年由"统一企业"与美国最大便利商店连锁体系——南方公司合作，引进"7－ELEVEN"连锁便利商店经营技术，成为台湾地区第一家国际性连锁便利商店，使台湾逐渐进入第一波的行销"革命"；1984年国际著名连锁店"麦当劳"西式快餐在台湾市场正式登台掀起一股"麦当劳"快餐旋风，在短短两三年内，先后有10多家西式快餐连锁体系成立，为台湾餐饮业及其他服务业连锁店的经营带来新一轮风潮。

第四阶段为1991年起至今的整合发展期。该时期台湾通过引进国外连锁业的技术，或改良，或自己摸索，或通过多年的经验而形成有自己的制度化know-how的连锁店，随着店铺的增多建立起形象鲜明和服务完善的连锁商业组织。据统计，台湾地区的连锁业目前共有162个连锁体系，约有连锁店铺7337个，其中，直接由各公司投资经营的门市部占42%，参与或吸收其他公司投资经营的店铺占58%；经营范围涵盖百货、钟表眼镜、美容美发、电器、电脑、超市、食品、中式快餐、西式速食、饭店、摄影、快速冲印、服饰鞋类、健身、汽车租赁、洗衣、家具、房屋中介、外语补习等20余个业种。

台湾连锁经营的发展是与其经济的迅速发展不可分的。20世纪70年代，台湾开始进入经济高速增长的轨道，生产的大规模、集约化，要求提高流通组织化程度，使流通产业化、现代化、合理化。工作和生活节奏的加快，使广大工薪层消费者购物时要求物美价廉、方便快捷、提高效率。连锁商店的经营组织形式，适应了大量生产、大量流通、大量消费的客观需要。

3. 设施现代化

台湾大型百货公司一般都是高楼层，利用率比较高，布局特点明显。不论是百货公司还是超市、量贩店都有专门的停车场。百货公司大都以突出"逛"、"玩"、"吃"的休闲特点，进行功能配套，设有各具特色的风味小吃、文化馆、展览厅、休闲娱乐中心等服务设施，卖场灯光明亮，陈设美观，宽敞舒适，并留有残障者专用通道、电梯等设施。各类便利店面积虽小，但服务功能齐全，一般都配有电烤箱、复印机等设施。台湾商业自动化水平也比较高，电子计算机管理系统在零售业中得到广泛的应用。

4. 营销特色化

台湾百货零售业态之间竞争非常激烈，它们注重针对市场的不同需求搞好自身的市场定位，搞"品牌战略"、"差异化战略"，以特色经营拓展自己的发展空间。如大叶高岛屋百货公司地处台北市郊，它们根据周边商圈学校较多、外国人较多、收入高的特点，以"创造更加生活文化"为市场目标，在商场内投入 3000 多万元新台币，修建了一个海洋水族馆，开辟专门展厅每 15 天左右举办花展、画展、玉器展等各种展览，吸引了大量游客和顾客，产生了较好的效益。中友百货将三栋营业大楼"扎堆"经营，市场定位是全方位、高档次，其商品陈列十分讲究，给人以艺术的享受，该店的书店装修古香古色，风格高雅，别具一格，文化氛围极浓，其经营特色给顾客留下了深刻的印象。

5. 服务规范化

台湾百货零售业特别重视和强调服务，它们提出一个"质贩店"的概念并认为大卖场是靠量取胜，靠价格便宜取胜，这是经济发展阶段需要的、发展中国家需要的，等经济饱和了，人民生活水平提高的时候，人们要的是服务质量、商品质量。因此服务至上是台湾百货零售企业的共识。

二、两岸零售业竞争性、互补性分析

相对于竞争性来说，两岸的零售业存在着更多的是互补关系，因此深化两岸零售业合作对两岸来说是双赢的。

（一）大陆零售业存在的问题

大陆的主要优势在于零售业快速发展所带来的巨大市场，对于台湾任何一个零售商来说都是极具吸引力的。然而在零售业迅速发展的同时，大陆零售业存在的问题也不断显现，具体表现为：

1. 企业规模偏小

从零售结构整体来看，大陆的零售结构以小规模的商店居多，特别是个体商店的比重高达 92%，每个个体商店的平均从业人员只有 1.75 人。即使是大型零售企业，其组织规模仍然偏小。2001 年限额以上零售企业的平均规模为 94 人，而同期大陆外资企业的平均规模超过了 220 人。将大陆零售企业上海华联与沃尔玛相比，其经营规模、赢利能力等方面都与之有相当的差距。从连锁经营看，以连锁经营发展最快的美国来说，其连锁经营已占全国零售额的 80% 以上，而大陆这一比重仅为 25% 左右。零售企业小规模经营，严重阻碍了零售业规模经营优势的发挥，供应链落后，经营效益不高。特别是由于零售企业众多而业态同质化严重，造成价格恶性竞争，毛利率、净利率偏低。

2. 出现快速膨胀式扩张

大陆零售企业在发展中出现了快速膨胀式扩张，主要表现为在扩张布点的同时，轻视了单个店铺和单位面积经营的效益增长。比较家乐福和联华的扩张业绩，家乐福销售额 1998 年至 2000 年年均增速高达 77%，新店开张速度仅为年均 24%，每店销售收入年均增速高达 28% 左右；联华在 1995 年至 2000 年期间，销售收入增长尽管也高达年均 69%，但其开店的平均速度却高达 89%，这也意味着每家新店平均销售额年均减少 10% 以上。这表明在一个总的高速增长的市场环境中，单店收入潜在的同步增长效应似乎已经完全被新开店潜在的平均收入下降抵消了。在对外开放条件下，这样的盲目扩张将制约零售企业的成长。

3. 经济效益欠佳

在大陆零售业市场规模快速膨胀的同时，零售企业的经济效益并没有保持同步增长。从限额以上零售企业的盈利情况来看，1998 年实现利润总额达到谷底，全行业净亏损 0.3 亿元，2002 年利润总额有所回升，达到 54.3 亿元，但企业的盈利仍没有恢复到 20 世纪 90 年代中期以前的水平。从零售全行业看，零售企业从 1999 年至 2003 年，销售收入年均增长 20%，但销售利润年均增幅只有 9.3%，销售利润率逐年下降，从 1999 年的 6.1% 下降至 4.2%。零售企业的收入增长虽然较快，高于批发企业 5.2 个百分点，但销售利润下降明显，利润增长反而落后于批发企业 5.6 个百分点（见图 6-1）。效益欠佳的问题成为制约零售行业可持续发展的主要障碍。

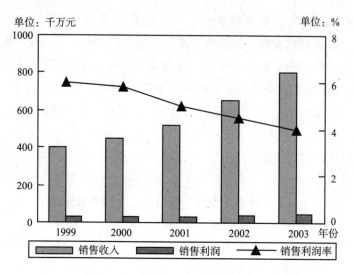

单位：千万元　　　　　　　　　　　　　　　单位：%

图6－1　零售企业收入利润状况

4. 区域差距扩大

受政策、自然条件、经济基础和劳动力素质等因素的综合影响，目前，大陆零售业发展的区域差距仍在扩大。2002年，东部地区批发零售业商品零售额为17481.6亿元，比1995年增长1.1倍，年均增长率为11.3%，占总体的比重为61.8%，所占比重比1995年上升了2个百分点；中部地区为7487.6亿元，比1995年增长1倍，年均增长率为10.6%，占总体的比重为26.5%，所占比重比1995年下降了0.3个百分点；西部地区为3329.1亿元，比1995年增长79.3%，年均增长率为8.7%，占总体的比重为11.8%，所占比重比1995年下降了1.7个百分点。

从不同经济地带零售企业的效益情况看，2002年东部地区限额以上零售企业实现利润总额50亿元，占总体限额以上零售企业的92.1%，所占比重比1994年上升了13.6个百分点；而中部地区则为净亏损；西部地区实现利润总额4.7亿元，占总体的比重为6.7%，所占比重比1994年上升了3个百分点。可见东部地区零售企业的赢利能力仍强于其他两个地区。

（二）两岸零售业业态的不同发展阶段及其互补性分析

台湾零售业发展至今，已经由数量成长进入质量提升的阶段，服务质量的不断提升成为重要的成功因素。但是台湾本地的市场比较小，且逐渐趋于饱和，所以如果能成功构建两岸之间的物流业合作机制，将有利于台湾零售业走出狭窄的岛内空间，向广阔的大陆市场发展，继续保持赢利。

随着经济的发展，零售业由传统各业态分别向新业态转变，越来越多的现代业态在与业内传统零售商的竞争中取得优势，各种现代业态内部也存在着替代与变迁，下面将主要通过对比两岸现代零售业态的发展来比较分析各自的竞争力。

在台湾，3~5年时间内，现代零售业迅速抢占了零售市场15%~45%的份额。亚洲很多发展中国家的新兴零售业态也都处于快速发展的过程中。在人均收入较高的香港地区和新加坡，现代零售业态的市场渗透基本已经完成。大陆总体来讲现代商业的渗透程度还比较低，在某些发达城市，现代零售的比例可以达到30%~50%。

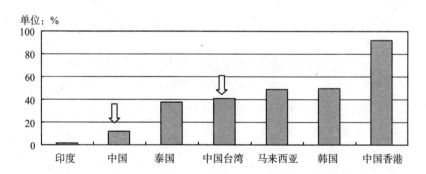

图6-2 2001年亚洲各国现代商业占零售额的比例估计

资料来源：Indosuez W. I CARR Securities。

零售业核心竞争力主要是规模扩张与成本优化，其零售业获利主要经历4个阶段：

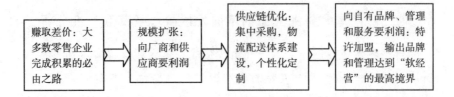

赚取差价：大多数零售企业完成积累的必由之路 → 规模扩张：向厂商和供应商要利润 → 供应链优化：集中采购，物流配送体系建设，个性化定制 → 向自有品牌、管理和服务要利润：特许加盟，输出品牌和管理达到"软经营"的最高境界

商品零售行业的特点是市场竞争激烈，毛利率低。只有通过规模扩张才能有效降低运营成本，并形成一定的垄断。在全球500强（零售额排名）的前十名中，有半数以上的主业是商业流通业。这充分说明了规模对于零售企业的重要性和必要性。大陆的零售企业大多还停留在第二个阶段，也就是规模扩张阶段，零售业的最大优势是使价格分摊在规模中，它不是靠自己创造利润，而是靠降低成本增加利润。而目前大陆企业的规模扩张更多属于资本消耗型，规模效应不强，只在一定程度上压低了进货成本，因此目前大陆零售企业看重的主要是网点资源的抢占，但今后应关注物流配送体系的建设，提高资本使用率。而台湾零售业已基本发展至第三阶段，并开始出现一些国际级的零售集团。因此，从竞争力看，大陆零售业竞争力不如台湾，但在加强两岸物流业合作的总体框架下，大陆和台湾零售业更多地将体现在合作互补方面，而非竞争性方面。

三、两岸零售业合作现状及开放政策

自大陆开放零售业以来，两岸零售业就有了一定的合作，许多台湾零售企业在大陆发展迅速，规模也日益扩大，大陆零售商也开始赴台湾进行大规模的采购。

（一）两岸零售业合作现状

近些年，台湾市场将近饱和，许多连锁业者都不约而同地把"复制"成功经验的触角伸向了大陆，从早期的已令大陆百姓耳熟能详的永和豆浆大王、仙踪林泡沫红茶、石头记饰品连锁、欧迪芬内衣专卖连锁、统一企业、休闲小站饮品连锁，到崭露头角的宝岛眼镜、全家便利商店、远东百货集团、信义房屋，越来越多的台湾连锁业者开始以专业经营的方式"登陆"大陆，而且，它们"事业的成功都远远超出了预先设想"。

随着经济的发展，大陆加入 WTO，大陆零售市场也开始发生大的变化，尽管台资零售企业在资金、管理技术等方面与跨国企业有很大的差距，但市场发展脚步和表现已超越外资零售企业。

1. 领内资牌照，优惠胜外资

目前进入大陆零售市场的台资企业逐渐增多，具有同文同种、创意新、灵活度高优势的台资零售企业，将会是未来零售市场上的主要角色。以目前来看，台资零售企业好又多的发展脚步已超越外资零售企业家乐福、沃尔玛，成为大陆门店数最多的外资量贩店企业。台资零售企业进入大陆的时间晚，但发展门店速度却比国际大企业快速，主因是大陆给予台资企业政策上的优惠，尤其是在发执照和许可证方面给予优先办理，同时，在合资办法上也给台资企业开大门，让台资企业快速发展。台资零售企业早期进入大陆市场都是依靠欧美大企业模式运作，由于大陆对欧美零售企业设立据点有严格的限制，使得家乐福、沃尔玛这些外资企业在大陆发展速度未如预期理想，相对台资企业门店的快速发展有很大的差距。

2. 市场全开放，竞争将加剧

随着 2004 年年底大陆市场完全开放，台资企业势必要面对世界大企业的竞争。目前好又多门店近 100 家，乐购 25 家，大润发 30 多家，喜士多便利店已有 150 多家门店。乐购量贩店隶属顶新集团次流通事业群旗下公司，总部设在上海，近两年积极寻找跨国企业作合作伙伴，弥补在经营管理技术上的不足，以对抗 2006 年年底市场完全开放后外资零售企业全面进入的竞争压力；隶属润泰集团的大润发量贩店和喜士多便利商店，由上海总部快速向江浙一带城市发展，已成为目前台资零售企业在量贩店和便利商店两个领域同时发展最快的零售企业。此外，好又多量贩店，如今在其董事长提出"百店百亿"目标后，正积极向两、三级城市扩张，预估两三年内达到 200 家分店的目标，并在香港或大陆市场上市。

（二）大陆零售业对外开放政策

2004 年 4 月 16 日商务部颁布了《外商投资商业领域管理办法》（简称《管理办法》），并于 2004 年 6 月 1 日正式实施。其中大量条款体现了大陆加入 WTO 对有关零售批发产业的承诺。具体表现在以下六个方面：

1. 进一步明确并扩大外商投资商业企业的经营范围

将原来规定的经营范围从零售批发扩大为佣金代理、批发、零售和特许经营，其中包括一些利用高科技手段，比如通过电视、电话、邮购、互联网等不需要店铺的经营模式。《管理办法》对上述四种经营模式分别做出了详细的定义，增加了法律的可操作性。

2. 淡化外国投资者的条件限制

取消了对外商投资者资产额和销售业绩的严格限制，只规定了外国投资者应当具有良好的信誉，并且没有违反法律法规的行为，鼓励（而不是一定要求）有较强经济实力、先进的商业经营管理经验和营销技术、广泛的国际销售网络的投资者开办外商投资商业企业。

3. 取消外国投资者的控股比例限制

包括一般零售批发的不能超过 49% 的限制和小型零售商业企业的不能超过 65% 的限制，规定除少数特种商品的经营仍然需要按照时间表取消持股比例限制外，允许外国投资者（包括个人在内）从 2004 年 12 月 11 日起成立外商独资商业企业。

4. 降低成立外商投资企业的注册资本额

大大降低了成立合资商业企业的最低注册资本，将原先规定的最低注册资本 5000 万人民币的要求修改为同《中华人民共和国公司法》一样的标准，即批发企业 50 万元、零售企业 30 万元的标准。

5. 扩大开放区域

规定批发业从 2004 年 6 月 1 日该办法实施起不限地点；零售业从 2004 年 12 月 11 日起不受限制（在此之前仅限于省会、自治区首府、直辖市、计划单列市和经济特区）。

6. 下放审批、简化审批手续

将一部分经营规模小、开店数量少或者使用大陆品牌、商号的外商投资商业企业的审批权力由商务部下放至省级商务主管部门。同时，也将本来分开的立项、可行性研究报告和企业设立两个审批过程合并为一次性审核，并将原来需要经过经济贸易委员会和对外贸易经济合作部两个部门以及地方部门三方相互协调的审批手续简化为地方初审和商务部审核两个内部步骤，一次完成整个外商投资商业企业的审批手续。

在两岸加强零售业合作过程中，大陆方面给予了台湾投资者更多的政策优惠，具体政策内容如表6-2所示。

表6-2 大陆方面两岸零售业合作的政策内容

原政策	进一步开放的政策内容
只允许设立合资企业	允许台湾投资者以独资形式在大陆设立零售商业企业
对于设立合资零售企业的外商投资者申请前3年平均销售额不低于20亿美元，申请前1年的资产额不低于2亿美元。合资企业的最低注册资本为5000万人民币（中西部地区为3000万人民币）	台湾公司在大陆设立零售商业企业申请前三年的年均销售额不低于1亿美元；申请前一年的资产额降至1000万美元；在大陆设立企业的注册资本最低限额不低于1000万元人民币，在中西部地区设立的零售商业企业注册资本最低限额降至600万元人民币
只能在省会城市、经济特区设立合资企业	允许台湾公司在大陆设立零售企业的地域范围扩大到地级市，并逐渐扩大至县级市
从事单一品牌商品零售的连锁企业（超过30家分店），外国投资者不能控股。对汽车销售连锁的限制在中国加入WTO后5年内取消	允许台湾公司在大陆设立独资零售企业经营汽车销售，但超过30家分店的连锁店仍按大陆对世界贸易组织成员的承诺处理
连锁分销商需具有独立法人实体，有注册商标、公司名称、产品、专利，并且有1年以上良好经营业绩	允许台湾零售商依照中国内地有关法律、行政法规，在大陆境内设立个体工商户，无须经过外资前置审批。其营业范围为商业零售业，但不包括特许经营；其营业面积不超过300平方米
目前对外资还没有放开特许经营	允许台湾公司在大陆以独资形式从事特许经营

四、两岸零售业合作的成本收益分析

（一）大陆的成本效益分析

1. 成本分析

（1）规模优势的冲击

台湾零售集团一般有庞大的规模和雄厚的资金，他们以连锁经营的形式，通过广泛设店来扩充商业网点，而大陆的企业规模小，缺乏实力进行大规模采购，也缺乏大规模的销售网络，这将直接影响大陆零售企业的发展。

（2）成本优势的冲击

低价位是以低成本为基础的，台湾大型零售集团的成本优势主要来自三个方面：一是信息成本优势。由于信息技术的广泛应用，提高了企业信息资源开发利用效率，使单位信息成本，包括信息收集、处理、传输的成本大为下降。二是物流成本优势。零售商通过与供应商结成战略联盟，实施供应链管理，来达到降低物流成本的目的。三是规模采购优势。大型零售集团采取大批量进货，可以获得较低的进价，从而在竞争中占据优势。

（3）经营优势的冲击

台湾大型零售集团已实现了零售的现代化，形成了一套先进、成熟和富有特色的经营模式。首先，台湾大型零售集团一般拥有先进的经营理念和完整的企业文化，还有长远的经营目标、完善的市场组织和高效的市场运作体系。其次，台湾大型零售集团有高超的营销战略、策略和技巧。它们普遍进行多区域、多行业的多元化经营，有明确的市场目标和准确的市场定位，在业态定位方面，多采用多重定位策略，以更好地满足消费者的需要。

（4）服务优势的冲击

零售业对服务质量要求很高，台湾大型零售集团的优势主要体现在：一是商品适销。通过精确分析与预测消费者需求，严格按顾客需要购进商品。二是品种齐全。一方面可以使顾客节约购物时间，满足一次购足的需要；另一方面可以使不同的商品产生互补效应，增加销售。三是供货稳定，做到在不增加库存成本的基础上，按时、按量补货。四是优质的销售服务，包括员工的礼仪、言行、服务技巧等。五是完善的售后服务，包括退货、换货、送货上门和售后维修等。而以上往往都是大陆企业所欠缺的。

（5）管理与技术优势的冲击

大型零售集团以先进的管理来指导其经营活动，它们在管理目标化、经营分工专业化、人员培训系统化、商业运作信息化、增长方式一体化等方面都有很大的优势。在管理技术上，普遍运用现代科技，包括计算机管理系统、销售时点实时信息管理系统、电子订货系统等，对商品的销售情况随时进行统计分析，筛选出畅销品和滞销品，及时调整商品结构和促销策略。相比之下，大陆企业在这些方面处于明显劣势。

2. 收益分析

（1）大陆零售业结构调整的步伐将进一步加快

台商不仅带来先进的技术和经营理念，可以促进大陆流通业信息化程度的提高，同时也会带来激烈的市场竞争。从长远看，这个竞争有利于大陆零售业提高优胜劣汰的机制，提高零售业的现代化进程。

台商企业的进驻将加速大陆零售业的结构调整。目前，一些在发达国家比较流行的新兴业态在大陆的发展还是不完全的，随着一些知名商家的进入，必将使大陆零售业的业态结构加快调整并逐步趋于合理，使连锁经营发展迅速加快，成为大陆零售业的主导趋势。这种主导趋势已经在上海、北京、广东等大城市出现，但在其他中小城市，连锁经营还未成为主要经营形式。同时，由于市场竞争的加剧，各种业态的生命周期会明显缩短。

（2）提高大陆零售业的信息化、网络化水平

零售业网络化、信息化的广泛应用会进一步密切与供应商、中间商、最终消费者之间的市场联系，并会有力地带动物流体系和供应链

现代化，改变传统的内外贸分割、产销分离的局面，加速大陆市场与国际市场的融合。目前大陆零售业的信息化水平较低，可以说是处于刚刚起步的阶段。实际上，电子商务的应用和信息技术的采用是和企业的经营规模、组织形态以及管理模式等息息相关的。如果企业采取单店式的小规模经营，信息化建设的确没有太大的必要。但如果是连锁化的经营方式，企业拥有相当的规模并进行跨地区的采购，那么信息技术就成为必然和必需的。随着大陆连锁经营业态的调整，计算机、条码等信息处理手段的增强，以及供应链的网络连接，零售业将由传统的手工操作、柜台销售的经验性管理逐步转向专业化的规模经营。目前，上海、天津、深圳等地正在着手物流基地的建设，以形成新的产业优势，这些举措都将为零售业规模化发展注入新的活力。

（3）将有力地促进大陆按照国际惯例建立起有效的行业自律、政府法律、法规体系等

零售业属于竞争性行业，从发展上看，政府将逐步减少对它的直接干预，而主要依靠市场机制发挥调节作用。政府不再延用计划审批的方式规定企业的市场水平，包括对进入大陆零售行业的外商投资企业，也将逐步取消对进入大陆市场审核方面的规定。但是取消政府的行政审批，并不意味着不加管理，今后零售业将更多地采取国际惯用方式来进行行业管理。一是规划。各级政府制定商业网点规划，通过规划把大的发展格局确定下来，注重分析业态结构，比如大卖场应该在什么位置，中心商业区应该是怎样一个业态组合，然后商家按照规划的原则各就各位。二是加强行业管理。行业组织将根据行业的发展程度、市场变化的前景来确定行业的准入。如法国家乐福在法国本土开店就受到严格限制，以避免"开新店，关老店，雇员失业"的恶性循环。因此大陆行业组织部门也将重点考虑发挥行业自治的作用，建立行业内部的协调机制，同时政府也将加强对不正当竞争的抵制，维护市场的公平竞争。

（二）台湾的成本效益分析

从成本方面考虑，深化两岸零售业合作，台湾需要承担的成本包

括：首先，台湾可能面临大陆货品低价进口的威胁，由于大陆货品的原料、人工等成本低，台湾本土产品可能会受到暂时的威胁；其次，大陆商品进口强化了台湾连锁加盟企业的竞争，大陆商品进口对台湾零售连锁加盟业者，在商品采购上提供了更为多样化与低价的利益，加剧了业者之间的竞争。

从收益方面分析，台湾深化两岸零售业合作，将获得的收益包括：

首先，对于台湾地区的零售业者来说，由于受到地域水平、人口以及经济发展状况等多方面因素的限制，台湾岛内零售业竞争已经达到白热化的境地。而正处于起步阶段的大陆市场将给台湾零售商带来丰厚的利润。

其次，由于两岸同根同源，无论从文化背景还是语言上都是相通的。利用这一点，台湾零售业者在铺设网点、选用营销策略等多方面都比他国零售集团有着更强的适应性。

再次，大陆对台资的准入政策一直都比较宽松。正由于台资零售集团率先进入了大陆市场，为大陆消费者所熟悉，并获得了大陆消费者的认可，这使得这些台资分销企业与其他外国企业相比有着先入优势，有助于其在大陆业务的开展。

因此，在深化两岸零售业合作的基础上，台湾零售业者进一步进军大陆，可以抓住大陆经济社会发展的良好时机，实现其经营利润。

五、加强两岸零售业合作的政策建议

（一）对台湾的政策建议

1. 了解自身优势

台商在进入大陆投资时，其所要面对的不仅是全球的国际企业，还必须与富有大陆民族意识之本土企业相互抗衡。台湾零售集团可能会出现利润的下滑，其并不是因为本身经营不善，而是因为大陆本土企业的兴起。因此，台湾以往采用生产导向的发展模式必须转向采用营销导向的模式，将策略转移至营销上，才能在大陆市场占据先机。

2. 进行区域性营销

大陆因地缘广大，各地消费习惯差异明显。台商欲进入大陆进行投资，就必须先了解其间的具体差异。除了解消费者习性外，还必须要了解人口结构。大陆有13亿人口，646个城市，集中在城市的消费人口就有4.5亿人。只有了解了人口结构分布，才不会发生市场定位错误。

3. 采用连锁加盟制

要进入庞大复杂之大陆市场，就必须学习如何以有限资源去占领市场，而采用连锁加盟制是一种迅速复制渠道的最好方法。如以方便面起家的康师傅，就不惜重金投资，获取销售渠道，将产品配销至全大陆55万个零售点。

4. 发展自身零售品牌

台资零售连锁业过去承袭国际知名零售品牌在台湾经营，现在已成为台资零售连锁企业进入大陆市场的障碍。一方面，国际授权经营品牌母公司，本身就想直接经营大陆市场，或者其他被授权企业也要进入大陆市场发展，造成台资零售企业在争取品牌授权上更加困难；另一方面，台资零售连锁企业在自身品牌发展上能力相对较弱，以自有零售品牌进入大陆市场经营，在品牌知名度上明显居于劣势。即便台资零售连锁业争取到国际知名品牌的授权，也仅限于某一地区的经营权；或与母公司合资，也只能取得少数股权，无法实现独立自主经营大陆市场的宏图，这对于台湾连锁企业的发展与和长远经营将是另一项值得研究的课题。

5. 培育管理人才

在大陆市场，企业经营重要的是人才。对台湾零售巨头太平洋百货来说，训练人才是天天都必须要做的事。在大陆，太平洋的台籍干部现只有36人，大部分都是本地干部。统一星巴克更是3个台籍干部带领99%的新人。企业要本土化，就要培养扶植当地人才。

（二）对大陆的政策建议

1. 扩大企业规模，组建大型零售企业集团，提高与跨国零售集团的抗衡能力

发达国家的零售业发展比较成熟，一个重要的表现是大企业多，行业集中度高。大陆主要以中小零售企业为主，零售企业前100强占整个市场份额刚过5%。大陆提出培育具有国际竞争力的大型流通企业集团战略，将努力培育年销售额100亿元以上的流通企业10家，200亿元以上的流通企业4家，超过800亿元的流通企业1家；在5～8年内，重点扶持1520家流通企业，使它们成为在大陆领先、初步具有国际竞争能力的商业航母，其销售规模、赢利能力、网络控制能力大大高于大陆同行业平均水平，部分企业达到或接近国际同行业先进水平，在大陆流通产业产生龙头带动作用。这一战略无疑对大陆零售企业集团的发展起到强大的推动作用，关键是配套的扶持政策。

2. 鼓励零售企业跨国经营，提高企业国际化经营水平

随着经济全球化不断深入，国际竞争大陆化、大陆竞争国际化的趋势越来越明显。积极鼓励零售企业走出国门，提高零售企业的跨国经营能力具有更为重要的意义。加快零售企业的"走出去"战略，参与国际市场竞争，不仅能够使零售企业做大做强，而且还将发挥窗口作用，带动制造业的跨国经营。这主要表现在两个方面：一是大陆零售企业的海外经营能够对大陆产品起到有效的展示作用，有利于直接了解国外消费者对大陆商品的反馈意见，以便改进产品质量，增加开发新产品的思路，促进更多的大陆商品进入国际市场。二是能够直接检验大陆商品在国际市场上的竞争能力。一些发达国家消费者往往对商品有着较高的要求，如果得到他们的认可，大陆产品将能够在国际市场占有优势地位。

3. 整合供应链系统，实现与制造商和分销商的战略联盟

在国际上供应链已经成为整个流通价值链的关键，无论对供应商还是零售商来说都有很大的影响，因此建立新型的供应链体系是大陆的当务之急。现代流通业的竞争不再只是单个零售企业间的竞争，而是整个供应链的竞争。因此，优化企业供应链，与相关企业建立长期的战略伙伴关系，将会成为零售企业降低库存、提高经营效率的关键，也是其经营成败的关键。

从大陆零售企业目前经营的现状来看，其仍然处于单打独斗状态，许多企业经营缺乏明确的战略目标，处于散乱状态，难以形成合力和竞争优势。这种割据难以与强大的外资抗衡。因此，在优化供应链管理中应建立企业战略联盟。供应链是上、下游企业的利益共同体。因此，零售企业要优化供应链管理，实现共同利益的最大化，必须与相关企业建立广泛的战略联盟。近年来，跨国公司已经将建立战略联盟作为参与国际市场竞争的重要手段。跨国公司之间以技术、营销为基础的战略联盟越来越多，这些战略联盟通过企业之间的优势互补、资源共享，形成巨大的市场竞争力。

4. 取消外资零售企业的超国民待遇，创造公平贸易环境

目前，内外资零售企业所享受的政策待遇不平等，已经影响了市场的公平竞争。企业之间的竞争应该是市场行为，市场的问题最终还要靠市场来解决，政府不能对大陆零售业进行过度保护，但顾此失彼也是要不得的。政府职责就是营造一个平等、公开、宽松的竞争环境，并且不断地规范、优化竞争环境，使内外资企业处于相同的起跑线，公平竞争。

第七章 金融业

　　海峡两岸金融交流迄今已有多年。加速两岸经济的合作与交流，尤其是金融合作，不仅是两岸经济发展的现实需要，而且对于实现祖国和平统一具有十分重要的战略意义。但现实中，由于台湾当局的阻挠，两岸金融往来一直处于"不正常"状态。两岸的金融业务合作和互设机构虽然获得了一定发展，但离两岸经贸合作的要求和国际金融业务惯例的标准还有很大的距离。展望未来，随着两岸经贸合作的深化，两岸金融往来关系将由目前的间接向准直接方向发展，直到两岸实现金融完全开放的目标。

一、两岸金融业发展历程

（一）大陆金融业发展历程

　　20 世纪 80 年代，大陆的金融业加快改革。1984 年，中国人民银行开始专门行使中央银行的职能，其一般的存贷款业务和结算业务分给了当时陆续新设的四家国有商业银行；20 世纪 90 年代，上海证券交易所和深圳证券交易所相继设立；1991 年太平洋保险和 1992 年平安保险相继成立，保险业中人保财险一家独大的局面被打破。至此大陆金融业的雏形基本形成。

　　从 1994 年开始，大陆金融业开始规范化发展：一方面对中央银行体系、金融宏观调控体系、金融组织体系、金融市场体系，以及外汇管理体系进行全面改革；另一方面规范金融活动的基本法规——《中国人民银行法》、《商业银行法》、《票据法》、《保险法》、《证券法》等相继出台。1997 年亚洲金融危机后，为了维护经济安全、确保金融稳定，大陆严令金融业分业经营，这一政策一直延续至今。

进入 21 世纪，加入 WTO，大陆金融业面临更严峻的国际竞争，为此确定了全面市场化和现代化的改革方向。为这一目标所做的最大努力，就是选择中国银行、中国建设银行进行股份制改制试点。

（二）台湾金融业发展历程

在台湾金融业发展过程中，金融体系的发展主要经历了 4 个阶段：

第一阶段是 1945～1949 年的改组阶段，主要是改革日据时期的金融机构。台湾"财政部"将台湾银行、台湾土地银行、合作金库、第一商业银行、华南商业银行、彰化商业银行和台湾中小企业银行 7 家银行改组为公营银行。

第二阶段是 1950～1959 年的维持稳定阶段，没有新设银行的发展。尽管这个时期，有不少原来大陆的金融机构迁至台湾，但是除了"中央信托局"外均未正式营业。

第三阶段是 1960～1983 年的发展阶段，台湾当局放宽对金融业的发展限制。不仅迁台的金融机构开始恢复营业，而且还增设了若干岛内及外国银行、保险公司和信托投资公司。

第四阶段是自 1984 年开始的金融自由化和国际化的阶段。自由化主要包括利率、汇率和银行业务的自由化。这一时期台湾当局对设立金融机构的态度较为开放，商业银行、保险公司等各类金融机构迅速增加，商业银行业务范围的限制逐步放宽，利率、汇率的管制也逐步放开。与此同时，台湾当局还逐步推进台湾金融国际化：鼓励金融机构设立海外分支机构；增设外国银行分支机构，放宽其业务限制；核准外汇指定银行设立境外金融业务分行；成立台北外币拆借市场，提升台北的国际金融地位。

二、两岸金融业竞争力比较分析

大陆金融业包括银行业、证券业、保险业和其他金融活动，台湾金融业被称为金融保险证券业，范围基本类似于大陆，主要包括银行业、证券业和保险业，但金融制度与大陆存在差异，统计指标和金融人员的资格认定也不同。

（一）两岸金融业的总况比较

台湾金融保险证券业占服务业产值比重为47%，是台湾第三产业的主角。截至2004年9月，本地一般银行45家①，中小企业银行4家，在台外国银行35家，信用合作社34家，农会信用部254家，渔会信用部25家。非货币金融机构方面，信托投资公司3家，邮政储金汇业局1家，产物保险公司24家，人寿保险公司29家，票券金融公司15家，中央存款保险公司1家。岛内金融机构总机构总计431家，分机构总计5918家。

相比来说，大陆金融业的增加值在第三产业增加值中所占的比重并不是很高，一般不超过20%，并且近年来呈下降趋势。截至2004年年底，大陆的银行体系包括：4家国有商业银行、12家股份制商业银行、111家城市商业银行②、4家农村商业银行、1094家城市信用社、38153家农村信用社、147家外资银行分支机构以及相当数量的非银行金融机构。证券体系共有证券公司140家，其中已完成风险处置的有6家，总资产3781亿元，总负债2765亿元，2004年实现净利润为−78亿元，整个行业是亏损的。保险体系包括：国内中资保险公司44家，外资保险公司40家。2004年，全国保费收入4318.1亿元，同比增长11.3%。

虽然从规模上来看，大陆金融服务业的相关数值远远高于台湾，但平均来说，台湾金融保险业的竞争力要高于大陆很多。

---

① 2004年年底，台湾本地银行总共有49家。
② 2004年12月，佛山市商业银行被兴业银行所收购，故城市商业银行数量比上年减少一家。

首先，从金融服务业的增加值占 GDP 的比重来看。近年来大陆金融服务业并没有呈现出加速发展的局面，相反，在 1997～2002 年期间，金融服务业增加值占国内生产总值的比重呈下降趋势，到 2002 年年底，该比重仅为 5.7%。服务业是台湾产业结构中的绝对主力，2002 年台湾服务业产值占 GDP 比重高达 67.7%，其中以金融保险及不动产业比重最高，达 21%（见图 7－1）。

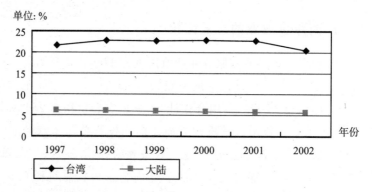

图 7－1　两岸金融服务业增加值占 GDP 的比重
资料来源：根据《中国统计年鉴》各年相关数据绘制而成。

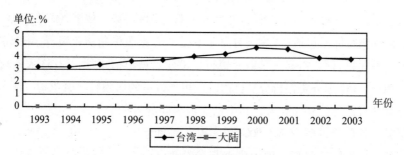

图 7－2　两岸金融业就业人数占总就业人数的比重
资料来源：根据《中国统计年鉴》各年相关数据绘制而成。

其次，从金融服务业的就业占总就业比重来看。大陆金融业就业人数占总就业人数的比重远远低于台湾，1997～2002 年间大陆金融服务业就业占第三产业就业比重略有下降，而占总就业的比重则略有上升。2003 年，大陆金融就业人数占总就业人数的 0.47%，而台湾的金融业就业人数占总就业人数的比重虽然比2002年低，但仍然高达3.9%（见图7-2）。

再次，从金融服务业增加值的平均增长速度与同期 GDP 的平均增长速度来看。大陆1996~2001年间金融服务业增加值的平均增长速度为6.81%，要低于同期 GDP 的平均增长速度7.47%（见图7-3）。同期，台湾无论是金融及不动产业增长率还是 GDP 增长率波动幅度都很大。1996~1997年，金融及不动产业增长率远远高于 GDP 增长率，但之后从1998~2000年前者增长率一直低于后者，直到2001年，由于当年 GDP 增长率为－2.18%，所以，尽管金融保险及不动产业增长率很低，只有0.35%，但仍然比 GDP 增长率高很多。（见图7-4）

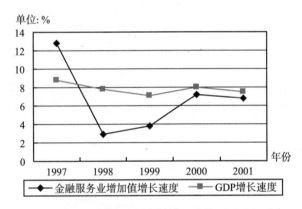

图7-3 我国金融服务业增加值与 GDP 增长速度比较

资料来源：根据《中国统计年鉴》各年相关数据绘制而成。

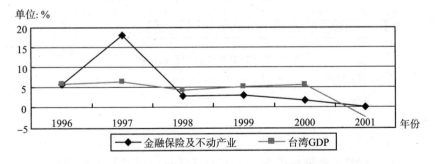

图7-4 台湾金融保险及不动产业增长率与 GDP 增长率比较

注：此处金融保险及不动产业不包括住宅服务。

资料来源：台湾"行政院主计处"总体统计数据库。

（二）两岸银行业的竞争力比较

不论是大陆还是台湾在融资渠道方面都是以间接融资为主，银行体系是整个金融体系中最主要的部分。亚洲金融危机后，两岸金融运行健康平稳，广义货币供应量 M_2 和各项贷款增速平稳回升，并且两岸的货币供应量分别与各自的经济增长和物价上涨情况相适应；企业存款和储蓄存款同比明显增多；银行间市场交易有所上升，货币市场利率继续小幅走低；人民币和新台币汇率均保持稳定。

1. 贷款增速回升，储蓄存款明显增加

近年来台湾与大陆民众存款余额均呈现增长的态势。但大陆民众的存款余额增长速度要远远高于台湾。2005 年 3 月，台湾民众存款金额达7005.20 亿美元，大陆居民存款金额达 15611.03 亿美元（见图 7－5）。

单位：亿美元

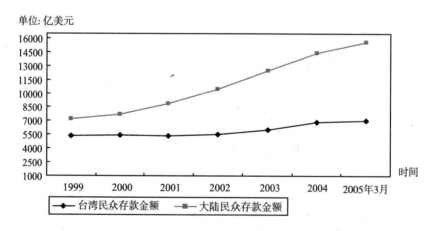

图 7－5　两岸民众存款金额比较

资料来源：http://www.chinabiz.org.tw/chang/Eco/149－2005－03/menu.htm，《两岸经济统计月报》。

2. 外汇存款持续增加

台湾的外汇存款在世界中一直处于前列。虽然从表面数据来看，台湾的外汇存款从未赶上过大陆，但如果考虑地域、人口方面的因素，则台湾的外汇存款远远在大陆之上。2005 年 3 月底台湾外汇存款为 2511.35 亿美元，排名居全球第三位。同期大陆外汇存款为 6591.44 亿美元，排名居全球第二位，仅次于日本（见图 7-6）。

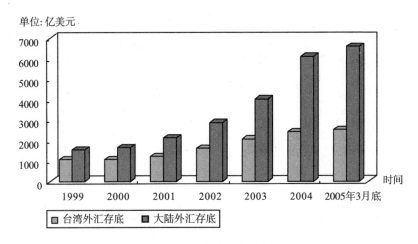

单位:亿美元

图 7-6　两岸外汇存款比较

资料来源：http://www.chinabiz.org.tw/chang/Eco/149-2005-03/menu.htm，《两岸经济统计月报》。

3. 主要银行不良贷款率有所下降

从台湾方面来看。根据台湾"财政部"公布的数据，1998 年台湾金融机构的不良贷款比重只有 1.5%，1999 年台湾金融机构的不良贷款比例为 5.67%，2000 年 1 到 3 季度分别上升为 5.86%、5.93% 和 6.25%，到 2000 年 9 月底台湾金融机构的不良贷款总额已超过 9500 亿新台币，创历史新高。目前一般估计台湾银行体系的坏账率达到了 10% ~ 15%。

由于金融机构体制趋向恶化，不良贷款日趋严重，"财政部"实施了金融改革政策，将重点放在转销坏账、不良贷款上。根据统计显示，2000 年台湾各银行实际转销呆账金额为 1635 亿元新台币；2001 年为 2569 亿元新台币；2002 年为 4139 亿元新台币，创历史纪录，若再加上银行出售不良资产给资产管理公司的 1468 亿元新台币，总计达 5607 亿元新台币。2003 年，台湾实际转销呆账金额开始下降，

2004 年进一步下降到 1622 亿元新台币（见表 7 - 1）。

表 7 - 1　台湾银行转销呆账金额汇总表

单位：百万元新台币

时间	实际转销呆账金额	营业税及存款准备率降低所增盈余	银行以自身盈余转销呆账累计金额	银行平均每月以自身盈余转销呆账之金额
1999	140176	20686	119490	9958
2000	163501	38344	125157	10430
2001	256891	34195	222696	18558
2002	413853	26822	387031	32253
2003	236848	20183	216665	18055
2004	162235	20408	141827	11819
2005 年 1 月	9340	1814	7526	
合计	1382844	162452	1220392	

注："本国"银行系指十五家新银行、工业银行、中小企银、信合社改制之商银、信托投资公司及其他台湾银行。

资料来源：台湾"银行局"网站，2005 年 2 月 23 日。

从大陆方面来看。据初步统计，2004 年，主要商业银行（指 4 家国有商业银行和 12 家股份制商业银行，下同）不良贷款余额 17176 亿元，比年初减少 3946 亿元；不良贷款率为 13.2%，比年初下降 4.6 个百分点。这是不良贷款继 2002 年、2003 年后连续第 3 年"双下降"。

从不良贷款的结构看，2004 年末主要商业银行损失类贷款余额 5202 亿元，比年初减少 1581 亿元；可疑贷款余额 8899 亿元，比年初减少 2191 亿元；次级贷款余额 3075 亿元，比年初减少 175 亿元。损失类贷款占全部不良贷款比重为 30.3%，比年初下降 1.8 个百分点，反映出不良贷款的结构有所改善。分机构类型看，2004 年年末国有商业银行不良贷款余额 15751 亿元，比年初减少 3499 亿元，不良贷款率为 15.6%，比年初下降 4.8 个百分点；股份制商业银行不良贷款余额 1425 亿元，比年初减少 447 亿元，不良贷款率为 4.9%，比年初下降 2.7 个百分点。

总之，大陆银行体系资产质量有所改善，新增不良贷款资产也有所减缓，但不良贷款比例过高这一情况仍未根本改变，这是未来大陆金融体系与经济健康发展的一大隐患。

（三）两岸保险业竞争力比较

大陆有 13 亿人口，急速进步的工商业以及亟待开发的潜在市场，都吸引着各国保险业者的目光。而自 1990 年至 2002 年间，大陆的保费收入整整增长 13 倍，证明这个市场的发展潜力不容小觑（见表 7-2）。

事实上，1990 年台湾的保费收入还是大陆的 2.71 倍，世界排名也有六名的差距，到 2001 年大陆的保费收入首次超过台湾，2002 年其排名更上层楼，保费收入达台湾的 1.3 倍。

如分别就财险①、寿险来看，大陆的财险保费收入在 1995 年便已超越台湾；寿险部分也在 2002 年超越台湾，为台湾的 1.2 倍。

表 7-2　1999~2002 年两岸保险发展指标比较

	台　　湾				大　　陆			
	1999 年	2000 年	2001 年	2002 年	1999 年	2000 年	2001 年	2002 年
财险保费收入（百万美元）	6009	7075	7299	7932	6295	7228	9928	11834
寿险保费收入（百万美元）	13968	15715	16953	20719	10535	12049	15556	25054
合计（百万美元）	19977	22790	24253	28650	16830	192777	25485	36888
财险密度（美元）	273.7	319.7	327.6	354.1	5	5.7	7.8	9.2
寿险密度（美元）	636.1	710.3	760.9	925.1	8.3	9.5	12.2	19.5
合计（美元）	909.8	1030.0	1088.5	1279.2	13.3	15.2	20	28.7
财险深度（％）	2.08	2.29	2.6	2.81	0.61	0.67	0.86	0.96
寿险深度（％）	4.83	5.1	6.03	7.35	1.02	1.12	1.34	20.3
合计（％）	6.91	7.39	8.62	10.16	1.63	1.79	2.2	2.98

资料来源：台湾《现代保险金融理财》，第 182 期。

---

① 在台湾称为产险。

在保险密度①方面，两岸的差距仍相当可观，2002 年大陆人均花 9.2 美元买财险、花 19.5 美元买寿险，合计 28.7 美元。台湾平均每人支出保费 1279 美元，是大陆的 44 倍，其中寿险部分高达 47 倍，财险达 38 倍，但差距正在逐年缩减中。

在保险深度②方面，2002 年台湾为 10.16%，大陆为 2.98%，前者是后者的 3.4 倍。

据"2004 年全球保险市场概况"统计资料显示，台湾的保险深度达 14.1%，仅次于南非，居全球第二，与 2003 年比较，增幅为 2.8 个百分点。保险密度为 1909 美元。③ 2004 年，大陆保费收入 4318.1 亿元，同比增长 11.3%。保险深度为 3.4%，保险密度为 40 美元。与前五年高达 25.78% 的平均增长速度相比，2004 年保费收入增速明显放缓，增长质量和效益得到提高，全行业利润是近年来最好的一年。④

以上种种数据显示，台湾的保险业已进入成熟期，尤其是考虑到台湾人口仅为大陆的 1.7%，台湾保险业远较大陆发达。但是，近年来因台商企业外移，市场有萎缩及过度竞争之现象。而大陆保险业尚处于开发阶段，保险深度及保险密度过低，市场仍有相当大的发展空间。总之，未来大陆保险业的规模将是台湾所望尘莫及的。

（四）两岸证券业的竞争力比较

台湾经济是在 20 世纪 60 年代起飞的，1962 年成立股市。但直到 1981 年，其股票市值占 GDP 总值还只有 11%，年均增长不到 0.6 个百分点。原因在于当时台湾经济仍处在消费时代。而从 20 世纪 80 年代开始，台湾股票市值迅速提升，仅用 10 年时间，就上升到 100%。大陆证券市场成立于 20 世纪 90 年代初，至今大陆股票市场虽然只有

---

① 保险密度是指按常住人口计算的人均保费收入。
② 保险深度在台湾也叫保险渗透度，指保费收入占本国（地区）当年 GDP 的比例。
③ 数据来源于《2004 年台湾"保险深度"全球第二》，Yahoo! 奇摩股市，http://twstock.yahoo.com/xp/20050816/49/11719131376.html。
④ 2005 年 1 月 7 日，中国保监会主席吴定富在全国保险工作会议上的讲话。

10 多年的发展历程，却已培育出了 1000 多家上市公司，为数千万投资者创造了投资机会。应当说，在近 10 年来大陆企业快速成长壮大和大陆产业竞争力增强的过程中，股票市场功不可没（见表 7-3）。

表 7-3 两岸股票市场交易比较

年 份	台 湾			大 陆		
	上市股票		股票成交额（亿元新台币）	上市股票		股票成交额（亿元人民币）
	公司数（家）	总市值（亿元新台币）		公司数（家）	总市值（亿元人民币）	
1992	256	25460	59170	53	1048	681
1993	285	51450	90570	183	3531	3667
1994	313	65020	188120	291	3691	8128
1995	347	51080	101520	323	3474	4036
1996	382	75240	129080	530	9842	31332
1997	404	96960	372410	745	17529	30722
1998	437	83770	296190	851	19506	23544
1999	462	117870	292920	949	26471	31320
2000	531	81910	305270	1088	48091	60827
2001	584	102480	183550	1160	43522	38305
2002	638	90949	218740	1224	38329	27990
2003	669	128691	203332	1287	42458	32115

资料来源：历年《中国统计年鉴》。

1. 市盈率

股市市盈率是一个相对的概念，一方面与金融运行状态相联系，另一方面与经济发展以及一国的经济体制等情况相联系。正如不同经济体的经济增长速度没有绝对可比性一样，不同经济体股票市盈率高低也没有一个绝对的衡量标准。美国 20 世纪 20 年代股票市场的平均市盈率不过 15 倍左右，20 世纪 90 年代上升到了 25 倍左右，而日本长期以来都在 60~80 倍之间或更高。无论是在高市盈率时期还是在低市盈率时期，这些国家的股票市场都曾出现过灾难性的崩盘，低市盈率的市场未必正常，高市盈率的市场也未必不正常。股市是否正常，关键在于经济乃至社会发展正常不正常。近年来台湾的股市一直在下跌，其市盈率也有所下降，但没有人认为其市场比一年前更正常或更有投资价值了。近年来大陆国民经济发展趋好，企业总体盈利水平上升，投资者形成了良好的预期，股指理应不断上升，市盈率即便升高也没什么不正常的，何况大陆股票市场的市盈率虽然平均在 60 倍左右，但只是按流通股计算的，2/3 不流通的国有股、法人股只计算指数而不算市盈率，而国际上通行的市盈率计算方法是包括全部股票的（因为一般都是流通股）。如果一定要横向地进行国际比较，那么计算方法也要随之改为国际通行的，即按全部股票计算，这样一来，大陆股市的平均市盈率不过 20 倍左右，比较起来也不算高的。

2. 市场结构

股票市场的市场结构反映了市场的成熟度。大陆、台湾的资本市场都显示了不成熟的市场特征。如果以参与人口数表示其宽度而以上市公司数表示其深度的话，台湾的资本市场是一个浅碟形的市场，统计数据表明，2000 年年底参与股市的人口比例占总人口数的 13.59%（扣除重复开户），分布之广举世闻名。而上市公司数不到 500 家，在这种浅碟形的市场里，股指震荡幅度较大，2000 年台湾股指震幅达 104.82%，而同期美国道琼斯指数的震幅是 21.70%，日本的 Nikkei 震幅为 45.35%，而股市发生重大变动，对于一个"宽度"较大的市场来说，其社会影响层面是巨大的。在大陆资本市场，目前中小投资者所占比例超过 80%，机构投资者的比例过小。这种投资者结构已成为制约证券市场发展的"瓶颈"，因此必须发展壮大机构投资者队伍。

3. 交易品种

交易品种也反映了市场的发育程度。从这个角度看，台湾资本市场是市场发育较为完善的市场，资本市场交易品种丰富，新产品、新工具不断涌现。在股票市场上，不仅出现了期指、期权、认股权证等投资品种，而且，这类衍生工具的交投大有超过现货市场之势。台湾上市公司在债券市场的集资形式更为多样化，在债券、票据和存款凭证这 3 种形式的基础上，先后出现了浮息工具、变息工具，与各种指数、商品及货币挂钩的挂钩式工具以及各种可换股债券、信用卡应收债券等多种形式。随着发行债券品种的增加，在联交所挂牌买卖的债务工具种类也将出现突破。反观大陆，可交易品种的单调是资本市场的典型特征，也是制约资本市场进一步发展的因素，随着资本市场的发育和对外开放的需要，大陆资本市场将会出现新一轮以工具创新为主要内容的金融创新热潮，有步骤地引进和推出一些成熟的金融产品，以适应市场发展的需要。当前大陆正在可转债试点，股指期货、CDR 也正在研究当中，有望不久会在适当时机推出市场。

三、两岸金融业的政策开放

（一）台湾当局对两岸金融合作的政策演变

由于台湾的《国统纲领》把两岸直接"三通"问题列入中程阶段，而进入中程阶段的"政治前提"又尚未实现，因此，两岸金融交流到 20 世纪 80 年代末仍属空白，只是进入 20 世纪 90 年代以后，迫于岛内外经济发展环境的压力，台湾方面才逐步放宽对台湾金融业与大陆金融业进行业务往来的限制，从而开启了海峡两岸金融交流的管道。

1993 年 4 月 30 日，台湾"财政部"公布了《台湾地区与大陆地区金融业务往来许可办法》（以下简称《办法》），首次以法规形式认可了两岸的金融交流。该《办法》规定：台湾本地银行海外分支机构可以与大陆银行或法人团体的海外分支机构进行金融业务往来，也可以与大陆的外资银行分支机构往来，但业务范围只限于新台币与人民币以外的外币，且不得参加中资银行主办的国际联贷，也不得接受中资银行参加由其主办的国际联贷（但至于外资银行主办的中资企业联贷案，台湾本地银行是否能参与，则未有明确规定，这也被许多台湾银行业内人士视为拓展两岸金融业务交流的商机）。所以，尽管到 1993 年两岸金融交流已具有"合法性"，但两岸的金融机构往来仍属间接形式，且主要是以香港金融机构为中介。随后，台湾"财政部"又允许香港中资银行的中资股份占 20% 以下者可在台湾设立分行，中资股份占 50% 以下者则可以与台湾岛内银行进行金融业务往来。与此同时，台湾"中央银行"把人民币列为计算新台币实质有效汇率指数的参数货币及调整汇率政策的重要指标。

1994 年 8 月，台湾"财政部"经过近一年半的考察与审核，首次公布了可与大陆银行海外分支机构开展直接金融业务往来的岛内银行海外分行名单，包括中国国际商业银行等共 5 家台湾金融机构在内的 27 家分支机构。但是，其中分行设在香港的只有华南银行香港分行。之所以如此是因为台湾当局考虑"九七"以后香港地位的改变，担心届时香港以大陆法律取代香港法律，金融机构较无保障。华南银行是强调政治风险自负才勉强获当局同意。实际上，台湾的这一态度是毫无根据的，台湾当局的这种做法只是不愿看到两岸关系迅速发展的一个借口。但即便如此，这次公布名单标志着两岸金融"曲线直航"交流的正式开始，为两岸经贸关系的发展带来了正面的积极意义。因为两岸金融机构可以在海外直接交流业务后，中介银行的环节删除了，台湾的银行可以合法提供两岸金融业务，台商通过正式的金融渠道进行通汇或其他相关作业，既可以节省时间又可以节省诸多的周转费用，更重要的还在于可以由自己熟悉的银行处理业务，因而在许多方面都会更加便捷。

2001 年 6 月起，台湾允许岛内银行的离岸金融业务部门（OBU）与大陆银行的境外分行直接建立业务往来；2001 年 11 月起，又允许 OBU 部门与大陆银行建立业务往来；2002 年 2 月 15 日，修正后的《台湾地区银行办理大陆地区进出口外汇业务准则》开始实施，进一步允许外汇指定银行（DBU）建立与大陆银行的直接往来。随后，台湾的不少银行即与大陆的银行联系，许多大陆的外资银行已经与它们交换密押，建立了直接业务关系。台湾第一商业银行国际金融业务分行（OBU）的蔡天航科长对它们这种迫不及待的解释是：该行是专门为中小企业服务的银行，客户中的 60% ~70% 为中小企业，而客户中又有相当部分在大陆有投资，两岸直接通汇对改进其服务有很大意义。

目前台湾当局关于两岸金融往来具体开放措施包括：

1. 《台湾地区与大陆地区金融业务往来许可办法》。开放台湾银行海外分支机构及国际金融业务分行经许可后，得以与外商银行在大陆的分支机构、大陆金融机构及其海外分支机构、大陆个人、法人、团体、其他机构及其海外分支机构从事金融业务往来，往来范围包括收受存款、汇兑、签发信用证及信用证通知、进出口外汇、代理收付款项及同业往来。另亦开放银行赴大陆设立代表人办事处，协助银行了解授信客户在大陆经营实况，确保授信债权。

2. 《台湾地区金融机构办理大陆地区汇款作业准则》。开放台湾金融机构及邮政储金汇业局办理对大陆汇出汇款。汇出款项目包括接济捐赠大陆汇款、"大陆出口、台湾押汇"再汇出款、进口大陆物品汇款、遗产继承汇款、厂商向大陆子公司借入之本息汇款、在大陆就养"荣民"给付汇款、其他经"陆委会"许可之汇款（每笔汇款金额未达新台币50万元以上者不在此限）。汇入款则限制不得以直接投资、有价证券投资或其他未经注"法律"许可事项为目的之汇入款。

3. 《台湾地区银行办理大陆地区进出口外汇业务作业准则》。开放台湾外汇指定银行、得与外商银行在大陆的分支机构、大陆银行及其海外分支机构办理两岸之进、出口押汇或托收业务。

4. 《金门马祖与大陆福建地区金融业务往来作业规定》。系配合台湾所谓"小三通"政策，开放金马地区之金融机构，在经"财政部"许可后，得与大陆福建地区金融机构从事汇款及进出口外汇业务直接往来。

5. 基于银行业务的实际需要，以及为便利金融机构了解在大陆台商的投资及经营概况，台湾"财政部"于2000年1月11日公告"银行、保险、证券、期货机构及会计师在大陆地区应经许可或禁止之商业行为"。

（二）大陆开放和推动两岸金融交流的进程

1994年2月25日，大陆制定的《外资金融机构管理条例》（以下简称《条例》）明确规定，允许台湾金融机构在大陆设立分支机构和营业机构（《条例》规定，前来大陆投资金融业者要有财团法人登记，投资额在 1 亿美元以上，资本金达 5000 万美元），这为台湾银行及非银行金融机构进入大陆提供了法律依据。1994 年，大陆为方便广大台商，在北京指定外汇银行开放了以新台币兑换人民币的业务；1995 年，在大陆有关方面的支持下，首家台资独资银行——宁波协和银行正式开业，主要经营外汇贷款和进出口融资业务，这标志着两岸金融交流的大门正式开启。

1996 年以来，大陆方面已大幅度放宽有关台资设立金融机构的限制，1998 年上海浦东和广东深圳两地开放外资银行经营人民币业务，使得台资银行赴大陆后，可能因无法吸收人民币存款而失去经营效益的情形解除，为扩大吸引台资银行进军大陆金融市场创造了条件。尤其是 1998 年 1 月 1 日国务院正式公布的《外商投资产业指导目录》中，明确了金融及相关行业全面开放的政策。大陆加入 WTO 后，两岸金融交流的条件日益宽松。为尽早实现两岸直接通汇，确保两岸资金往来安全，中国人民银行明确表示：两岸商业银行可以建立代理行关系并处理相应业务。中国人民银行允许台资银行比照国际金融公司等外资金融机构的做法参股大陆商业银行，并对 1994 年发布的《关于向金融机构投资入股的暂行规定》进行修改。中国人民银行也鼓励大陆的商业银行到台湾设立分支机构。中国人民银行先后收到上海浦东发展银行、福建兴业银行等几家商业银行要求在台设立办事处的申请，并获批准。

目前两岸互设金融机构已经取得突破性进展，迄今共有 7 家台资银行、16 家台资证券公司、10 家台资保险公司在大陆设有代表机构。

在银行业方面，1995 年和 1997 年，两家台资企业——协和银行和华一银行分别在宁波和上海设立并营业。2001 年，台湾当局允许岛内银行来大陆设立代表处后，先后有 8 家银行向大陆提出申请，其中 1 家（中国国际商业银行）撤销了申请。2002 年全部批准该 7 家台资银行大陆代表处的申请。其中彰化银行代表处设在昆山，世华银行、土地银行、第一商业银行代表处设立在上海，中国信托商业银行、合作金库银行的代表处设在北京，华南银行代表处设在深圳。

在保险业方面，台湾当局于 2000 年年初允许岛内保险公司来大陆设立代表处。目前，台湾保险公司在大陆设立的代表处有国泰人寿北京、成都代表处，国泰世纪产物上海代表处，富邦产险北京、上海代表处，富邦人寿北京代表处，新光人寿北京、上海代表处，新光产险苏州代表处，明台产险上海代表处，友联产险上海代表处，中央产险广州、上海代表处，台湾人寿北京代表处及国泰人寿上海有限责任公司。

在证券业方面，台湾证券公司早在台湾当局开放之前就通过以香港公司的名义在大陆发展，目前有元大京华、群益、元富、日盛嘉福、建弘、金鼎、倍利、国际、宝来与统一等 16 家证券公司在大陆设立了办事处，其中有 7 家具备了 B 股经纪商或主承销商资格（见表 7-4）。

2002 年 8 月，中国人民银行批准大陆银行与台资银行直接通汇。大陆大部分商业银行已与台资银行建立了代理行关系，改变了过去海峡两岸的汇款和贸易结算均采用经第三地银行转汇的间接通汇局面。大陆的四大商业银行及民生银行迅速与台湾本地银行交换密押，中行上海分行于 2002 年 8 月 2 日在上海率先开出了直接往台湾的首笔信用证业务，金额达 105.6 万美元，其通知行是澳新银行台北分行。2002 年 8 月 4 日，工行广东省分行营业部向台湾银行开出广东省银行界首笔信用证业务。次日，民生银行广州分行传来信息：该行继 2000 年 7 月初正式与台湾 6 家银行建立代理行关系后，又与 11 家台湾银行成功交换 SWIFT 密押，使台湾的代理银行达到 17 家，为直汇业务开展奠定基础。目前，岛内已经有 24 家银行的 OBU 与大陆银行完成直接通汇程序。2003 年 1 月，台湾华信银行投资的美国远东国民银行与台湾宝成工业持股八成的上海华一银行签订合作备忘录，正式建立业务合作关系，显示两岸金融业合作进入一个新的阶段。

表7－4 台湾证券公司在大陆设立代表处一览表

券商名称	大陆办事处	香港（子）公司	B股业务资格	备　注
元大京华	已设立	已设立	京华证券国际有限公司具B股经纪商及主承销商资格	1. 以香港分公司名义申请 2. 京华山一具上海、深圳证交所交易席位
宝来	已设立	已设立	B股经纪商	以香港分公司名义申请
富邦	已设立	已设立		与银河证券签有合作备忘录
元富	已设立	已设立	B股经纪商及主承销商资格	具上海证交所交易席位以香港分公司名义申请
群益	已设立	已设立	申请中	1. 具上海证交所交易席位 2. 以香港分公司名义申请
日盛	已设立	已设立	申请中	
金鼎	已设立	已设立	B股经纪商及主承销商资格	以香港分公司名义申请
建弘	已设立	已设立		香港子公司建弘证券（亚洲）接受B股委托买卖，证期会核准建弘投信通过第三地赴大陆设立代表处
统一	已设立	已设立		
大华	已设立	已设立		
倍利	已设立	已设立	B股主承销商	以香港分公司名义申请
中信	已设立	已设立		
台证	已设立	已设立		
亚洲	已设立	已设立		
太平洋	已设立	已设立		
永昌	已设立	已设立		
国际	已设立	已设立	B股经纪商	以香港分公司名义申请

资料来源：根据商鼎顾问股份有限公司研究部的资料整理。

四、加强两岸金融合作的政策设计

金融业是专门从事货币和信用业务的特殊行业。2001 年，大陆政府在其签署的加入 WTO 法律文件中郑重承诺：加入后五年内，取消所有地域限制；逐步取消人民币业务客户对象限制；加入后两年内，允许外资银行对大陆企业办理人民币业务；加入后五年内，允许外资银行对所有大陆客户提供服务。台湾加入 WTO 后金融开放有新的承诺。两岸金融合作可以在承诺的基础上进一步深化，以符合两岸的现实与利益。

（一）大陆加入 WTO 金融业承诺

1. 银行金融

（1）所有地域与客户限制将于加入 WTO 后 5 年内取消，只根据审慎标准颁发许可证，取消一切现有的限制外国银行所有权、经营及法律形式的非审慎措施，包括有关内部分支机构和许可证的限制；开放金融租赁业务和汽车信贷业务。

（2）加入 WTO 后，外汇业务将取消地域及客户限制。

（3）加入 WTO 时，人民币业务限于上海、深圳、大连、天津；1 年内推广至广州、珠海、青岛、南京和武汉；两年内推广至济南、福州、成都和重庆；3 年内推广至昆明、北京和厦门；4 年内推广至汕头、宁波、沈阳和西安。加入 WTO 5 年内取消地域限制。加入 WTO 两年内外资银行可以对国内公司开展人民币业务，5 年内外国银行可以对国内个人客户开展人民币业务。

2. 保险

（1）加入 WTO 时，外国保险公司能在上海、广州、大连、深圳和佛山开展业务；2 年内扩展到北京、成都、重庆、福州、苏州、厦门、宁波、沈阳、武汉和天津；3 年内取消地域限制。

（2）加入 WTO 后，允许成立外资占 51% 的非寿险公司分支机构或合资公司，2 年内将允许建立独资子公司；加入 WTO 后，外资可以占寿险合资公司 50% 的股份；加入 WTO 后，作为分支机构、合资公司或外国独资子公司的外资保险公司可为人寿保险和非人寿保险提供再保险服务，而不受地域或数量的限制；加入 WTO 后 4 年内逐步取消大陆保险公司再保险 20% 的要求。

3. 证券

加入 WTO 3 年内，外资证券公司可以建立合资公司（外资占 1/3），承销 A 股、承销并交易 B 股和 H 股以及政府与公司债券；加入 WTO 后，外资证券公司还可以直接跨国界交易 B 股。

（二）大陆深化两岸金融合作的政策

由于内地已经与港澳签订 CEPA，所以大陆与台湾深化经贸合作后，两岸四地必须在一个平等的环境内进行金融合作。因此，大陆深化两岸金融合作的具体政策可以考虑 CEPA 中大陆对港澳做出的承诺。

1. 所有保险及其相关服务

分部门	A. 寿险、健康险和养老金/年金险 B. 非寿险 C. 再保险 D. 保险附属服务
具体承诺	1. 允许台湾保险公司经过整合或战略合并组成的集团，按照大陆市场准入的条件（集团总资产 50 亿美元以上，其中任何一家台湾保险公司的经营历史在 30 年以上，且其中任何一家台湾保险公司在大陆设立代表处 2 年以上）进入大陆保险市场 2. 台湾保险公司参股大陆保险公司的最高股比不超过 24.9% 3. 允许台湾居民在取得大陆精算师资格后，无需获得预先批准，可在大陆执业 4. 允许台湾居民在获得大陆保险从业资格并受聘于大陆的保险营业机构后，从事相关的保险业务

2. 银行及其他金融服务（不包括保险和证券）

分部门	A. 接受公众存款和其他应付公众资金 B. 所有类型的贷款，包括消费信贷、抵押信贷、商业交易的代理和融资 C. 金融租赁 D. 所有支付和汇划工具，包括信用卡、赊账卡和贷记卡、旅行支票和银行汇票（包括进出口结算） E. 担保和承诺 F. 自行或代客外汇交易
具体承诺	1. 台湾银行在大陆设立分行或法人机构，提出申请前一年年末总资产不低于 60 亿美元；台湾财务公司在大陆设立法人机构，提出申请前一年年末总资产不低于 60 亿美元 2. 台湾银行在大陆设立合资银行或合资财务公司、台湾财务公司在大陆设立合资财务公司无需先在大陆设立代表机构 3. 台湾银行在大陆分行申请经营人民币业务时，应： （1）在大陆开业 2 年以上 （2）主管部门在审查有关赢利性资格时，改大陆单家分行考核为多家分行整体考核

3. 证券服务

大陆加入两岸金融一体化后，在证券服务方面主要做出的承诺有两条：一是允许台湾交易及结算有限公司在北京设立办事处。二是简化台湾专业人员在大陆申请证券期货从业资格的相关程序。台湾专业人员申请获得大陆证券期货从业资格只需通过大陆法律法规的培训与考试，无需通过专业知识考试。

（三）台湾加入 WTO 金融业的承诺

从 20 世纪 90 年代初起，台湾便逐步开放金融服务业。加入 WTO 后，开放步伐逐渐加快。台湾对金融服务业的承诺主要是：台湾同意在一系列金融服务领域实行全面的市场准入和国民待遇。台湾将逐渐取消当地银行的外资控股限制。

（四）台湾深化两岸金融合作应做出的承诺

同样，在大陆金融业做出承诺的同时，台湾金融业也要相应地做出一定的承诺，以促进两岸金融合作及金融一体化更好的发展。

1. 所有保险及相关服务

分部门	A. 寿险、健康险和养老金/年金险 B. 非寿险 C. 再保险 D. 保险附属服务
具体承诺	1. 允许大陆的保险公司经过整合或战略合并组成的集团，按照台湾市场准入的条件进入台湾保险市场 　2. 允许大陆保险公司参股台湾保险公司 　3. 允许大陆居民在取得台湾精算师资格后，无需获得预先批准，可在台湾执业 　4. 允许大陆居民在获得台湾保险从业资格并受聘于台湾的保险营业机构后，从事相关的保险业务

2. 银行及其他金融服务（不包括保险和证券）

分部门	A. 接受公众存款和其他应付公众资金 B. 所有类型的贷款，包括消费信贷、抵押信贷、商业交易的代理和融资 C. 金融租赁 D. 所有支付和汇划工具，包括信用卡、赊账卡和贷记卡、旅行支票和银行汇票（包括进出口结算） E. 担保和承诺 F. 自行或代客外汇交易
具体承诺	1. 允许大陆银行在台湾设立分行或法人机构 　2. 允许大陆银行在台湾设立合资银行或合资财务公司、大陆财务公司在台湾设立合资财务公司无需先在台湾设立代表机构 　3. 允许大陆银行经营新台币业务

3. 证券服务

具体承诺	1. 允许大陆交易及结算所在台湾设立办事处 　2. 允许大陆上市公司到台湾证券市场上市 　3. 简化大陆专业人员在台湾申请证券期货从业资格的相关程序。大陆专业人员申请获得台湾证券期货从业资格只需通过台湾法律法规的培训与考试，无需通过专业知识考试

五、两岸金融合作的成本收益分析

两岸经贸合作下的金融合作，既是两岸经济交流与合作持续和深化的结果，也必然会对两岸经济产生多方面的影响。

（一）两岸金融合作的总体成本收益分析

1. 两岸金融合作的收益

（1）促进两岸经济的持续增长

由于两岸金融市场融合，资金在台湾和大陆两地可以无障碍地流动。开放自由的资本流动能最大效益地调节资源配置，使两岸的生产要素得以合理流动，促进两岸经济的发展与繁荣。

（2）两岸金融机构之间的合作增多、效率提高

两岸金融机构在统一的大市场中相互交流合作、相互竞争的机会增多，促使金融机构、金融体系提高效率。两岸金融机构及金融体系将进行一系列改革。无论是大陆，还是台湾，金融深化的进程将加快，金融体系在经济中的作用会进一步提升。

（3）两岸投资将更加活跃，新兴市场将迅速兴起

由于两岸实现金融合作，闲置资金将在大陆和台湾范围内自由流动。按照资金向高收益率地区流动的规律，台湾大量闲置资金流向经济高速增长的大陆市场。一方面，满足了台湾的闲置资金追求高收益率的需求，另一方面也使大陆某些地区能够迅速地获得所需资金，促进这些地区经济的持续稳定发展。

（4）有利于抵制金融危机，形成相对完善的两岸金融监管体系

两岸间广泛开展金融合作，能有效监控国际游资和金融投机的侵袭，维护两岸地区的经济安全与稳定。大陆和台湾都是在亚太地区有重要影响的经济体。在亚洲金融危机中，大陆保持了人民币币值的稳定和经济的持续增长，成为应对危机的中流砥柱；台湾则以其较强的经济实力和灵活的金融体制抵御了国际游资的冲击，两岸都为地区乃至世界经济的安全与稳定做出了贡献。如果能进一步加强两岸金融合

作，特别是加强金融监管方面的协调与配合，大陆和台湾都可以在地区乃至世界经济发展中占据更加重要的地位、发挥更大的作用。

2. 两岸金融合作的成本

（1）两岸政府对两岸金融市场的控制能力受到了削弱

这主要表现在：第一，中央银行所持有的储备量与外汇市场交易量不匹配。举个例子来说，1986年，全球外汇日均买卖量为1880亿美元，1995年达到11900亿美元，1997年则攀升到1.3万亿美元，接近世界各国外汇储备总和的85%，而西方工业国家中央银行的外汇储备只相当于外汇交易市场日交易额的一半，各国中央银行即使联手进行干预，也很难与市场力量抗衡。虽然由于两岸经贸合作范围的限制，两岸实行金融合作之后，其影响未必有日元那么大，但此影响也不可忽视。第二，两岸中央银行对金融市场调控的手段与金融市场中日新月异的金融创新不相适应。在金融合作的进程中，金融工具创新风起云涌，金融衍生商品种类越来越多，而大规模的衍生商品交易将使金融衍生工具由避免风险的金融工具发展成为最危险的金融工具。而两岸中央银行对金融市场的调控与监管手段却没有较大的改变，导致其调控金融市场的能力大打折扣。

（2）两岸货币政策的自主性面临挑战

金融未开放前，两岸的货币政策具有高度的自主性，大陆和台湾中央银行依据各自经济发展的客观需要，制定相应的货币政策，很少受到外部冲击。两岸金融进一步融合后，则必须充分考虑对方的经济发展状况，特别是货币经济政策对本地区货币政策的影响，从两岸总体范围来考虑和处理原本仅仅是属于地区的内部性问题。具体地说，大陆要通过货币贬值来改变国际收支状况，必须充分考虑台湾的配合与否；大陆在维护本币币值稳定时，必须重视通货膨胀的传导效应。可见，货币政策越来越成为一种相互协调的政策，完全自主的货币政策已经不存在了。

（3）金融体系特有的"多米诺骨牌效应"

由于各经济体的金融业务活动相互联系、相互依赖的程度加强，金融业务中大量游资的存在，巨额资金流动在几秒钟内即可完成，从而使某一国家或地区金融体系的不稳定或出现问题都会迅速地引起国际金融界的连锁反应。这一点从 1995 年爆发的墨西哥金融危机和 1997 年的亚洲金融风暴都能清楚地领悟到。大陆和台湾只要一方发生金融危机都会给对方带来很大的影响，金融系统风险明显增加。

（二）台湾的成本收益分析

1. 有望获得巨大的经济收益

首先，台湾金融机构将获得巨大的发展空间。经过 50 余年的发展，台湾金融已经走向成熟，并且在国际竞争中崭露头角，经济金融化程度已达到发达国家的水平，其金融业的结构与效率明显优于大陆金融业。2001 年年底全体金融机构平均逾放比率为 8.16%，之后各年该比率逐渐降低，于 2004 年年底降到 3.12%，出现良好发展势头。加强两岸金融合作能够使台湾金融机构获得巨大的发展空间，到大陆金融市场拓展业务可以缓解岛内金融市场的过度竞争，大大提高台湾金融机构的赢利水平。近 10 年来台湾经济内外环境发生剧烈的变化，产业结构面临再次调整的巨大压力，目前岛内较普遍的看法是：未来台湾应发展成兼具研发、行销、资金调度等完善功能的区域乃至全球性的运筹中心。最近台湾公布的"六年'国家'发展重点计划"中即包括"营运总部计划"，期望以租税奖励等措施吸引企业在台设立营运总部，"经济部"预期的目标是，到 2011 年推动 1000 家企业在台湾设立区域营运总部和 200 家的全球营运总部。税收减免固然是吸引企业在台设立营运总部的重要诱因，但若无作为现代经济体系核心与枢纽的金融业相配合，为企业提供区域或全球经营的金融服务，营运总部的顺利运行显然十分困难。而目前大陆是台湾最大的出口市场、台湾海外投资最多的地区，两岸之间巨大资金流通的畅通无疑是台湾要达成区域或全球运筹中心的一个重要保证。

其次，两岸金融合作能够大大促进台湾购物、餐饮、住宿等旅游消费支付。两岸如若实现"三通"，将有大量的大陆居民前往台湾旅游观光。以前大陆居民出国旅游只可以携带最多不超过 6000 元人民币，这给许多游客的旅游、消费带来诸多不方便。随着两岸金融合作的深化，在台湾将推出人民币个人业务，并且银联银行卡业务也将在台湾开展。这将极大方便个人消费，大大促进台湾经济特别是台湾的零售、旅游等行业的发展。以内地和香港的金融合作为例。内地银联银行卡业务在香港地区的开展大大刺激了香港的旅游业发展。当时瑞银华宝公司的测算表明，假定 2002 年内地游客增长 50%，以后每年以 15% 的速度增长，如果这些游客将法定可携带的 6000 元人民币的一半花在香港，2005 年内地游客的消费规模将达到 1570 亿元；如果内地游客将 6000 元在香港全部花完，则 2005 年内地游客给香港带来的消费需求将达到 3130 亿元。而实际上，根据 A. C. 尼尔森的调查显示，内地游客人均在港消费高达 8000 港元。与香港相比，台湾也可以仿照香港的做法，开放大陆银行卡不仅允许大陆居民在台湾使用银联银行卡刷卡消费，并且不设上限，这其中蕴涵的商机是不言而喻的。"个人游"的逐步放开，"允许使用银联卡消费"受益的将是零售业、旅游、餐饮、酒店等诸多行业。

2. 台湾深化两岸金融合作付出的成本很小

台湾最先面对的主要是来自利率、汇率方面的问题，但这个影响不会太大。目前台湾的人民币存量非常小，根据测算，在台湾岛内人民币存量大约为 40 亿 ~ 60 亿元。通过正常渠道流出入台湾的人民币现金流量每年大约为 5 亿 ~ 10 亿元。而台湾自 2002 年以来，广义货币供给量偏低，不足 5%，远低于 20 世纪 90 年代以来的平均值 9%。另外新台币与人民币虽然存在息差，会有部分台湾居民将新台币转为人民币以增加收益，但是按现行的汇兑结算办法这种转换将涉及多项手续费，最终在台湾的人民币实际存款利息将低于大陆。并且目前汇兑尚有一些限制，不会发生短期内冲击台币利率、汇率的现象。

（三）大陆的成本收益分析

1. 大陆的收益

大陆的收益首先来自于两岸金融合作为贸易提供的便利化。从规模和增长速度看，两岸经港转口贸易增长速度快，并已达相当规模。1979 年至 2004 年，两岸经港转口贸易从 0.78 亿美元增加到 115 亿美元，21 年间增长了 146 倍。1991 年和 1992 年，由于两岸转口贸易的成长，香港成为台湾的第一大出超地区和第二大出口市场。如果考虑到近年来两岸经香港"转口"贸易日渐式微，而所谓"转运"、"弯靠"（此二形式皆未纳入香港海关统计）日渐盛行这一情况，则两岸经港贸易远超过香港海关的统计数字。如 1993 年，香港海关统计的材料表明两岸转口贸易为 86.89 亿美元，而如果考虑"转运"、"弯靠"等渠道，以及经过日本石垣岛、韩国釜山等第三地进行的贸易，则 1993 年海峡两岸贸易额至少在 160 亿美元以上。

据香港海关统计，2005 年 1～4 月份两岸经香港转口贸易总额 57.30 亿美元，较上年同期增长 13.9%。其中，台湾转口输出大陆金额 49.51 亿美元，较上年同期增长 16.8%；转口输入金额为 7.79 亿美元，较上年同期减少 1.8%（见图 7－7）。

单位: 十亿美元

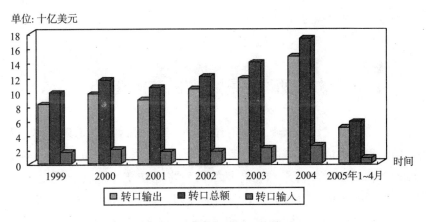

图 7－7　两岸经香港转口贸易额

资料来源：http://www.mac.gov.tw/big5/statistic/em/150/0.pdf。

贸易与金融息息相关，两岸贸易的快速发展，迫切要求两岸金融业为其提供相关的汇兑、信用证结算、征信调查等服务。

此外，大陆还将受益于国际货币地位的提升。现有的人民币尽管使用人数占世界总人口的 1/5，但按照货币量的经济总额看，远远没有达到国际货币的要求。通过两岸金融合作，大陆可以联合台湾的经济实力，加上大陆可以与香港、澳门进行更紧密的金融合作，再通过辐射效应广纳周边地区，人民币的影响就相当可观了。

2. 大陆的成本

两岸金融合作将使大陆进一步向台湾金融业开放市场，例如大幅度降低对台湾银行业的资本要求，使台湾中小银行也有机会进入大陆发展。与此同时，降低台湾银行大陆分行申请人民币业务的条件，并改单家分行为多家分行整体考核，将为台湾银行拓展大陆业务提供方便。这样，向大陆金融市场引入了新的竞争，必然会对大陆金融企业形成冲击。由于市场高度开放，具备金融知识、金融基础和金融专业人才等专业生产要素优势，台湾的金融业极具竞争力。与此相对应，大陆金融业则由于大陆金融市场不健全、法律体系不完善、历史包袱问题以及经营管理落后等因素，竞争力相对较弱。因而台湾金融同行的大举进入大陆短期内势必会侵占大陆企业的市场份额，对其经营发展形成一定的冲击，正如部分外资银行获准在大陆开展业务特别是人民币业务后所出现的国内银行客户特别是一些优质客户的流失。

六、两岸金融合作的政策建议

两岸金融交流的未来前景还有许多不确定性因素，尤其是台湾政局的不稳定将成为阻碍两岸业已展开的金融交流与合作的极大不确定因素。同时处于经济全球化背景下的两岸经济（尤其是台湾经济），若想获得更大的发展机会，必须在加强两岸经贸互动、推动两岸金融整合方面加快步伐。实际上，早在1995年，台湾"财政部"提出的"亚太区域金融中心执行计划"草案中就制定了分三阶段（从1995年到2000年）开放两岸金融往来的计划。这说明台湾方面对大陆的金融政策也在作适应性调整，两岸金融交流的拓展空间仍然很大。

从大陆的角度来看，扩大两岸金融交流还有许多工作要做，包括两岸互设金融机构、开放金融市场、联手进行金融监管以及协调两岸金融法规等。从目前的现实情况出发，推进两岸互设金融机构、推动人民币与新台币的自由兑换应是工作的重点和深化交流的前提，因为这一方面可大大缓解日趋增加的大陆台商融资渠道不畅的矛盾，使台商适应大陆目前进行的金融体制改革与金融市场开放的宏观环境；另一方面可以为今后的长期合作乃至融合创造条件，为进一步密切经济关系，推动祖国统一进程打下良好基础。从远景看，两岸金融市场可以设立统一的金融指数，统一两岸结算系统，逐步深化两岸金融合作。

（一）建立对台金融立法体系

对台金融立法体系包括两岸金融业相互到对岸投资金融立法问题，诸如台湾非银行金融机构、银行来大陆设立办事处、分支机构的资格审查及业务经营范围等。两岸加入 WTO 后，随着金融、证券、服务和资讯领域的开放，与之相配套的金融市场建设、金融机构准入、外汇和资本流动管理政策都将有较大变化，人民银行和外汇局应着手制定有关对台金融和外汇管理立法体系。

目前，台资金融机构在大陆设立分支机构，一律按照外资对待。具体要符合《中华人民共和国商业银行法》、《外资金融机构管理条例》、《中国人民银行关于外资金融机构在大陆设立常驻代表机构的管理办法》的规定，按照这些规定要求的必备条件，准入门槛相当高：外商独资或合资银行要申请设立分行，须在大陆设立办事处经营 3 年以上才有资格升为分行，成立分行 3 年后，才可吸收人民币业务，外商在大陆设立银行，母行资本额须达到 200 亿美元以上。台湾的银行业中，要符合这些条件的并不多，尤其是台湾民间开放民营银行后成立的新银行，如无法通过购并扩大资产规模，则无一家符合条件。因此，台湾银行界希望大陆方面能降低标准。鉴于台湾问题的特殊性，大陆应将台资视为特殊内资而非特殊外资，进行台资金融机构专项立法，适当放宽其到大陆申办设立金融机构的标准。在专项立法中应明确规定：台商在第三地设立的经济法人，允许来大陆申办金融机构；在大陆的台资企业，如其投资额在 1 亿美元以上投资者，可获准其属下金融机构在大陆开办金融业务，为其行业提供配套金融服务，亦作为其投资的回报，吸引台湾大财团企业进驻台商投资区，促进产业资本与金融资本相结合。同时还应规定，在大陆设立的台资金融机构，适用《中华人民共和国商业银行法》，法律、行政法规另有规定者，适用其规定。这样，既能在专项立法中解决台资金融机构的具体问题，又能使其比照适用有关外资金融机构的规定，减少立法上的重复。

在专项立法中，应尽量明确规定申办主体的认定条件：一是在什么情况下应认定为来自台湾的申办者；二是在什么情况下可以认定为台资金融机构。一般可以认为申请者除了应同时具备《外资金融机构管理条件》和《中华人民共和国商业银行法》所规定的条件之外，还应具备下列条件：一是在台湾拥有全资或控股的金融机构，并资信可靠（既可经由"海协会"与"海基会"的事务性协商，确定资信认证机构；也可经由具有公信力的国际资信认证机构评估）；或在台湾拥有全资或控股的著名企业财团；或是在大陆实际投资累计已达 1 亿美元以上，并在大陆拥有固定资产达 2 亿元人民币以上。二是有权调动其在台的资金。

为了防止出现在注册申办后抽走实缴资本或是恶意呆账等现象，可先期由中国人民银行总行与台湾"中央银行"或两岸相关金融监管主管机构，参照巴塞尔银行监督委员会在 1992 年 7 月公布的《国际性银行集团及跨国据点的最低监管标准》，达成共同监管协议，加强对大陆台资金融机构的有效管理。

在专项立法中还要鼓励台商投资大陆金融业，提倡台湾投资者以合资、购买股权等方式参与大陆金融机构尤其是国有商业银行的股份制改造。明确规定台湾合资者的资格条件、合资比例或购股比例等具体事项。此外，对两岸不法企业逃套汇、金融诈骗等违法活动，两岸金融监管机构要协调一致，共同打击金融犯罪活动，促使两岸金融往来朝正常化方向发展。

（二）推动人民币与新台币自由兑换

由于人民币与新台币不能自由兑换，已经造成台商投资大陆与两岸人员往来在资金流动中的重大困扰。从台湾方面看，台商来大陆投资、旅游等，必须在岛内将新台币兑换成美元，再到大陆用美元兑换成人民币，费时费钱，十分不便。台商如要将利润汇回台湾，又必须反向操作一番。据测算，即使不算手续费，100 万新台币辗转到大陆，就要损失 718 元人民币。按台湾每年流入大陆金额为 100 亿美元计算，台商因此造成的损失就超过 2 亿元人民币。两岸资金流动规模巨大，损失也十分惊人。台湾当局开放大陆资金到岛内购置房地产，大陆人士可以通过第三地到岛内旅游，都使人民币兑换新台币成为需要解决的问题。2002 年年初，台湾当局指令有关部门研拟开放人民币兑换新台币的事宜，以促成台商将盈余汇回岛内，刺激台湾民间消费市场，扩大台湾金融机构的业务量。台湾实行的是外汇自由兑换体制，比较容易实现人民币在台的兑换。两岸货币的直接兑换，在技术上没有什么难度，只要通过全球清算系统——"全球银行间金融电信协会系统"的连接，即可实现。

但是，台湾"央行"坚持必须与大陆的中央银行签订清算协议，建立新台币与人民币的清算机制，来确保权益。其实，这大可不必。新台币在国际上也没有自由兑换。台湾金融机构可收兑十余种外国货币，但台"央行"并未与这些国家央行签订官方清算协议。只要中国人民银行和台湾"央行"分别指定一家大型的行库来签订清算协议，如大陆工商银行和台湾银行，确定兑换的买卖汇率，试办两岸货币收兑业务，台湾银行可将收兑的人民币，向工商银行兑回新台币或美元，工商银行则反向操作。同时，中国人民银行制定一个总额度，让台湾的银行收进人民币之后，可以在一定的额度内与大陆的银行进行清单，自然可以把风险控制在一定的范围内，双方均可规避风险。

除两岸间的货币自由兑换问题外，台湾民众在大陆兑换新台币的需求越来越大，从两岸政治现实考虑：可以将新台币视为一种有价证券，允许指定的大陆银行和台资金融机构开展兑换业务。这样一来，就不会有政治上和经济上的困扰，而又大大方便了台湾民众。实际上，《厦门市台湾同胞投资保障条例》就已规定新台币可以在指定银行兑换。在两岸货币自由兑换问题上，大陆应该把握先机，着眼长远，争取主动。

（三） 积极开展两岸金融界的业务交流与合作

两岸金融界可以进一步交流合作的领域包括：互相建立代理行业务合作关系，进行策略联盟，建立资产管理公司的合作伙伴关系，互设金融理论与实务培训班、研修班或举办研讨会，在有关各类金融市场规范与监管、金融危机管理、货币金融政策运作技术、不良资产处理、金融重建基金运作、金控公司组建（台湾于 2001 年开始组建，2002 年年底已有 13 家左右）、金融企业并购、中小企业金融、存款保险基金、国安基金、联合征信中心、不动产与金融资产证券化、金融创新（新金融商品、各类债券基金、存托凭证、简易保险商品、各类金融卡的开发与管理等），以及 QFII（认可外资投资机构）制度、地方基层金融整顿、信息安全管理及金融信息交换等之理论、实务及相关法令制定（特别是商业银行法、金融业破产法、证券法、金融业并购法、金控公司法）等方面。重点则放在金控、资产管理、金融资产证券化、债券市场以及人才和信息交流等方面。

（四） 建立两岸金融合作实验区

考虑到两岸关系的实际情况，在以上设想不可能在近期很快实现的情况下，可以采取"先易后难、先试后行"的策略，通过建立两岸金融合作实验区，把两岸金融合作的各种构想先在实验区内试行，待成功后再全面推广。在设立实验区的地域选择上，与台湾具有地理、血缘、人脉优势的厦门市应是较好的选择。设立实验区的具体模式可以是：中央赋予厦门必要的政策和试点权限；由两岸金融监管当局直接或授权其他民间机构进行谈判磋商，以确定台方对应的实验区，共同探讨采取适当方式建立一个机制，共同协商解决从跨区金融监管到相关纠纷解决等一系列问题；可由两岸金融监管当局分别授权各自相关的权威民间组织，如大陆的中国金融学会、台湾的银行公会，在厦门实验区内和对方实验区成立区域性的金融监管组织，该组织协商的相关结果，经各自金融监管当局认可后便推动落实。具体思路为：

首先，公开办理新台币兑换业务。在实验区内增设新台币收兑网点，除了中国银行外，逐步开放各商业银行办理新台币收兑业务。同时，开放实验区内外汇指定银行办理新台币兑出业务。例如允许台资企业购买一定数量新台币给台籍员工发放工资；允许到大陆的台湾民众，在出境时将剩余的人民币再兑换成新台币带出境；允许台商以新台币作投资货币。

其次，降低合资银行及其他金融机构在厦门实验区设立分支机构的有关条件。允许厦门实验区内商业银行及其他金融机构到台湾相关地区设立分支机构或合资设立金融机构。

再次，国台办或海协会在厦门设立办事机构，以便及时处理涉台事务，推动两岸金融合作。

最后，允许厦门市与高雄市协商建立市对市两岸金融合作实验区。

总之，海峡两岸金融交流是经济全球化的必然要求，也是两岸加入 WTO 后的必然选择，通过金融交流与合作，可以消除制约两岸资金流动、人员往来的诸多障碍，为两岸金融业务拓展新的发展空间，促进两岸经济在更深层次、更宽领域形成互补互利的格局。推动两岸经济共同成长。更重要的是，通过金融合作，可以进一步密切两岸同胞的感情，增进了解，增加共识，拉近两岸在经济、政治、文化等各方面的距离，促进两岸经济合作向更高层次发展，通过经济融合，为早日实现祖国和平统一打下坚实的基础。

第八章　教　育　业

　　教育作为一个国家或地区经济和社会发展的基础，教育服务业的发展对一个国家或地区的经济发展意义重大。两岸在教育服务业方面各有优势，特别是加入 WTO 以后两岸都对开放本地区的教育服务业做出了一些规定，基于两岸特殊的政治经济关系，两岸教育服务业存在着合作的必要性和可行性，教育服务业的合作将有利于两岸经济的发展，创造双赢的局面。

一、两岸教育服务业发展历程

（一）大陆教育服务业发展历程

　　中华民族"重教"之风由来已久。新中国成立后，大陆的教育事业大致经历了三个发展阶段。首先，新中国成立之初，教育发展全盘照搬苏联的教育模式，无论是基础教育还是高等教育都得到了快速恢复和发展；其次，20 世纪 60 年代中苏关系恶化，十年"文化大革命"对大陆的教育业发展造成了沉重的打击，基础教育发展停滞不前，高等学校的正常招生也中断了 6 年之久，直到 1977 年才恢复高考；最后，1978 年改革开放以来至今，教育服务业全面发展，基础教育和高等教育都得到了长足发展，特别是民办教育和职业技术教育的发展都取得了骄人的成果。

（二） 台湾教育服务业发展历程

自 20 世纪 50 年代以来，台湾教育事业发展大致经历了四个时期。20 世纪 50 年代初至 20 世纪 60 年代中期为普及教育期，主要普及中小学教育和初中教育。20 世纪 60 年代中期至 20 世纪 70 年代末期为全面发展时期，主要推广"九年国民教育"，发展职业教育和高等教育。20 世纪 80 年代至 20 世纪 90 年代中期为完善提高时期，主要调整教育结构，优先发展研究所教育，提高培养人才的档次。20 世纪 90 年代后期为教育改革时期，台湾当局出台新的"教育改革行动方案"，要求健全"国民教育"，普及幼儿教育，健全师资培育与教师进修制度，促进技职教育多元化与精致化。

二、两岸教育服务业竞争性、互补性分析

（一） 大陆教育服务业竞争力分析

1. 大陆教育服务业发展现状

（1） 基础教育稳步发展

大陆的基础教育包括幼儿教育、小学教育、普通中等教育。新中国成立后，中央和地方各级政府大力发展基础教育，1986 年颁布《中华人民共和国义务教育法》，1995 年通过《中华人民共和国教育法》，将基础教育发展纳入法制化建设；进入 21 世纪，2001 年至 2003 年，教育部相继颁布了一系列有关基础教育新课程的国家政策和文件，包括 2001 年颁布的《基础教育课程改革纲要》（试行）、2002 年印发的《教育部关于积极推进中小学评价与考试制度改革的通知》和 2003 年印发的《中小学环境教育实施指南（试行)》，构建了本轮课程改革的总体政策框架。

2004 年，大陆共有小学 39.42 万所，招生 1747.01 万人，在校生 11246.23 万人；共有初中学校 63757 所，招生 2094.64 万人，毕业生 2087.30 万人（见表 8 - 1）。同时，基础教育入学率逐渐提高。2004

年，小学学龄儿童入学率达到 98.95%，比上年增加 0.25 个百分点，其中，男女儿童入学比率分别为 98.97% 和 98.93%；小学毕业生升学率为 98.10%，初中毕业生升学率为 63.8%，分别比上年增长 0.2 个百分点和 3.6 个百分点（见表 8-2）。由此可以看出，大陆基础教育获得稳步发展。

表 8-1　大陆各级教育基本情况

		2003 年			2004 年		
		学校数量（万所）	在校学生（万人）	专任教师（万人）	学校数量（万所）	在校学生（万人）	专任教师（万人）
基础教育	幼儿园	11.64	2004	70.91	11.79	2089.40	75.96
	特殊教育	0.16	36.47	N. A.	0.16	37.18	N. A.
	小学	42.58	11689.74	570.28	39.42	11246.23	562.89
	初中*	6.47	6690.83	349.75	6.38	6527.51	350.05
	普通高中	1.58	1964.83	107.06	1.60	2220.37	119.07
中等职业技术教育	普通中专	0.31	502.37	19.86	0.30	554.47	19.71
	职业高中	0.58	455.76	25.79	0.58	516.92	27.06
	技工学校	0.30	193.14	15.30	0.29	234.5	16.50
普通高等教育	高职(专科)	0.16**	479.36	72.47***	0.10	595.65	85.84***
	本科教育		629.21		0.07	737.85	
	研究生教育	0.07	N. A.		0.08	81.99	
成人教育	成人高中	0.13	21.85	N. A.	0.10	19.37	N. A.
	成人中专	0.28	105.45	N. A.	0.27	103.35	N. A.
	成人高等教育	0.06	N. A.	8.51	0.05	419.80	8.61

注：*包括普通初中和职业初中，**包括高职（专科）与本科，***包括高职（专科）、本科及研究生教育。

资料来源：《全国教育事业发展统计公报》（2003 年、2004 年）。

表 8 - 2　大陆基础教育升学率

单位：%

年　份	小学学龄儿童入学率	小学升初中升学率	初中升高级中学升学率
1980	93.0	75.9	45.9
1985	95.9	68.4	41.7
1990	97.8	74.6	40.6
1995	99.1	90.8	48.3
2000	99.1	94.9	51.1
2001	99.1	95.5	52.9
2002	98.6	97.0	58.3
2003	98.7	97.9	60.2
2004	99.0	98.1	63.8

注：计算初中毕业生升学率所用分子数为高级中学招生数，包括普通高中、职业高中、技工学校、普通中专招收初中毕业生、普通中专举办的成人中专招收应届初中毕业生及成人中专招收应届初中毕业生。

资料来源：《中国统计年鉴》（2005）；教育部：《2004 年全国教育事业发展统计公报》。

（2）教育经费不断增加

教育是经济发展的基础，大陆一直都很注重教育的发展，教育经费投入不断增加。1995 ~ 2004 年，大陆教育经费和国家财政性教育经费均保持在 10% 以上的增长率（见表 8 - 3）。1995 年大陆教育经费为 1877.95 亿元，比上年增长 26.14%；其中，国家财政性教育经费为 1411.52 亿元，增长 20.16%，占 GDP 比重为 2.04%；预算内教育经费占财政支出比例为 16.05%。到 2004 年，大陆教育经费达到 7242.60 亿元，比上年增长 16.66%；国家财政性教育经费达 4465.86 亿元，比上年增长 16%；预算内教育拨款达 4027.82 亿元，比上年增长 16.6%，占财政支出比例为 14.9%。

从各级教育生均预算内教育事业费支出增长情况看，2004 年大陆普通小学生均预算内事业费支出为 1129.11 元，比上年增长 21.2%，其中江苏增长最快，比上年增长 30.9%；大陆普通初中生均预算内事业费支出为 1246.07 元，比上年增长 18.45%，其中浙江增长最快，比上年增长 30.9%；大陆普通高中生均预算内事业费支出为 1758.63 亿元，比上年增长 9.5%，其中天津增长最快，比上年增长 22.7%；大陆职业中学生均预算内事业费支出为 1842.58 元，比上年增长 9.4%，其中青海省增长最快，比上年增长 27.3%；大陆普通高等学校生均预算内事业费支出为 5552.5 元，比上年下降 3.8%。

表 8-3　1995～2004 年大陆教育经费情况

年　份	大陆教育经费		国家财政性教育经费		占 GDP 比重（%）	预算内教育经费占财政支出比例（%）
	金额（亿元）	增长率（%）	金额（亿元）	增长率（%）		
1995	1877.95	26.14	1411.52	20.16	2.46	16.05
2000	3849.08	14.93	2562.61	12.04	2.87	13.80
2001	4637.66	20.49	3057.01	19.29	3.19	14.31
2002	5480.03	18.16	3491.40	14.21	3.41	14.76
2003	6208.27	13.29	3850.62	10.29	3.28	14.68
2004	7242.60	16.66	4465.86	15.98	2.79 *	14.90

注：* 表示 2005 年国家统计局根据经济普查资料结果，将 2004 年 GDP 做了调整，2004 年 GDP 为 159878 亿元，国家财政性教育经费占 GDP 比例为 2.79%，与上年公布数相比，这一比例发生了较大变化。

资料来源：《1995～2004 年全国教育经费执行情况统计公告》，中国教育和科研计算机网，http://www.edu.cn。

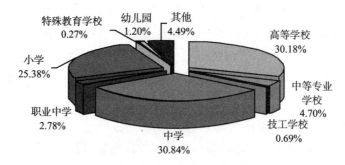

图 8-1　2003 年大陆各类学校教育经费结构

资料来源：根据《中国统计年鉴》（2005）数据整理编制。

（3） 高等教育毛入学率逐年提高

连年扩招导致高等教育毛入学率逐年提高。经济社会发展和广大群众对各级教育规模、质量不断增长的巨大需求与各级各类教育供给严重不足的矛盾已经成为阻碍大陆教育事业继续快速发展的主要矛盾，为彻底改变这一状况，1998 年，大陆在《面向 21 世纪教育振兴行动计划》中，提出了"到 2010 年，高等教育规模有较大扩展，入学率接近 15%"的目标。2001 年初，政府公布的《教育事业发展第十个五年计划》中将原定于 2010 年实现的高等教育规模和入学率目标要求提前到 2005 年实现。1998 年大陆高等教育毛入学率为 9.1%（见图 8 - 2），经过连续几年的扩招，到 2002 年已经超过 15%，2003 年达到 17%，2004 年则达到了 19%。2005 年 10 月 16 日，教育部长周济在 2005 年亚洲教育北京论坛上发表主题演讲时表示，大陆还将继续推进高等教育大众化，到 2020 年实现高等教育毛入学率达到 40% 的目标。

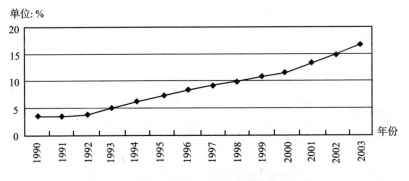

单位: %

图 8 - 2　1990～2003 年大陆高等教育毛入学率

注：高等教育包括研究生、普通高校本专科、成人高校本专科、军事院校本专科、学历文凭考试专科、电大注册视听生专科、高等教育自学考试本专科等形式教育。学龄人口年龄为 18～22 周岁。

资料来源：《中国教育行业分析报告》（2004 年 2 季度），中经网，http: //www.celgov.cn。

2. 大陆教育服务业发展存在的问题

（1）地区教育发展不协调

由于各地区在经济、科技、文化等方面差异较大，导致其教育发展水平也存在着较大差异。这种差异反映在教育规模、教育结构、教育条件等方面，其中，教育投资的差异集中反映了这种差异。根据统计资料，2003 年大陆地方财政性教育经费占 GDP 比例存在明显差异：经济发展相对落后的地区其国家财政性教育经费总量远远低于经济发达地区，但占 GDP 比重却高于发达地区（见表 8 - 4）。如 2003 年西藏国家财政性教育经费总量倒数第二，仅为 17.70 亿元，但其占 GDP 比重最高，为 9.59%；山东省 2003 年国家财政性教育经费支出 228.99 亿元，总量第五，但其占 GDP 比重却最低，仅为 1.84%。同时，经济发展水平的地区差异导致了教育投入的地区差异，造成地区间教育发展不平衡，并且这一差异有扩大的趋势。

表 8 - 4 2003 年大陆教育经费地区差异

地　　区	北京	天津	河北	山西	内蒙古	辽宁	吉林	黑龙江
财政性教育经费（亿元）	252.34	69.11	148.15	84.99	70.76	144.31	88.53	122.71
GDP（亿元）	3663.10	2447.66	7098.56	2456.59	2150.41	6002.54	2522.62	4430.00
占 GDP 比重（%）	6.89	2.82	2.09	3.46	3.29	2.40	3.51	2.77
地　　区	上海	江苏	浙江	安徽	福建	江西	山东	河南
财政性教育经费（亿元）	192.57	260.70	232.03	115.09	124.18	73.31	228.99	169.95
GDP（亿元）	6250.81	12460.83	9395.00	3972.38	5232.17	2830.46	12435.93	7048.59
占 GDP 比重（%）	3.08	2.09	2.47	2.90	2.37	2.59	1.84	2.41
地　　区	湖北	湖南	广东	广西	海南	重庆	四川	贵州
财政性教育经费（亿元）	135.78	122.10	380.02	95.93	20.80	69.53	161.41	69.24
GDP（亿元）	5401.71	4638.73	13625.87	2735.13	670.93	2250.56	5456.32	1356.11
占 GDP 比重（%）	2.51	2.63	2.79	3.51	3.10	3.09	2.96	5.11

续表

地 区	云南	西藏	陕西	甘肃	青海	宁夏	新疆
财政性教育经费 （亿元）	115.54	17.70	102.63	65.21	16.80	18.25	81.96
GDP（亿元）	2465.29	184.50	2398.58	1304.60	390.21	385.34	1877.61
占 GDP 比重 （%）	4.69	9.59	4.28	5.00	4.31	4.74	4.37

资料来源：根据《中国统计年鉴》（2004 年、2005 年）计算整理。

（2）专业设置与市场需求脱节

目前，大陆的高等教育供给和需求之间存在着两种基本矛盾。第一种基本矛盾是随着社会发展，人民群众日益增长的高等教育需求与有限的高等教育资源供给在数量、质量、结构等方面产生矛盾；第二种基本矛盾是高等教育人才供给与现代化建设需求在数量、质量、素质、结构等方面产生矛盾。

在就业方面，大学生就业既有总量矛盾也有结构矛盾，但同其他发展中国家一样，结构矛盾是主要矛盾。尤其是大学生的就业已经市场化，但大学的专业设置调整滞后，致使毕业生专业结构与市场供求出现了错位，从源头讲，这已成为制约大学生就业的一个重要原因。一些大学的专业及课程设置没有能够以市场需求为导向进行规划，有较大盲目性，专业趋同现象十分严重，造成供给严重大于需求。高校扩招后，一些学校仍然沿袭传统的应试教育的教学方式，培养出来的一些学生高分低能，不能适应用人单位的需要。不少学校专业划分过细，培养出的毕业生知识面过窄，学习能力和适应能力较差。一些高职、高专教育专业缺乏特色，培养出来的学生理论功底不如本科院校的学生，应有的动手能力也不强；不适合用人单位的需求。而随着劳动力市场的发育，竞争程度不断提高，用人单位对应聘者的实际操作能力、适应工作环境变化的能力提出了越来越高的要求。如近年教育部布点增长最快的 10 个专业，其毕业生的就业率在 2002 年全面下降，其中，艺术设计下降了 21.6 个百分点，就业率仅为 59.7%。2004 年，大陆大学生就业率有所回升，但也只有 84%。

（二）台湾教育服务业竞争力分析

1. 台湾教育服务业发展现状

（1）台湾地区各级教育净在学率总体上升

台湾地区政府对教育服务业投入不断加大，教育服务业改革深入发展，各级教育净在学率总体呈现上升趋势。1980年台湾平均教育净在学率为68.73%，此后这一比率逐年上升，2004年达到87.05%；台湾小学净在学率1980年为97.56%，1995年为99.06%，此后这一比率开始下降，到2003年已经下降到97.29%，2004年出现反弹，比上年增加1.13个百分点；中等职业技术教育是台湾教育服务业的优势所在，台湾地区的中等教育净在学率近三年来都维持在93.5%以上；而高等教育方面，台湾地区不断加大投入力度，新设学校和专业，高等教育净在学率逐年上升，1980年高等教育净在学率只有11.07%，到2004年这一比率首次突破50%，达到53.51%（见表8-5、表8-6）。

表8-5 台湾地区各级教育发展情况

		2003年			2004年		
		学校数（所）	教师人数（人）	在校生数（人）	学校数（所）	教师人数（人）	在校生数（人）
幼稚教育		3306	21251	240926	3252	20894	237155
国民教育	"国小"	2638	103793	1912791	2646	102882	1883533
	"国中"	720	48845	957285	723	48285	956927
高级中等教育	高中	308	33122	393689	312	33643	409635
	高职	164	15771	325996	161	15504	326159
高等教育	大专院校	158	47472	1270194	159	48649	1285867
	大学及独立学院	143	45702	981169	145	47247	1054929
	专科学校	15	1770	289025	14	1402	230938
社会教育	空大、补习及进修学校	934	N.A.	278124	907	N.A.	266951
	附设特殊班	2773	N.A.	94724	N.A.	N.A.	N.A.
	特殊学校	24	1687	5921	24	1693	6119

资料来源：台湾"教育部统计处"，http://www.edu.tw。

表 8 - 6 台湾地区教育净在学率

单位：%

年份	平均	国民教育	小学	初中	高级中等教育	中等教育	高等教育
1980	68.73	94.77	97.56	83.42	49.67	70.99	11.07
1985	72.99	95.65	96.30	87.03	62.32	78.29	13.88
1990	77.97	97.12	98.04	90.31	73.01	85.45	19.36
1995	79.38	98.36	99.06	94.14	79.15	88.84	27.79
2000	81.23	98.00	98.78	93.96	87.08	92.19	38.70
2001	82.29	97.32	98.19	93.53	88.21	92.92	42.51
2002	83.44	97.15	98.04	93.47	89.32	93.74	45.68
2003	85.09	96.73	97.29	92.41	87.63	93.83	49.05
2004	87.05	97.81	98.42	93.02	88.21	93.54	53.51

资料来源：台湾"教育部统计处"，http://www.edu.tw。

（2）教育经费结构发生变化，私有部门教育经费比重增加

20世纪90年代后期以来，台湾实行教育改革，经历十年的锤炼，台湾教育正迈向普及化、自由化和多元化，教育经费不断充实。1976年，台湾地区教育总经费支出为253.77亿元新台币，而到2002年已经增加到6398.77亿元新台币，但2003年出现下降，比2002年减少50.24亿元新台币，其占GNP比重也由1976年的3.95%上升到2003年的6.23%。从教育经费的来源来看，来自公共部门的教育经费比重不断下降，而来自私有部门的教育经费比重不断上升，1976年公共部门教育经费占总教育经费的82.53%，到2003年这一比重已经下降到72.39%；而私有部门教育经费比重则由1976年的17.47%上升到2003年的27.61%（见表8-7，图8-3）。

（3）台湾技术职业教育稳步发展

台湾现行的教育制度分为正规教育和技术职业教育两大体系。其中正规教育分为"国民教育"、高级中等教育和高等教育三个阶段，技术职业教育分初等技术职业教育和高等技术职业教育两个阶段。

表8－7　台湾地区教育经费情况

年份	教育总经费				政府教育经费			
	金额（亿元新台币）	1976年=100	占国民生产毛额比率（％）		金额（亿元新台币）	1976年=100	平均对每人支出（元新台币）	占政府岁出比率（％）
			合计	公部门	私部门			
1976	253.77	100.00	3.95	3.26	0.69	209.53	100.00	1292	15.06
1980	569.08	224.25	4.27	3.55	0.71	474.19	226.31	2703	15.12
1985	1239.15	488.30	5.06	4.10	0.96	1003.53	478.94	5263	16.57
1990	2452.80	966.54	5.8	4.79	1.02	2023.64	965.80	10040	17.47
1995	4496.91	1772.04	6.57	5.36	1.21	3669.02	1751.07	17325	19.36
2000	5589.68	2202.66	5.7	4.35	1.35	4015.37	1916.37	18175	19.18
2001	6013.59	2369.70	6.2	4.54	1.67	4093.07	1953.45	18268	18.02
2002	6398.77	2521.48	6.4	4.69	1.71	4380.74	2090.75	19452	19.76
2003	6348.53	2501.69	6.23	4.51	1.72	4232.66	2020.07	18724	20.76

注：公部门教育经费包括政府教育经费支出及国立大专院校自筹校务基金支出；私部门仅包括各级私立学校部分。

资料来源：台湾"教育部统计处"，http：//www．edu．tw。

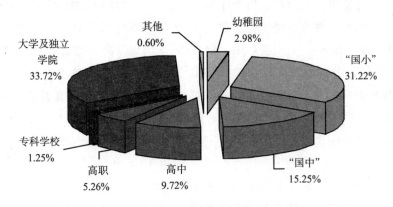

图8－3　2003年台湾教育经费支出构成情况

资料来源：根据台湾"教育部统计处"数据编制，http：//www．edu．tw。

表 8 - 8　台湾地区高级中等教育之高职教育情况

年份	学　校		教　师		学　生		经费支出	
	所数（所）	1976 年=100	人数（人）	1976 年=100	人数（人）	1976 年=100	金额（亿元）	1976 年=100
1976	178	100.00	10447	100.00	296493	100.00	24.85	100.00
1980	191	103.80	12353	103.46	349138	106.32	65.52	127.71
1985	201	109.24	15880	133.00	421784	128.44	120.73	235.34
1990	216	117.39	17703	148.27	449111	136.76	247.66	482.74
1995	203	110.33	19660	164.66	523412	159.38	402.61	784.76
2000	188	102.17	18812	157.55	427366	130.14	392.12	764.32
2001	178	96.74	17397	145.70	377731	115.02	301.08	586.87
2002	170	92.39	16211	135.77	339627	103.42	305.12	594.74
2003	164	89.13	15771	132.09	325996	99.27	299.43	583.66
2004	161	87.50	15504	129.85	326159	99.32	N. A.	N. A.

资料来源：台湾"教育部统计处"，http://www.edu.tw。

　　台湾现代的技职教育（技术职业教育的简称）起始于 1953 年台湾和美国的一个技职教育合作计划，几乎是全盘引进美国当时的"单位行业训练式"的技职教育模式。台湾技职教育起步阶段的各项准备是比较充分的，尤其是师资的培养和储备，被列为"第一优先"。五十多年来，台湾技术职业教育师资力量不断加强。教师学历普遍上升，1976 年职业学校教师中具有学士以上学位的比率仅为 62.55%，到 2004 年职业学校教师中具有学士以上学位的比率已经达到 93.52%。每位教师教导学生数不断下降，1976 年职业学校平均每位教师教导学生 22.70 人，到 2004 年已经下降到平均每位教师教导学生 17.66 人，这既减轻了教师的教学负担，也提高了技术职业教育的教学效果。

　　2. 台湾教育服务业发展存在的问题

　　（1）基层和高级人力短缺，中级人力过剩

经过半个多世纪的发展，台湾教育服务业取得了丰硕成果，教育业特别是技术职业教育已经成为台湾地区经济增长的主要因素之一。但是近年来，台湾教育人力层次供求出现差异，表现为基层和高级人力短缺，中级人力过剩。根据台湾"经建会"人力预估，未来台湾人力供求仍将呈现中级人力过剩，高级专业及管理与基层人力不足现象。2001～2004年，平均每年不足人力达31.5万人，其中，高级专业及管理人力短缺5.2万人，基层人力不足达28.7万人，而中级人力则过剩2.4万人。2005～2011年，台湾平均每年不足人力将降为15.8万人，其中，高级专业及管理人力短缺将降为3.9万人，基层人力不足数则将降为19.2万人，而中级人力过剩则将增为7.3万人。由于基层技术人力有其一定的就业市场，培育基层技术人力的高职仍有其发展的空间；中级人力过剩快速增加，专科的工业教育需做相应调整。

（2）人口出生率持续下降导致各级学校生源紧张

近年来，台湾地区人口老龄化步伐加快。截至2004年年底，台湾65岁以上的老年人已多达214万人，比14年前增加87万人，平均每年增加6万多名老人，而未来增加速度会更快。同时，台湾地区的出生率持续下降，2003年出生率下降到10.6‰，人口增长率也只有3.7‰。[①]随着台湾教育改革的深入和教育普及化及多元化的发展，各级学校尽管通过各种扩招形式来增加生源，但效果不佳。近年来，特别是民进党执政后，高等教育急速扩张，台湾地区大学数量已经从1998年的84所增加到168所，学生人数也由近41万人增加到近90万人，目前台湾高考入学率已经超过75%，许多大学唯恐招不够学生影响收入，不断降低录取分数线。但由于台湾地区人口出生率的持续下降和人口老龄化步伐的加快，使得台湾地区人口增长率持续下降，各级学校的扩招政策效果有限，生源紧张的局面并没有得到缓解。

---

① 《台湾人口老龄化步伐加快 平均年增老人6万多》，网易新闻，http：//news.163.com，2005 - 01 - 06。

（三）两岸教育服务业产业竞争力比较

由于两岸经济发展水平和产业结构的差异，两岸教育服务业发展处在不同的发展阶段，存在着各自的优劣势以及机会和威胁（见表8-9）。特别是两岸加入WTO以后，两岸在开放教育服务业方面都做出了一些具体承诺，两岸教育服务业发展机遇和挑战并存，同时存在着互补性。台湾的职业技术教育是台湾教育服务业的优势所在，无论是师资力量，还是办学经验和管理技术等方面都较大陆的职业技术教育具有比较优势，通过两岸教育服务业的合作有利于提高大陆的职业技术教育发展水平；同时台湾的职业技术教育也存在着一些问题，如中级技术学院过剩问题，可以通过两岸合作办学，如允许台湾办学机构特别是中级技术学院在大陆以合作、合资或者独资的形式办学，这样便可以在一定程度上解决大陆经济发展中中级技术人才短缺的问题。生源不足是台湾教育服务业普遍存在的问题，这使得台湾教育资源相对显得过剩，而大陆人口众多、教育资源有限，两岸教育服务业合作既可以缓解大陆教育资源紧张问题又可以解决台湾生源不足问题。此外，在教育经费投入方面也可以通过两岸教育服务业合作引进台资来缓解大陆特别是西部地区教育经费不足的压力。因此，两岸教育服务业存在合作的可能性。随着两岸人员往来的密切和两岸经贸关系发展带来的就学、就业问题的日益突出，两岸教育服务业合作势在必行。

表8-9　两岸职业技术教育SWOT分析

	大　陆	台　湾
S（优势）	1. 职业教育体系基本形成，办学规模持续扩大 2. 优化资源配置，形成一批骨干学校 3. 加强专业建设，形成了新的比较完善的专业教学资源 4. 不断借鉴国际经验，增强自身发展能力	1. 教学师资力量雄厚 2. 办学经验丰富、管理技术先进 3. 完备的职业技术教育体系 4. 私立教育发达 5. 产学合作

	大　　陆	台　　湾
W （劣势）	1. 管理体制不顺，在一定程度上造成职业教育多头管理、统筹乏力 2. 相当一部分职业院校的办学观念、模式依然比较陈旧 3. 职业院校管理体制僵化，运行机制不活 4. 职业院校办学条件较差，特别是学生实训条件不足，专业教师实践能力不够强	1. 部分未升学的初中毕业生尚缺乏学习职业技能的机会 2. 课程结构与课程内容不适应新的人才需要 3. 技职教育的层次结构不够合理 4. 办学不够灵活 5. 技职教育系列内部的升学意愿过强等，均直接影响技职教育的社会声誉，不利于技职教育的发展
O （机遇）	1. 政府高度重视发展职业教育 2. 科学发展观指导下的教育发展政策取向对教育发展相当有利 3. 劳动力市场对技能人才有强劲的需求 4. 加入 WTO 对教育服务业的开放	1. "教育部"积极扩展技职教育 2. 加入 WTO 对教育服务业的开放 3. 两岸经贸关系日益密切，文化交流与人员往来日益频繁
T （威胁）	1. 传统社会观念依然存在，一些地方对教育发展出现新的认识上的偏差 2. 政府对职业教育的投入不足，受教育者又难以承担相对较高的职业教育费用 3. 行业企业举办职业教育的责任弱化，社会力量举办职业教育非常有限 4. 就业准入制度和职业资格证书制度不完善，职业院校学生取得职业资格证书存在一些困难	1. 教育效能的优劣受到社会不正确认知的影响，技职教育未得到应有的肯定和重视 2. 私立学校的效能提升和设备新颖是公立高职发展的危机 3. 人口出生率降低，高中学校快速增加，导致技职学校招生困难 4. 岛内产业外移

资料来源：整理自杨进：《我国职业教育改革与发展之 SWOT 分析》，载《职教论坛》2004 年第 28 期；杨金士：《台湾的技职教育及其改革与发展动向》，载《高中后教育与人力资源开发》1997 年第 1 期。

三、两岸教育服务业的开放政策

（一）两岸教育服务业的开放政策

WTO 将服务贸易分为 12 大类，教育服务是其中一类。根据《服务贸易总协定》的有关规定，除由各国政府彻底资助的教育活动以外，凡收取学费、带有商业性的教育活动，均属于教育服务贸易范畴。教育服务贸易有四种方式：跨境支付、境外消费、商业存在和自然人流动。①

1. 大陆教育服务业的对外开放政策

随着改革开放的不断深入，大陆教育服务业的开放政策稳步发展。在境内中外合作办学方面，1993 年 12 月上海市政府颁布《上海市境外机构和个人在沪合作办学管理办法》；1995 年 1 月原国家教委颁布《中外合作办学暂行规定》；2003 年 3 月 1 日国务院颁布《中外合作办学条例》，2004 年 7 月 1 日《中外合作办学条例实施办法》正式实施；2004 年 10 月 12 日教育部发布《中外合作办学项目备案和项目批准书编号办法（试行）》的通知，启用《内地与港澳台地区合作办学许可证》和《内地与港澳台地区合作办学项目批准书》；2005 年 7 月 21 日教育部发布《教育部关于若干中外合作办学机构和项目政策意见的通知》。在境外中外合作办学方面，2002 年 12 月 31 日教育部颁布《高等学校境外办学暂行管理办法》。

国家鼓励大陆教育机构与学术水平和教育教学质量得到普遍认可的外国教育机构合作办学；鼓励在大陆新兴和急需的学科专业领域开展合作办学；鼓励在西部地区、边远贫困地区开展中外合作办学。据

---

① WTO 所提供的四种服务方式的具体含义分别是：跨境交付是指从一个成员国境内向任何其他成员国提供服务，享受服务者通过跨境的方式支付服务费用；境外消费是指一成员国居民在另外一个成员国境内消费，享受服务；商业存在是指一个成员国的服务者在任何其他成员国境内通过建立、经营和扩大商业实体来提供服务，例如通过分支机构、代理处或者子公司等；自然人流动是指一个成员国的服务者进入并暂时居留在另一个成员国境内以提供服务。

不完全统计，截至 2004 年年初，在大陆有 28 个省、自治区和直辖市，经批准设立和举办的中外合作办学机构或项目近 800 个；从地域分布看，中外合作办学机构相对集中在经济、文化较发达的东部沿海省份及大中城市，如上海、北京、山东、江苏、辽宁、浙江、广东等省市，基本符合这些地区经济和社会发展对各类人才的迫切需求；从合作对象国别和地区分布看，外方合作者主要来自经济发达、科技及教育先进的国家和地区，如美国、澳大利亚、加拿大、日本、新加坡、英国、法国等；从办学层次分布看，学历教育机构占大多数，非学历教育机构也拥有相当的数量，主要偏重于职业教育和技能培训；从专业分布看，开设工商管理类专业的机构和项目居多，外国语言文学类次之，其他专业还有诸如电气信息类、经济学类、艺术类、教育学类等。

表 8–10　公众对受教育形式的选择趋向多元化

单位：%

	民　办	国　立	外　国
学龄前	46.5	37.5	16.0
九年义务	0.0	96.5	3.5
高中	5.0	76.5	18.5
大学及以后	1.0	9.5	89.5
各类培训班	26.5	3.0	70.5

资料来源：《中国教育行业分析报告》（2002 年一季度），中经网，www.celgov.cn。

2. 台湾教育服务业的开放政策

2000 年年初，台湾出台首部《大学教育政策白皮书》草案，提出高等教育朝"质量平衡、开放竞争"的方向发展，实现多元化、自由化、国际化、卓越化四大目标。台湾加入 WTO 后，"教育部"在历经与新西兰、澳大利亚、美国等国进行教育业双边协商后于 2001 年 9 月 19 日发布"有关教育服务业达成之共识"。教育服务承诺主要包括：开放外国人设立高中、高职及其以上之学校与教学机构，但有一定的条件限制；同意外国学校可针对国内高中以上学校学生的需求，提供来自国外之跨国服务，如函授教育、远程教学，但其修读远程教学学分不得超过其毕业学分数的三分之一；同意外国人来台设立短期补习班；开放留学服务业市场，但外国教育中介不得在台湾收取学生学杂费和开班授课。

（二）两岸教育服务业政策合作现状

伴随着两岸经贸关系的深入发展，两岸对教育服务业合作的要求越来越强烈。从 1985 年起，大陆高等院校开始招收台湾地区学生。在招生人数方面，据统计，1985 年到 2000 年，大陆高校招收的台湾本科学生为 2895 人，研究生 864 人；2001 年到 2004 年，大陆共招收了台湾本科生 2875 人，博士、硕士研究生 2766 人；2004 年，台湾学生到大陆求学人数创历史新高，达到 1777 人。[①]在两岸合作办学方面，据不完全统计，截至 2002 年年底两岸合作办学机构或项目数 31 个，占大陆中外合作办学机构或项目总数的 4.35%。

2001 年，台湾"陆委会"认识到台商学校法律定位的重要性，提出了《"两岸人民关系条例"修正案》，同意未来赴大陆的台商向教育部申请备案后，可在大陆设立以教育台湾地区人民为对象的"国小"及"国中"，并得附设幼儿园，台湾承认其学历；回台后之就学及升学的权益，均与台湾地区同级学校相同。2004 年 3 月 8 日台湾"教育部长"黄荣村在"立法院"提出报告建议，未来应加强两岸学校交流合作，修改"学位授予法"等相关法令，鼓励岛内各技职校院与大陆台商产业建教合作，允许大陆籍学生到台商子弟学校或境外 EMBA 班就读，或赴台修课或"留学"。

在对来大陆就学的台湾学生收费问题上也经历了一系列的政策变化过程。1995 年 4 月，对台湾学生收费原则上参照大陆自费生的收费标准；1996 年 5 月，统一制定了高等学校对台湾学生收取学费和杂费

---

① 聂传清：《设 700 万元奖学金　大陆欢迎台湾学生前来求学》，载《人民日报》（海外版）2005 年 8 月 25 日第三版。

的标准，本科生按每人 1 学年 1000 到 1500 美元收取；2003 年 11 月，台湾学生在读期间可以与大陆学生同等申请所在学校设立的各种奖学金；2004 年，要求设立研究生院的高等学校安排一定国家计划内的名额用于招收港澳台学生；2005 年 8 月 23 日，教育部、国家发展和改革委员会、财政部及国务院台湾事务办公室联合发布《关于调整大陆普通高校和科研院所招收台湾地区学生收费标准及有关政策问题的通知》（以下简称《通知》）。

《通知》包括：第一，调整对台湾学生收费标准。对已录取到大陆普通高校和科研院所学习的台湾地区本科生、专科生、硕士研究生和博士研究生，执行与大陆学生相同的收费标准；同等住宿条件下，住宿费标准一致。第二，设立台湾学生奖（助）学金。中央财政安排专项资金设立台湾学生奖（助）学金，用于奖励、资助台湾地区到大陆普通高校和科研院所学习的本科生、专科生、研究生。第三，对招收台湾上述学生的大陆普通高校和科研院所给予专项补助。中央财政对中央部委所属高校、科研院所和部分地方高校（北京、上海、天津、广东、江苏、浙江六个不享受一般性转移支付的省、直辖市除外）招收的上述台湾学生，按每生每学年 8000 元人民币给予专项补贴。

四、两岸加强教育服务业合作的政策设计

（一）两岸加入 WTO 关于开放教育服务业的规定

1. 大陆加入 WTO 关于开放教育服务业的规定

大陆加入 WTO 教育方面所做的承诺具体为：

（1）承诺的范围：除国家规定的义务教育（《中华人民共和国义务教育法》中的九年制义务教育，指目前中国的小学教育和初中教育）和特殊教育服务（如军事、警察、政治和党校教育等）之外的其他教育领域。

（2）对跨境支付方式下的市场准入和国民待遇均未做承诺。因

此，对外国机构通过远程教育和函授等方式向中国公民提供教育服务，中国可以完全自主地决定开放尺度，不受 WTO 协议的约束。

（3）对境外消费方式下的市场准入和国民待遇没有限制，即不采取任何措施限制中国及其他 WTO 成员的公民出境（入境）留学或者接受其他教育服务。

（4）在教育服务的商业存在方面，不允许外国机构单独在华设立学校及其他教育机构，在市场准入上允许中外合作办学，并允许外方获得多数拥有权，但不承诺其国民待遇。

（5）在自然人流动方面，要求外国个人教育服务提供者入境提供教育服务，必须受中国学校和其他教育机构邀请或雇佣，对其资格要求是：必须具有学士及以上学位，具有相应的专业职称或证书，具有2 年专业工作经验。

除以上承诺外，还有以下一些与教育服务有关的内容：在市场准入和国民待遇承诺方面，大陆保留了对外资企业从事相关业务的审批权，在教育服务方面，政府将依据大陆专门法规，对承诺的中外合作办学进行审批与管理，同时，对其他教育服务进行管理；教育服务无过渡期和地域限制，应当视为从 2001 年 12 月 10 日起生效。但是，由于大陆保留了审批权，实际上须等待有关法律法规正式颁布以后才能执行，对初等、中等和高等教育服务还实行政府定价。

2. 台湾加入 WTO 关于开放教育服务业的规定

（1）开放外国人设立高中、高职及其以上学校与教学机构：同意外国人得依据台湾《私立学校法》的相关规定，来台设立高中以上学校，但校长及董事会董事长必须为"中华民国"籍人士，外籍人士担任董事者不得超过董事总额的三分之一。

（2）远距教学：同意外国学校可针对台湾岛内高中以上学校学生的需求，提供来自国外的跨国服务，例如函授学校及远距教学；但其学分的承认应依据"教育部"的《国外学历查证认定作业要点》及《专科以上学校远距教学作业规范》，其修习远距教学学分数不得超过其毕业学分数的三分之一。

（3）设立短期补习班：同意外国人来台设立短期补习班。

（4）留学服务业：开放外国人依"经济部"公司法规定来台设立留学服务业公司，中介台湾高中以上学生赴国外留学，但应接受两点规范：不得在台收取学生学杂费用（可收取手续及代办相关费用）；不得在台开班授课。

（二）两岸加强教育服务业合作的构想

两岸教育服务业进一步深入的交流与合作，不仅是两岸经贸关系发展的客观要求，更是两岸民众的呼声和期盼。两岸要深化经贸合作，在教育服务业领域，大陆和台湾都必须要做出一些实质性的工作。

大陆方面，应该继续扩展大陆与台湾合作办学的具体形式，甚至可以在现有的合资办学和合作办学形式下允许台商独资办学。首先，根据大陆加入 WTO 的承诺以及《中华人民共和国中外合作办学条例》第 59 条规定，香港特别行政区、澳门特别行政区和台湾地区的教育机构可以和内地教育机构合作办学，具体参照《中华人民共和国中外合作办学条例》的规定执行。其次，在合作办学的股权结构上，可以允许台湾教育机构拥有超过 50% 的股权。最后，在大力发展两岸合作办学的同时，大胆开放港澳台地区教育机构在大陆单独设立教育机构，允许港澳台商在大陆独资办学，特别是职业技术教育和高等教育，办学的设立标准可以比照大陆的办学设立标准，如《高等职业学校设置标准》、《民办高等学校设置暂行规定》等。

台湾方面，首先，是要承认大陆高等教育的学历认证。目前，台湾 "教育部" 已经承认大陆高中以下学历，只要能提出在大陆的学历证明文件，例如 "国小"、"国中" 的成绩证明文件，包括台商子女学校所提供的学籍证明，都可以直接回到台湾，于户籍地学校继续升学，或参加转学考试；但对于高等教育，台湾不承认大陆专科以上高等教育学历认证，这给两岸高等教育合作与交流带来障碍。一方面阻碍了大陆学生赴台就学和就业，另一方面阻碍了台湾学生赴大陆就学和就业。因此，台湾当局应该及早承认大陆高等教育的学历认证。其次，是开放大陆学生赴台求学。目前台湾人口生育率减少，但大学院校不断增加，各大学都将面临招生不足的窘境，为此台湾许多大学校长建议台湾尽快开放招收大陆学生①，而且目前香港和澳门部分高校都已经开始在大陆招收本科生和研究生②，台湾也应该及早开放大陆学生赴台求学，以弥补岛内生源不足。再次，允许台湾办学机构来大陆合作或独资办学。最后，由于两岸教育服务业合作是一个双向流动机制，应允许大陆办学机构赴台合作办学或独资办学，实施时也应由民间向官方过渡。

五、深化两岸教育服务业合作的成本收益分析

（一）对大陆的成本收益分析

1. 促进大陆职业技术教育发展

大陆中等职业技术教育主要包括普通中等专业学校、技工学校、职业中学教育，以及多种形式的短期职业技术培训。20 世纪 80 年代以后，大陆职业技术教育迅速发展，但是到了 20 世纪 90 年代中期，尤其是 1999 年高校大规模扩招之后，大陆职业技术教育发展遇到困难，发展势头锐减。其表现为：一是职业高中、中等专业学校、技工学校等中等职业学校生源数量剧减、生源质量下降；二是"新高职"同样也存在生源数量不足、质量低下等问题。

台湾的职业教育比较发达，大陆可以通过诸如允许台湾包括职业技术教育在内的办学机构以合作、合资或者独资的形式进行两岸教育服务业合作，引进、吸收和借鉴台湾职业技术教育的办学经验，利用

---

① 英子：《担心未来生源不足　台湾大学校长建议招收大陆生》，福建新闻网，ht-tp：//news.fjii.com/，2003/1/13。

② 香港大学教育资助委员会辖下的 8 家院校：香港城市大学、香港浸会大学、岭南大学、香港中文大学、香港教育学院、香港理工大学、香港科技大学和香港大学，被列入国家第一批录取重点高校名单，自 2005 年起获准参加"全国普通高校统一招生计划"，北京、上海、江苏、浙江、福建等 17 个省市每年共 400 万名大陆学生，可在申请大陆各大学时一并申请入读香港 8 家大学。澳门大学、澳门理工学院、澳门旅游学院、澳门科技大学和澳门镜湖护理学院从 2004 年起在内地部分省、市、自治区招收本科自费生及预科生。另外，澳门大学、澳门科技大学和亚洲（澳门）国际公开大学也在内地招收研究生。

台湾职业技术教育的优势来发展大陆职业技术教育。借鉴台湾职业技术教育的发展经验，应以"改革终结性职教模式，构筑人才成长立交桥"为出发点来完善大陆的职业技术教育，构建一个和普通教育体系相互衔接、其内部相对完整的、与终身教育融为一体的开放的职业技术教育体系①（见图8-4）。

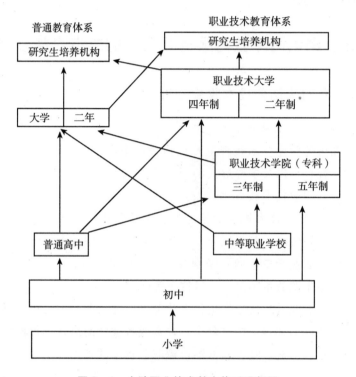

图8-4　大陆职业技术教育体系设想图

资料来源：张晓峰：《台湾职业技术教育的改革与发展及其对我们的启示》，载《职业技术教育》2001年第25期。

2. 对大陆民办教育造成冲击

私人办学是台湾加快教育发展的一个重要措施，也是台湾教育体

---

① 张晓峰："台湾职业技术教育的改革与发展及其对我们的启示"，《职业技术教育》
　2001年第25期。

系的重要组成部分。1950 年以前，台湾私立学校很少，学校主要为官办。1955 年，台湾当局颁布《私立学校奖助办法》后，由于采取免税、低息贷款以及每年由教育主管部门拨给一定补助专款，促进了台湾私立学校的迅速发展，尤其是私人兴办职业学校和专科学校发展更为迅速，学校数远超过官办。到 1988 年，私立职业学校占 55.7%，私立专科学校占 82.9%，私立大学及独立院校占 35.9%，学生人数占 60% 以上。20 世纪 80 年代末，台湾当局进一步放开私立学校的办学限制，进一步促进私立学校的发展。目前总体格局是："国民教育"以公立为主，私立学校甚少；高级中等教育则是公立与私立平分秋色；高等教育则是私立后来居上，占高校的总数超过 60%。

大陆的民办教育大致可以分为三个发展阶段，即开始发展阶段（1978~1991 年）、快速发展阶段（1992~1996 年）、稳定发展阶段（1997 年至今）。自《民办教育促进法》及《民办教育促进法实施条例》实施以来，大陆民办教育进入依法发展阶段。2004 年大陆各级各类民办学校（机构）共有 7.85 万所，在校生达 1769.36 万人，比上年增加 352.96 万人、增长 24.92%[①]。大陆的民办教育由于起步晚，发育还不成熟，随着两岸教育服务业合作的深化，两岸教育合作深入发展，大陆允许台湾民办教育在大陆以合资、合作或独资的形式办学，固然可以通过吸收其先进的办学经验和丰富的管理经验来促进大陆民办教育的发展，但同时也将对大陆的民办教育造成一定的冲击。

（二）对台湾的成本收益分析

1. 缓解台湾中级人力过剩压力，加快职业教育高移

台湾中级人力已经过剩，同时由于台湾人口增长率持续下降，高等教育不断扩招，导致台湾中级职业技术教育生源不足而出现师资力量过剩，台湾中级职业技术学院过剩问题日益突出。若能开放台湾技术学院来大陆招生，固然可以解决部分问题，但这仅限于教育服务贸

---

① 《2004 年全国教育事业发展统计公报》，教育部，http://www.edu.cn，2005 年 9 月 17 日。

易；在教育服务投资方面，若能开放台湾的技术学院赴大陆投资办学，将能够转移台湾相对过剩的中级职业技术教育资源，促进和优化台湾教育资源配置。

台湾人力资源已经表现出中级人力过剩，基层和高级管理、专业人才稀缺的供求状况，职业教育高移已经成为台湾职业教育发展的必然趋势。据统计，1995～1996年至2002～2003年学年度，台湾科技大学由0所增为15所，技术学院由7所增为56所，大学附设二级院系（二年制本科）由2所增为37所，专科学校则由74所减为15所。两岸教育服务业合作的建立一方面可以转移台湾过剩的中等职业技术教育资源，缓解中级人力过剩的压力；另一方面可以通过中级技术学院的外移加快岛内职业教育的高移。

2. 促进台湾私立教育发展，加快教育改革步伐

根据台湾"教育部"统计处统计数据，2004年台湾有大专院校159所，教师人数48649人，职员人数17858人，学生数1285867人。按性质划分，私立学校105所，占66.04%；教师30414人，占62.52%；职员数11726人，占65.66%；学生915978人，占71.23%。按层次划分，私立大学41所、私立学院53所，私立高校已成为高等教育的主要办学方式。在教育经费支出方面，2004年公部门教育总经费占GNP比重为4.51%，而私部门却只有1.72%，在政府教育经费支出方面公部门也占据着绝对优势，台湾私立高等教育为台湾培养了超过70%的学生（见表8-11）。

表8-11　2000～2004年台湾私立高等教育情况

年份	学校		教师		职员		学生	
	数量（所）	占比（%）	数量（人）	占比（%）	数量（人）	占比（%）	数量（人）	占比（%）
2000	97	64.67	26276	60.56	8659	57.47	796918	72.97
2001	101	65.58	27460	61.34	9488	60.84	868911	73.19
2002	101	65.58	28404	61.69	10331	62.73	902610	72.77
2003	104	65.82	29508	62.16	11216	64.46	913811	71.94
2004	105	66.04	30414	62.52	11726	65.66	915978	71.23

资料来源：根据台湾"教育部统计处"相关统计资料整理，http://www.edu.tw，2005-9-18。

随着两岸教育服务业合作的深化，两岸逐渐开放各级教育特别是高等教育办学，台湾在私立教育特别是私立高等教育相对于大陆的民办高等教育具有资金和管理的优势。大陆开放台湾教育机构赴大陆办学，台湾的私立教育将以其充裕的资金、先进的办学经验和丰富的管理经验在民办教育市场竞争中胜出，所以两岸教育服务业合作对于台湾的私立教育是个契机，台湾可以通过岛外扩张深化发展私立教育，以此加快台湾教育改革步伐。

六、深化两岸教育服务业合作的政策建议

两岸教育服务业已经开始了交流与合作，并取得了一些进展，但受政治因素的影响，两岸教育服务业的合作仅仅处于较低层次的初级阶段，需要更进一步的交流与合作。未来两岸要深化经贸合作，在教育服务业领域，建议两岸目前可以从以下几方面做起：

首先，扩大两岸教育界人士往来，加强教育业学术交流。在现在的两岸教育界人士往来机制上，继续扩大两岸教育业从业者的人员往来，加强旨在交流和学习职业技术教育和高等教育等具体教育领域的经验交流与学术探讨。这一点可以从民间做起，逐步促进官方合作。特别应该充分发挥大陆和台湾的教育学会以及各级教育学会或协会在促进两岸教育业交流与合作中的主要推动作用。

其次，建立两岸高校交流生机制和联合培养机制。目前大陆很多高校都已经和海内外一些知名高校建立了互换交流生和联合培养机制，而台湾岛内部分高校也已经和岛外一些高校进行这样的合作。而两岸教育服务业目前却没有进行类似的合作，特别是高等教育，包括普通高等教育和高等职业教育，也应该学习和借鉴海内外和岛内外的办学经验，以互换交流生和进行联合培养的形式开展两岸教育合作。在操作上，可以选择两岸交流比较频繁的一些高校，如厦门大学等高校先行试点。

再次，推动两岸招生向双向发展。目前，大陆高校可以招收台

CHAPTER·8

籍学生，但台湾一直没有开放大陆学生赴台学习。大陆一方面应该继续扩大招收台籍学生的规模，并积极推动两岸高校互换交流生和进行联合培养；另一方面应该积极敦促台湾高校由互换交流生和进行联合培养向对大陆学生公开招生过渡，最终实现两岸生源流动的双向性。

第九章　电信产业

一、两岸电信产业发展现状

电信产业是一个资本密集型加技术密集型的产业，具有建设规模与发展速度适度超前的特点，而且该行业作为国民经济的基础产业、战略产业及先导产业，在国民经济中占有重要地位。

（一）大陆电信产业发展现状

1. 电信业务

大陆将电信业务分为基础电信业务和增值电信业务。具体如下：

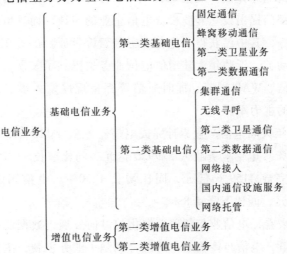

在固定通信业务方面，2005 年全国固定电话用户总数达到 35043.3 万户。其中，无线市话用户 8532.7 万户；公用电话 2660.4 万部。固定电话主线普及率达到 27.0 部/百人。

基础电信企业互联网用户中，拨号用户达到 3566 万户；专线用户达到 68618 户；宽带接入用户达到 3750.4 万户，宽带接入用户中 XDSL 用户 2635.9 万户，LAN 用户 968.2 万户，WLAN 用户 3.4 万户。全社会互联网使用总数达到 1.11 亿人。

在移动通信业务方面，2005 年移动电话用户达到 39342.8 万户，移动电话普及率 30.3 部/百人。移动通信仍是电信业务收入的主要组成部分，较高的增长率保证了电信业务收入的稳步增长。

在数据通信业务方面，数据互联网业务收入的高速增长是由于宽带接入用户的快速发展所致，2005 年全国光缆线路长度为 405.0 万公里；光缆纤芯长度为 7582.0 万芯公里。固定长途电话交换机容量为 1338.8 万路端；局用交换机容量为 46954.3 万门，其中，接入网设备容量为 20875.8 万门。移动电话交换机容量为 48282.5 万户。固定电话和移动电话的实装率分别达到 74.6% 和 81.4%。互联网宽带接入端口达到 4835.9 万个。互联网国际出口带宽 136106M。网站总数约为 69.4 万个，域名总数约为 259.2 万个。

在增值业务方面，截至 2004 年年底，共有 18 家外资企业向大陆通信主管部门提出设立外商投资电信企业的申请，而且申请的均为增值电信业务，其中已获得《电信业务经营许可证》的有 2 份。在这些因素的推动下，近些年大陆增值电信业务也得到了发展，彩铃、手机游戏、短信、WAP 浏览、即时通信等都呈现爆发式增长，成为电信业务增长的主力军。

2005 年大陆电信产业累计完成电信业务总量 11575.3 亿元，同比增长 25.4%。电信业务收入 5799.0 亿元，同比增长 11.7%。通信行业增加值完成 4159.6 亿元，同比增长 12.0%。电信固定资产投资 2033.4 亿元，同比下降 4.8%。

总体来看，电信业务朝着数据化的方向发展，数据业务量将超过话音业务量，电信与传统业务的融合刺激了业务创新，主要发展趋势有：移动对固话的替代与分流加速、移动业务市场竞争更加激烈、宽带市场发展逐步成熟、IP化从根本上改变了长话的发展。

2. 运营主体

大陆电信企业运营主体主要有六家基础电信运营商，分别是中国电信、中国联通、中国移动、中国网通、中国卫通和中国铁通。

中国电信尚未根本扭转困境。2005年中国电信的固网语音业务收入下降加剧，尤其是固定电话本地通话量和通话费收入已经转为跌势。业务收入的增长主要得益于转型业务，转型的关键是实现业务和服务的创新。目前中国电信采取了三项措施进行探索：一是实施蓝海战略，大力发展综合信息服务，如号码百事通、商务领航；二是进行传统业务创新，巩固市场，努力遏制下滑势头，如进行固网智能化、开拓农村通信需求；三是争取未来战略业务，打造业务增长点，如移动通信和IPTV业务等。

中国网通完成融合正式起跑。目前，中国网通完成北方本地网40%智能化改造，引入了IPTV、PHS机卡分离等应用技术，完成国家发改委CNGI、IPv6商用实验网的组建；第一个"下一代互联网宽带业务应用国家工程实验室"于2005年获国家发改委批准立项。在2006年的固定资产投资计划中，中国网通的重点是配置经营性投资和战略性投资，适度考虑网络演进商用实验的投资，抓好支撑网建设。

中国移动与中国电信固网运营陷入困境形成反差，中国移动每月净增客户300万户，东部地区客户规模继续扩大，中西部地区显现良好增长势头。在增值业务中，短信业务量继续增长；彩铃、WAP等业务蓬勃发展；手机音乐业务初显潜力；新业务收入占总收入比重超过20%。而且中国移动价格基本保持稳定，话务量良性增长。

2005年，中国联通的经营收入和效益水平同步提高。中国联通坚持CDMA终端补贴模式转型。终端补贴模式由过去的与终端价格挂钩改变为与用户话务量的使用额度挂钩，推行CDMA终端的集中采购和统一销售。以"音乐年"为主题和"由你"品牌推广为主线，确保主流增值业务收入稳步增长，不断提高短信、炫铃等业务的渗透率；面向青少年和时尚人群，大力推广以手机音乐、资讯和游戏为重点的各类新业务；进一步加强对 SP 的管理，完善对 SP 的服务支撑和激励约束机制，规范 SP 经营行为。

中国铁通业务收入增长最快。2005 年中国铁通收入与利润增速惊人。全年实现电信业务收入 137 亿元，同比增长 28.5%；完成利润 1.98 亿元，同比增长 48.71%。目前中国铁通争取到了 GSM-R 经营维护权，大力推广铁路局到站段的电视电话会议业务，集中力量做好调度系统的数字化改造，推进办公网、监控系统等重点业务的推广工作，在力保原有铁路清算收入的基础上，逐渐形成了新的收入增长点。

表 9 - 1　两岸主要电信企业的营业份额比例

大　　陆			台　　湾		
运营商	营业份额	主要业务	运营商	营业份额	主要业务
中国电信	31.1%	在宽带和小灵通方面保持了持续稳定增长	中华电信	34.7%	固话、宽带
中国移动	38.1%	三大品牌业务——全球通、动感地带以及神州行	台湾大哥大	30.6%	移动电话、固话
中国联通	15.3%	大力发展增值业务，以发挥联通全业务经营的优势。在网络质量全面提升之后，将以更大力度推广 CDMA1X 增值业务	远传电信	19.1%	固话、移动电话
中国网通	12.5%	固定电话服务、宽带和其他互联网相关业务	和信	12.5%	移动电话、网络业务
中国铁通	2.1%	固话、宽带	东信	2.5%	移动电话、宽带

中国卫通成功转型。2005 年卫星通信的传统业务仅占业务总收入的 35%，其余 65% 来自于卫星移动、数字集群、导航定位、地理信息、系统集成等新业务。在 2005 年，卫星移动通信业务同比增长 4.47 倍，电子地理信息服务同比增长 3.17 倍。2006 年中国卫通的重点是继续抓好"中星 9 号"、"中星 6B"两颗卫星的建设；进一步优化全球卫星移动系统网络覆盖；抓好卫星移动数字多媒体广播系统的

建设；引进宽带卫星应用系统及其相关资源；积极稳妥地发展以数字集群为基础的应急通信；加紧完善卫星导航定位相关产品。

3. 固定资产投资

在投资方面，大陆电信业的固定资产投资在 2000～2003 年间连续四年超过 2000 亿元，累计达 9072 亿元。大陆电信业固定资产投资在 2000 年增长较快，并在 2001 年达到峰值，在经历了 2002 年的下降后，在 2003 年又出现小幅回升，同比增长了 5.5%。2003 年大陆电信业投资总额的增长，主要得益于宽带、CDMA、PHS、无线通讯设备投资的大幅增长。但是也应看到，2003 年大陆电信业的投资仍然没有达到其最高峰 2001 年时的水平，甚至比 2000 年的投资水平还要低一些。这主要是由于目前电信业务市场正处于结构调整期，新一代网络应用尚未启动，在已经具备大规模网络覆盖条件下，目前电信业投资主要是根据用户的发展进行必要网络扩容，因此投资需求整体上呈现相对稳定的态势。

（二）台湾电信业现状

台湾作为全球重要的电子电信产品研发与生产基地，其电信业发展一直都处于世界领先水平。台湾将电信业务分为第一类电信业务和第二类电信业务，第一类电信指设置电信基线设备、提供电信服务的业务，前者电信基线设备指连接发信端与收信端之间的网络传输设备，与网络传输设备形成一体而设置的交换设备，以及两者的附属设备；第二类电信指第一类电信以外的电信事业，服务项目包括网际网络接取服务、语音单纯转售服务、网络电话服务、电信批发服务、公司内部网络通信服务、宽频转售服务、语音会议服务、视讯会议服务、数据交换服务和付费语音咨询服务等。

根据台湾"交通部"电信总局的统计，截至 2004 年年底，台湾地区市内电话用户数达 1353 万，普及率达 59.63%，移动电话用户数达 2276 万，普及率达 100.31%，上网人数达 916 万，普及率达 40.96%，其中宽带用户达 375 万，普及率达 40.00%[1]，见图 9-2 和图 9-3。

---

[1]　资料来源：台湾"交通部电信总局"，http：//www.dgt.gov.tw。

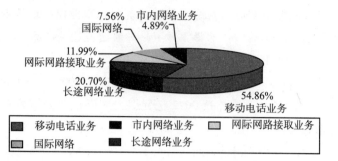

图 9 - 1　台湾电信市场营业收入比重

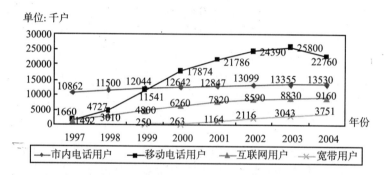

图 9 - 2　台湾主要电信服务用户数量趋势分析

注：移动电话用户包括 2G、3G 和 PHS 用户。

资料来源：台湾"交通部电信总局"，http：//www.dgt.gov.tw。

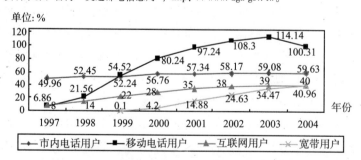

图 9 - 3　台湾主要电信服务用户普及率趋势分析

注：移动电话用户包括 2G、3G 和 PHS 用户。宽带上网普及率 = 宽带用户数/互联网用户数 × 100。

资料来源：台湾"交通部电信总局"，http：//www.dgt.gov.tw。

　　台湾各项电信业务的普及率在世界各国及地区中都处于领先地位（见图9-4），仅就宽带普及率来说，2003年年底台湾在世界各国及地区排名中位列第五（见图9-5）。

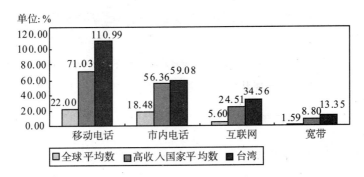

图9-4　2003年台湾与全球在电信业务普及率方面的比较

　　注：移动电话用户仅指2G用户，不含3G和PHS用户；互联网用户数仅指互联网账号数，而非使用人数；宽带用户普及率＝宽带用户数/人口总数×100。

　　资料来源：台湾"交通部电信总局"，http：//www.dgt.gov.tw。

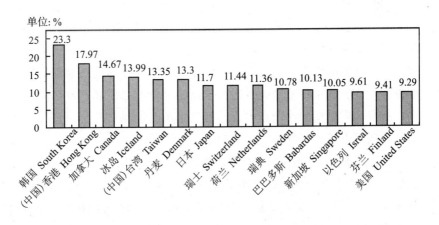

图9-5　2003年全球宽带普及率排名

　　注：移动电话用户仅指2G用户，不含3G和PHS用户；互联网用户数仅指互联网账号数，而非使用人数；宽带用户普及率＝宽带用户数/人口总数×100。

　　资料来源：台湾"交通部电信总局"，http：//www.dgt.gov.tw。

由此可见，台湾电信业受益于开放早、力度大，现在已经基本形成了完善的市场竞争体系，在电信普及、电信人才培养以及电信设备研发等各方面都处于世界先进水平，而且还有着更为广大的发展前景。

二、两岸电信产业竞争性、互补性分析

对两岸电信产业的竞争力进行比较，主要从电信业的制度现状、市场现状、运营企业现状的竞争力三个角度入手来分析。

（一）制度竞争力

从构成制度竞争力指数的 6 个指标（电信法律体系、行业监管体制、管制政策透明度、电信服务具体承诺程度、是否按照电信服务承诺开放表开放、电信市场开放程度）来看，大陆电信企业的各个指标排名都比较靠后，所有指标都低于平均值。

较于台湾电信法于 2000 年 3 月公布外资投资第一类电信业务（详见表 9-2）之持股比重间接可超过 50%，但不可超过 60% 的状况看，大陆在电信服务业的管制较为严格，根据国务院公布的《中华人民共和国电信条例》显示，目前外资投资基础电信业务持股上限为 49%。而详细的配套方案正在进行中，其中有关移动电话和固定网络业务的外资股东身份有明确规定，连续两年营收必须超过百亿美元水平，持股比重只能采用渐进方式，第三年才能达到 49%，且董事会主席及总经理人选皆必须由中方推荐。

在制定电信制度政策方面，台湾制定了《电信法》，为其电信业的发展建立了一个有效、有序的发展环境，在营造电信业发展的制度环境时，具有以下几个特点：打破垄断，引入竞争；建立专门的监管机构，使管制政策透明化；完善电信相关法规。大陆《电信法》还在酝酿起草中，电信服务业的改革开放缺乏完善配套的基本法律依据。从电信市场开放程度看，大陆电信市场集中度较高，有效竞争还没有充分形成。中国电信和中国移动公司实行分业经营（即中国电信和中国移动的基本经营领域各不相同），实质上仍是寡头垄断型的市场体制，这就必然导致电信产业整体素质不高，缺乏源自产业内部发展增长机制的推动力量。

表 9 – 2　两岸对电信服务业管制状况比较

	大　陆	台　湾
法律依据	《中华人民共和国电信条例》	《电信法》
外资投资比重	经营者为依法设立的专门从事基础电信业务的公司，且公司中国股权或者股份不少于51%	第一类电信事业董事长及半数以上的董事、监察人应具有"中华民国"国籍；其外国人直接持有的股份不得超过20%，外国人直接或间接持有的股份总数不得少于60%
产业分类	基础电信业务	第一类电信业
外资企业条件	电话厂商条件包括：至少两年营收额逾100亿美元，第一年持股比重25%，三年后比重可提高至49%	并不针对外资企业的条件设限
地域限制	1. 加值型服务、传呼服务、行动语音及数据服务：加入WTO时限于北京、广州及上海，加入WTO 1年内扩大至成都、重庆、大连、福州、杭州、南京、宁波、青岛、沈阳、深圳、厦门、西安、太原及武汉，加入WTO后2年内不限地区（行动语音及数据业务加入WTO后5年内取消限制） 2. 国内及国际服务：加入WTO 3年内限于北京、广州和上海三城市及三城市之间，加入WTO 5年内扩大至成都、重庆、大连、福州、杭州、南京、宁波、青岛、沈阳、深圳、厦门、西安、太原及武汉，加入WTO 6年内取消地域限制	无特别限制

（二）市场竞争力

电信业竞争力主要体现在电信市场的发展水平和发展潜力上。电信业市场发展规模和市场结构不但是竞争力的表现，也是竞争力的来源。从构成市场竞争力指数的21个指标看（电信业务收入、人均电信业务收入、电信业务收入CAGR、国际话务量、国际话务总量

CAGR、固定电话用户数 CAGR、移动电话用户数、移动电话用户数 CAGR、因特网用户数等），大陆有 11 个指标排在前 5 位，其中，有 5 个指标排名第一，分别是固定电话用户数、固定电话用户数 CAGR、移动电话用户数、年均电信投资占 GDP 比重和年均电信投资占电信收入比重。有 3 个指标排在后 5 位；有 13 个指标高于平均值，其余 8 个指标低于平均值。

表 9 − 3　两岸电信产业市场状况比较（2004 年）

	单　位	大　陆	台　湾
固定电话用户	万户	31244.3	1353
固定电话普及率	%	24	59.63
移动用户	万户	33482.4	2276
移动电话普及率	%	26	100.31
互联网用户	万户	9400	916
互联网普及率	%	7.2	40.96
业务收入	亿元	9224.8	—

在电信市场方面，通过对比可以看出，大陆固定电话、移动电话的发展水平，尤其是移动电话和互联网的普及，与台湾存在着较大的差距。

（三）企业竞争力

从构成企业竞争力指数的 6 个指标（国际话务量 MOU、全员劳动生产率、全员劳动生产率增长率、每员工电话主线数、每主线电信业务收入、电信公司治理结构等）来看，大陆各个指标排名都比较靠后，所有指标都低于平均值。从公司治理结构看，大陆电信服务企业的企业体制、内部运行机制等还不尽合理，改革还没有完全到位，离参与市场竞争和国际竞争的要求还有一段距离。三大主要电信运营商都不可避免地具备国有企业的共性特征，包括产权主体不够明晰，内部权责不清，干部的任用机制、员工的分配机制、投资约束机制、风险控制机制、人才的激励机制、经营者的监督机制等都还不够规范，此外，大陆电信企业资产利用率也不高。世界每条线路的收入平均为900美元，而居世界电信排名第10位的中国电信每条线路的收入仅为244美元。资产利用率不高，尤其是部分地方网络利用率不到50%。

表9-4 两岸企业电信运营状况表

	单 位	大 陆	台 湾
全员劳动生产率	万美元/人	7.6	31
每员工电话主线数	线/人	384.39	1527.3
每主线电信业务	美元/线	244	—
公司治理水平		☆	☆ ☆ ☆

注：☆越多，表示公司治理水平越高。

通过电信运营业的对比（见表9-4）可以看出，大陆与台湾还存在差距，大陆电信企业的劳动生产率以及每主线电信业务收入都偏低。

表9-5 大陆与台湾电信各业务竞争程度比较

业务名称	大 陆	台 湾
本地业务	部分竞争	部分竞争
国内长途业务	部分竞争	部分竞争
国际长途业务	部分竞争	部分竞争
数据业务	部分竞争	部分竞争
公众电报业务	竞争	部分竞争
租线业务	部分竞争	部分竞争
移动业务（模拟）	部分竞争	竞争
移动业务（数字）	竞争	竞争
寻呼业务	竞争	竞争
固定卫星业务	—	—
移动卫星业务	垄断	—

数据来源：国际电联，*General Trends of Telecommunication Reform*。

另外，从硬件实力上看，尽管大陆设备技术层次和水平与国外同行基本接近，但是在企业规模和网络建设上还有待加强。尤其是通信资产的地理分布极不均衡，中西部内陆和山区的通信能力仍然有待增大投入。同时，随着计算机、电信与有线电视三网融合进程的加快，数据需求的急剧上升，也迫切需要大陆对电信基础设施进行新一轮的更新换代。

三、两岸电信业政策开放状况

（一）大陆电信业自由化历程

1993 年，邮电部制定《从事放开经营电信业务审批管理暂行办法》，第一次明确非电信系统企业可以经营电信业务，但开放的电信业务不包括基本业务。

自 1994 年起，大陆对电信业进行多次政企分开改革与重组，分割为七大公司，如表 9－6 所示。

表 9－6　大陆电信业主要公司

公司名称	经营业务	成立时间
中国吉通	以国际互联网的网络拨接服务为主要业务	1994.1
中国联通	经营业务包括行动电话、无线传呼及固定电话业务	1994.7
中国电信	负责经营大陆境内及国际各类固定电信网络与设施	1999.1
中国移动	负责经营大陆行动通信业务	1999.1
中国卫星通信	负责经营卫星通信业务	1999.1
中国网络通信	主要业务为提供数据宽带网络服务	1999
铁道通信信息	由铁道部成立，经营业务为固定电话、网络拨接、数据传输及网络电话等	2001.1

1998 年 3 月，组建信息产业主管部门，依照《中华人民共和国电信条例》的规定对全国电信业实施监督管理。

2000 年 9 月 25 日，为了规范电信市场秩序，维护电信用户和电信业务经营者的合法权益，保障电信网络和信息的安全，制定公布《中华人民共和国电信条例》。依《中华人民共和国电信条例》，大陆将电信事业划分为基础电信业务和增值电信业务，此两类电信业务在业务范围、开设经营、外资股权、资费之制定等规定的比较如表 9 - 7 所示。

表 9 - 7   大陆的基础电信业务和增值电信业务

产业架构	基础电信业务	增值电信业务
业务范围	提供公共网络基础设施、公共数据传送和基本话音通信服务的业务	利用公共网络基础设施提供的电信与信息服务的业务
开设经营	须经国务院信息产业主管部门审查批准，取得基础电信业务经营许可证	按业务覆盖范围分别取得跨地区增值电信业务经营许可证或增值电信业务经营许可证
外资股权	国有股权或者股份不少于 51%，亦即仅允许国有及国有控股企业经营，外资及大陆私营企业可参股，但不能控股	并未有特别规定
资费之制定	实行政府定价、政府指导价或者市场调节价	实行市场调节价或者政府指导价

2001 年，制定并公布《外商投资电信企业管理规定》，明确了外商进入大陆电信运营市场的具体条件。根据《外商投资电信企业管理规定》，外商如果选择商业存在这种模式在大陆境内提供电信服务业务，只能采用设立合资公司的形式。并对外商投资电信企业的注册资本做了限制：经营大陆的或者跨省、自治区、直辖市范围的基础电信业务的，其注册资本最低限额为 20 亿元人民币；经营增值电信业务的，其注册资本最低限额为 1000 万元人民币；经营省、自治区、直辖市范围内的基础电信业务的，其注册资本最低限额为 2 亿元人民币；经营增值电信业务的，其注册资本最低限额为 100 万元人民币。

另外，对外资在合资企业中的投资比例，《外商投资电信企业管理规定》按照大陆的电信运营市场开放承诺，做了限制性规定：经营基础电信业务（无线寻呼业务除外）的外商投资电信企业的外方投资者在企业中的出资比例，最终不得超过 49%。经营增值电信业务（包括基础电信业务中的无线寻呼业务）的外商投资电信企业的外方投资者在企业中的出资比例，最终不得超过 50%。此外，《外商投资电信企业管理规定》还对外商投资电信企业的审批程序做了具体的规定。

加入 WTO 后，大陆电信业市场也逐渐开放，为两岸电信业的合作提供了新的机会。大陆承诺在加入 WTO 后 1 年内，初步开放网络服务（主要是 ISP）；加入 WTO 后第 2 年逐步开放增值服务的地域限制，重点是移动通信、无线传呼、网际网路服务；加入 WTO 第 3 年，有线网及光缆开始放开取消半导体、计算机、计算机设备、电信设备和其他高技术产品的关税限制；加入 WTO 后第 4 年允许外资在电信基础的持股比例，由开放初期的 25% 逐步提高到 49%，而传呼业务、数据压缩转发等电信增值服务领域，外资持股比例由开放初期的 30% 逐步提高到 50% 以上；加入 WTO 后第 5 年，逐步取消外资在传呼机、移动电话进口，以及大陆固定网路电话服务的地域限制，完成开放网路服务；加入 WTO 后第 6 年，有线网及光缆完成全面开放。

（二）台湾电信自由化历程

在电信市场开放方面，台湾自 1987 年和 1989 年分别开始用户终端设备自由化、电信网络利用自由化后，最受瞩目的电信业务经营自由化也在 1989 年开始。台湾电信业务经营自由化的进展可以分为三个阶段：

第一阶段为电信加值网络业务开放。自 1989 年 6 月起逐步开放加值网络业务供民间申请经营，目前非属基本电信服务性质之加值网络业务已经完全自由化。

第二阶段为行动通信业务开放。1984 年年底开放数字式低功率无线电话（CT-2），1987 年上半年分别开放行动电信、无线电叫人、行动数据与中继式无线电话四项行动通信业务。

第三阶段为卫星通信及固定通信网路业务开放。1998 年开放卫星行动及卫星固定通信业务，2000 年开放市内电话、长途电话、国际电话、电路出租、频宽交换及数据交换等固定通信网路业务，至此电信市场全面自由化。具体如表 9 - 8 所示。

表 9 - 8 台湾电信服务市场开放进程表

时间（年月）	开 放 业 务
1989.4	第二类电信事业全部开放（国际语音单纯转售除外）
1994.11	数位式低功率无线电话（CT2）开放
1996.1	"立法院"通过"电信三法"
1996.7	电信总局改制，中华电信公司成立
1997.1	开放行动电话业务
1997.2	开放无线电话呼叫服务
1997.3	开放行动数据通信
1998.11	开放卫星通信申请（含固定与行动卫星服务执照）
1999.6	受理申请公用事业电路出租业务执照
1999.12	受理申请固定通信综合网络业务执照
2000.3	公布固定通信综合网络业务执照得标业者
2002.3	3G 执照释出

（三）两岸电信合作状况

1. 电话业务

目前两岸之间的电话业务主要是通过双方的电信公司互相开办的；通过 1979 年大陆开办对台电报、电话业务；1989 年，台湾方面通过第三地开通对大陆电报和电话业务；1996 年，中国电信与台湾中华电信建立两岸直接电信业务关系。目前双方已通过 1999 年、2000年先后建成的亚欧光缆、中美光缆和亚太二号光缆建立了直达通信路由。互开的业务种类主要有电话、电报、数据通信、电子信箱、分组数据交换、综合业务数字网、数字移动电话漫游等。两岸之间的电信业务量逐年大幅度上升，大陆每年对台电话业务量以 10% 以上的速度在增长，2002 年对台电话业务量上升到 3.4 亿分钟。目前，大陆拨叫台湾的电话量已占发往境外业务量的第 2 位，仅次于对香港的业务量。台湾到大陆的电话业务量已占台湾至岛外业务量的 30% 左右，居第一位。2003 年 1 月 18 日，两岸电信公司之间又开通了海峡两岸会议电视业务"新视通"。

2. 电信业务

20 世纪 80 年代中期以来，两岸就通过卫星实现了间接传送。即台湾电视台赴大陆采访新闻或制作节目，必须从大陆经国际通讯卫星放送到第三国或地区，再由第三国或地区的卫星送回到台湾的电视台。20 世纪 90 年代初，台湾当局开放台湾电视台可通过卫星直接接收大陆节目。1990 年 4 月 4 日，国民党中央"大陆工作指导小组"决定，取消必须经由第三地传送的限制，电视台可通过卫星的传播，将在大陆采访的新闻或制作的节目送回台湾。

1998 年 8 月，我国台湾与新加坡合作的"中新一号"通信卫星发射成功，为两岸卫星通信提供了条件。随后，台"陆委会"与"交通部"经协商后认定，"中新一号"卫星为两岸以外的"第三地区"，并开放中华电信公司通过"中新一号"经营两岸卫星通信直播业务，为两岸电信业务直通创造了条件。即台商可通过"中新一号"建立跨国企业通讯网络，进行包括海峡两岸在内的直接通信，网路服务提供者（ISP）也可通过"中新一号"提供网路直播服务，经营两岸网路资料传输业务。卫星电视频道经营者也可以直接利用"中新一号"将节目传送到大陆。台湾各电子媒体也可租用"中新一号"进行卫星实况转播，不必再租用他国卫星传送讯号。

1999 年 6 月 9 日，中华电信公司宣布将卫星通讯业务延伸到大陆，利用"中新一号"卫星即日起开放两岸之间"国际数据电路小型卫星地面站业务"，将业务锁定在大陆经营的台商两岸通讯业务。

2001 年 9 月，台湾和信电讯公司完成包括广东、福建、辽宁、北京等在大陆地区的 GPRS 漫游测试。2001 年 10 月，中国移动通信集团公司与台湾和信电讯、台湾大哥大同时签署 GPRS（整合封包无线电服务）双向漫游合约，标志着两岸通信产业合作的一大进展，共同建立了无界限通讯网络及华文市场在数字通讯时代的跨地区接轨。

2001 年 9 月，台湾中华电信公司与香港 HKCSL 公司合作，开放台湾与香港的双向 GPRS 漫游服务；同时与大陆中国移动通信公司签约。2002 年 4 月 15 日，台湾中华电信公司与大陆中国移动公司合作开放双边 GPRS 国际漫游服务，但因受限于中国移动 GPRS 系统未覆盖整个大陆，初期先开放北京、沈阳、广州、福州四个城市的漫游服务，未来根据中国移动 GPRS 建设进度陆续扩大及大陆其他地区。中华电信公司 GPRS 客户，不需更换原有设定，均可在上述四个城市进行国际漫游或快速上网。

2001 年 10 月，台湾基普科技公司、中华电信公司与大陆中国电信公司合作，共同推展"两岸企业内部通讯暨专线租赁服务"（IP-VPN）。基普科技公司已经获得在大陆经营电信的授权。可替代客户申请各项电信加值服务，客户也可自由在大陆使用这一电话业务拨打国际电话到台湾，从而突破了目前台湾拨打大陆电话"点对点"的单向通话，而不需要支付昂贵的电话费。

台湾电信公司通过合作方式已进入大陆。2001 年，上海在一项电信工程招标中，台湾第二类电信公司即的海崇网公司中标，取得 5 万个宽频设备订单，并提供社区宽频加值内容服务。2002 年 1 月，台湾第一类电信公司新世纪资通（速博）第一个在上海设立办事处，台湾大哥大公司也计划在大陆设立办事处。

大陆的电信市场在逐渐开放竞争、基础建设快速普及、用户急速增加的背景下，已吸引了国际各大电信业者，设备生产商、网络建设承包商、频宽供货商、服务提供者等蜂拥而至，当然台湾的电信业者也不例外。

两岸间的通讯需求逐渐增加，速博已与中国电信签署国际数据专线一次购足服务合约，今后可提供台商同时处理两岸国际数据专线一次购足服务，让企业通过台湾的单一窗口，便可完成两岸数据专线或 IP-VPN相关服务之申请。

中华电信数据分公司也已在北京、上海和广州等三地与中国电信进行网络测试，并签订 IP 数据网络互联合约，提供两岸间的 VPN 服务。2001 年年底大陆各大电信业者密集访台，包括中国移动、中国电信、中国联通等的高层领导；中国联通与中华电信、台湾大哥大已有行动电话漫游合作，未来在 GPRS 与行动电话跨岸一机两号的服务也有进一步的合作的机会。台湾固网、东森宽带与新世纪资通等新固网业者，也先后于 2001 年 6 月分别和中国电信签订电信服务合约，提供两岸国际话务转接、国际数据专线、VPN 和视讯会议等电信服务项目。

由上述两岸电信业者密集互动的实况可以看出，台湾电信业的竞争已逐渐扩展到海峡对岸，台湾的固网业者可望借此进一步拓展营运版图。目前两岸业者的合作模式不外是签订服务合作协议、提供单一服务窗口或共同举办造势活动来促销服务以吸引用户，但互动的模式似乎还不够深入。以大陆的电信市场观之，面对偌大的电信市场与当前电信市场的快速成长，最大困难不外乎是资金与人才的供给无法赶上成长速度，而且其电信企业受到长期传统体制与国营化影响，管理制度还相当落后，似乎还无法迎合电信业所展现的高科技内涵以及快速变动的市场竞争环境。

四、两岸电信合作的成本收益分析

无论从硬件水平还是软件水平上说，大陆与台湾地区都有着巨大的差距，主要体现在各项电信业务的普及率及市场化水平上。这就为两岸电信业者进行进一步合作留下了巨大空间。两岸的电信服务业的进一步合作，对整个电信市场都会产生新的影响。

（一）对大陆的成本收益分析

1. 大陆深化两岸电信合作面临的机遇

（1）有利于大陆本土企业的发展

大陆目前主要面对加入 WTO 后开放市场的压力，而台湾电信业市场开放早，市场化水平高，在电信市场开放的进程中积累了许多有益的经验，这一切都可以为大陆进一步开放电信市场提供许多有益借鉴，可以使大陆在电信业市场化的道路上少走弯路，较为顺利地实现与国际市场的接轨。

（2）促进产业升级

大陆的电信技术水平与国外先进水平还有一定差距，这就使得大陆需要进行大规模的电信基础设施改造。而电信业建设需要大量的资金投入，两岸电信合作的深化可以使台资进入更加便利，有助于大陆电信业拓宽融资渠道。引进台资并改善自身产业的结构，这对于正处于快速发展期的大陆电信业是至关重要的。

（3）加速电信服务业的国际化进程

大陆的电信网络已初具规模，成为全球第二大电话网和第二大行动通讯网。用户规模庞大，由于幅员辽阔，普及率与先进国家相比虽然仍然较低，但在电信基础建设上，已具备了满足基本通讯需求和对外开放的基本竞争力。大陆深化两岸电信合作以后，台湾电信企业将会进驻大陆市场，这将增加大陆电信网络的利用率（包括一般通讯业务的申请和线路的租用等），也会促进电信的发展和收入的增加。

（4）促进电信服务业的全方位发展

台湾在近 20 年的电信改革与市场开放过程中不仅积累了大量经验，还培养了许多有着丰富市场经验的电信业者，深化两岸电信合作，两地业者可以更加频繁地进行交流，这必然有助于大陆电信业管理水平的提高。电信服务市场机制的建立，也将有助于大陆电子商务进一步的发展，有利于大陆投资贸易厂商的全球经营规划。

（5）促进大陆电信业的平衡发展

大陆电信业发展极不平衡，中西部地区及农村地区电信发展水平较低，两岸电信合作的深化可以配合西部大开发的需要，引导台湾的资金和技术向这些地区移动，促进落后地区的电信事业发展。

2. 大陆深化两岸电信合作面临的挑战

（1）将使大陆电信服务业竞争更加严峻

虽然大陆电信服务业已完成了政企分开，但电信服务业仍存在着资费严重偏离成本、经营效率不高、经营管理不善、服务品质不佳等问题。目前大陆已引入了适度竞争，使这些问题有所缓解。与国外电信公司比较，国外电信市场的开放和竞争环境已日趋完善，在竞争环境下，外资电信业者在资金、技术、管理及市场经验等方面远超过大陆。两岸电信合作对于开放程度比较大的业务（如开放民间经营），像传呼、Internet、增值服务等，台湾公司的介入影响可能相对来说会小些，而那些目前仍处于垄断经营的业务，台商的进入又将使深化两岸电信合作的代价提高。

（2）将影响大陆电信服务业的发展

目前大陆电信企业的竞争体制刚从计划经济转向市场经济体制，还只是起步阶段，与资本市场的经济体制及机制还有相当的差距。现在大陆电信业的管制虽有电信管理条例可循，但是其电信市场管理都是依靠各地区相关部门和地方的法规。由于这些法规种类多、不透明、不公开，再加上市场管制能力和经验都有待于提升和积累，会直接影响与其他国家的合作、往来和电信服务业的正常发展。

（3）增值型业务面临激烈竞争

大陆从事增值型业务的公司规模不大，经营不理想，同时由于增值型电信服务的进入门槛低，回收期间短，台商在这方面技术服务等都较为成熟，大陆将面临严峻的挑战。

（二）对台湾的成本收益分析

鉴于台湾电信市场已经趋于饱和，两岸电信业的开放，将带给台商更多销售的市场与机会。同时，台商在大陆投资权益将可比较其他外资企业，而得以享有较大的投资保障。此外，大陆在某些电信技术如3G方面（如大陆自行发展的 TD-SCDMA）取得了世界级的水平，台湾可充分利用这一技术资源，加强与大陆的合作。

五、加强两岸电信业合作的政策设计

相对来说，台湾电信业在技术、营运、市场、人才、营销、服务等的相关发展已相当成熟，面对未来两岸更进一步的合作模式，大陆电信业缺乏资金、人才或营运与服务的经验，台湾电信业则需要扩大市场与提高利润，或许可以深化互动的内涵与双方实际需求之互补，在大陆加入 WTO 后，对投资电信的限制逐渐放宽，而台湾尚有相当多资金看好并欲投入电信产业之际，可以考虑投资大陆的电信公司，将有机会对大陆当前成长飞快的电信市场躬逢其盛。而台湾的电信人才对于技术、营运、服务、市场等丰富的经验，都是大陆在发展电信市场时可以借重的，大陆在某些电信技术如3G方面（如大陆自行发展的 TD-SCDMA）也达到了世界级的水平，因而双方可以借由人才交流加强对彼此及市场的了解，扩张合作层面，并深化合作内容。如此扩大合作与交流的层面与深度，才能实质满足两岸电信业者的需求，彼此截长补短、共同把饼做大，才能让未来进一步的合作产生最直接与明确之效果。

（一）数据通讯方面的合作

台资到大陆投资电信产业宜以合资为主，这样较能掌握各地间不同的差异。台湾可凭借与大陆的文字共通优势，吸引外商在台测试市场或与台湾电信业合作，再进军大陆，这也是台湾电信业的利基所在。电信产业基础设备的建立需要花较长的时间，台商要跨到对岸产生竞争力并非易事，目前台湾四家固网业者竞争十分激烈；而大陆通过中国电信分拆，各电信运营商之间的竞争也日益白热化，在自顾不暇的情况下，两岸电信商要跨岸经营的可能性不大。对台商来说，由于大陆的传统电信产业已较为成熟，数据通信才是较有商机之处，比如数据通讯的终端设备，如何设计出完全中文环境的 i-mode 及移动数据通信，是两岸可合作的地方。

（二）增值业务的合作

考虑到大陆加入世界贸易组织时首先承诺开放增值电信服务业，而且大陆与台湾在电信业合作方面基础还不牢固。因此，深化两岸电信合作，应该从增值电信服务业入手，初步构想是：大陆与台湾地区双方允许两岸业者在对方区域设立合资企业，提供以下五项增值电信业务：因特网数据中心服务；存储转发类业务；呼叫中心业务；因特网接入服务业务；信息服务业务。同时，一方在另一方区域内设立的合资企业中拥有的股权不得超过50%，但不受地域限制。

（三）网络业务的合作

近年来宽带上网服务大幅增长，网际网络的接取业务将成为下一波电信产业在产品面最大的机会与变革所在。因为宽带上网的需求很大，但现在的普及率还很小，用户对于频宽的需求，只会随着网络的更丰富充实而越来越高，所以成长速度也会越来越快，这点可以从网络游戏的爆发性成长得到验证。

运营商应该更关注新技术，提高基础网络的质量。在这些优质网络上承载各种话音、数据、图像等多媒体业务，以此提高企业利润率。同时，高质量的网络还要求各种运营支撑系统的完善，例如，灵活的网管计费系统能为柔性的套餐自费体系提供保障，所以运营商应加强 BSS/OSS 系统、软件系统等的建设。

对于技术上领先的下一代网络 NGN 和 3G 移动通信网，虽然现在还不能为企业带来显著的利润，但作为发展趋势应成为运营商关注的焦点，这样才能为其商机做好准备，建议运营商积极建设试验网，并在部分经济发达地区做好试商用工作，这样可以先培养用户习惯，当正式商用来到时就可以直接为企业带来利润。

第十章　钢铁工业

一、两岸钢铁工业发展现状

钢铁工业为工业发展的基础，也是经济发展的基石。钢铁工业作为一具有高度能源投入和技术性的资本密集型工业，其产业关联性广泛，能带动上下游与相关产业的发展。因此，钢铁产业在工业发展中占有相当重要的地位，被称为"火车头"产业，亦被视为衡量国力的指标，钢铁工业的发展很大程度也反映了一个国家或地区工业化的进程。

（一）大陆钢铁工业发展历程

从 20 世纪 50 年代开始，大陆开始集结与培养一支包括建设单位、勘察设计、施工、科研等各方面人才的钢铁工业建设队伍。大陆钢铁工业的基本建设是从 1950～1952 年国民经济恢复时期改建鞍钢开始的。第一个五年计划是大陆钢铁工业的第一个发展"黄金时期"，五年中基建投资完成 37.93 亿元，新增生产能力：采矿1552.8 万吨/年，炼铁 311.35 万吨/年，炼钢 263.56 万吨/年，轧钢154.14 万吨/年。钢铁工业产值计划规定 1957 年完成 33.1 亿元，实际达到 46.5 亿元，为 1952 年钢铁工业产值 12.6 亿元的 370%，平均每年增长 29.8%（均按 1952 年不变价格计算）[1]。改革开放后，大陆钢铁工业经历了 3 个历史性的转折：第一次是党的十一届三中全会以后，打破"大锅饭"实行按劳分配，使一批钢铁企业加快了发展步伐。与此同时，中央组建了大陆第一个现代化的大型钢铁企业——上海宝钢，给大陆钢铁工业的发展引进了先进技术和先进管理；第二次是党的十四大以后，建立社会主义市场经济体制，在生产资料市场中率先放开钢材价格，钢铁企业开始引入市场经营机制，推动了大陆钢铁工业的市场化发展；第三次是党的十五大以后，中央深化国有企业改革，钢铁行业认真落实"三改一加强"，使绝大多数的老钢铁企业焕发了青春，增强了后劲。

（二）台湾钢铁工业发展历程

20 世纪 50 年代，台湾政府开始进行分期经建计划。1953 年起，随着工业建设与台湾居民生活的改善，台湾钢铁工业逐步扩张，产量的增加使得钢铁产业不断扩充规模、改善品质，并在 10 年中完成了岛内钢铁产业内销供应任务。1960 年后，台湾的钢铁产业进入出口扩张时期，1963 年，"台湾区钢铁公会"成立，并负责协商与招商任务；与此同时，拆船业的兴盛以及大量廉价船板与废钢材料的供应，也促使岛内钢铁工厂纷纷设立。20 世纪 70 年代以后，世界处于产业结构向重化工业转换时期，台湾抓住这一时机及时调整产业结构，大力发展交通、港口、钢铁、造船、石化等基础设施重化工业。1974～1979 年，台湾建成"中国钢铁公司"，总投资 52.82 亿美元，第一期建厂完成后即达成年产粗钢 150 万吨。这个时期是台湾钢铁产业蜕变时期，并带动了台湾其他产业的升级。进入 20 世纪 80 年代以后，随着台湾经济快速发展，钢铁产业也进入扩张开发时期，"中国钢铁公司"第二期、第三期扩建分别于 1982 年和 1987 年完成，同时，唐荣不锈钢厂投入生产，民营电炉钢厂进行扩充与设备改善，平板类钢的

---

[1] 董志凯、吴江：《新中国工业的奠基石——156 项建设研究》，广东经济出版社 2004 年版。

增产与不锈钢的生产，以及防治空气污染设备的投入，均显示出台湾钢铁产业支持岛内经济的努力。此外，与小型单轧厂有共存关系的旧船解体业也对钢铁产业的发展有着很大贡献，并带动了炼钢炼铜工业，使得台湾形成了小型轧钢工厂林立的局面。

（三）两岸钢铁产业合作现状

近年来海峡两岸钢铁业互动发展迅猛，两岸的钢材贸易量不断加大，台湾钢铁业在大陆的投资越来越多，两岸钢铁业携手合作发展的局面已初步形成。

1. 台湾对大陆钢品出口贸易依存度不断提高

近年来，两岸钢铁贸易往来十分密切，贸易依存度不断提高。据台湾方面统计，自 1995 年以来，台湾向大陆出口钢铁产品（包括从香港间接出口）逐年大幅增长，从 1995 年的 99 万吨猛增到 2001 年的 393 万吨，增幅高达 3 倍。其占台湾出口钢铁产品总量的比重也从 1995 年的 23% 提高到 2001 年的 42%，猛增 19 个百分点。自 1995 年起，大陆就取代日本成为台湾的第一大钢铁产品出口市场。另据大陆统计，2000 年及 2001 年，大陆自台湾进口钢材分别为 330 万吨和 380 万吨，台湾因此成为仅次于日本的大陆第二大钢材进口市场。

2004 年，台湾对大陆出口的主要产品中，对大陆的钢铁出口值为 2539.5 百万美元，占台湾对全球出口该项产品比重的 35.6%；台湾自大陆进口的主要产品中，对大陆的钢铁进口值为 1459.2 百万美元，成长率为 328.8%，占台湾对全球进口该项产品比重的 15.1%。2005 年 1~4 月，台湾对大陆出口的主要产品中，对大陆的钢铁出口值为 1140.4 百万美元，成长率为 43.3%，占台湾对全球出口该项产品比重的 37.8%；台湾自大陆进口的主要产品中，对大陆的钢铁进口值为 792.7 百万美元，成长率为 279.1%，占台湾对全球进口该项产品比重的 22.1%。另据台湾"国贸局"的《台湾基本金属及其制品出进口情势分析》报告指出，台湾钢铁及钢铁制品出口比重远远领先其他金属产品，进出口重心已由日本、美国转移到大陆。

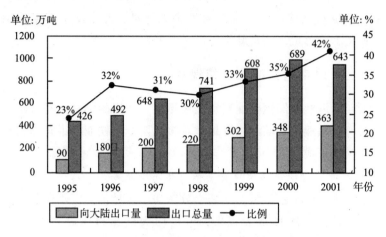

图 10 - 1　台湾向大陆出口钢铁占其总出口的比重

资料来源:《台湾钢铁》2000 年、2001 年、2002 年。

　　两岸钢铁业钢铁贸易的互补性极强,大陆从台湾进口的钢铁产品主要以板材等高附加值产品为主,而台湾从大陆进口的钢铁产品主要以钢铁原料及钢坯为主 (见表 10 - 1)。台湾是世界上最大的半成品钢材进口地区,1999 年和 2000 年进口量都超过 900 万吨。缺乏炼钢能力和为减少大气污染是大量进口半成品材的主要原因。据台湾方面统计,近几年台湾每年从大陆进口半成品材 100 万 ~ 200 万吨,占其进口半成品材总量的 15% ~ 25%。同时,台湾每年向大陆出口冷轧钢板卷、涂层板、不锈钢板卷等高附加值钢品 200 万吨以上,占这些钢品出口总量的 60% 左右。若用特殊贸易指数进行分析,可以发现两岸的钢铁产品结构具有极强的互补性。例如台湾对大陆的贸易中,钢材的特殊贸易指数超过 90 以上,说明此类产品具有极强的竞争力;而半成品的特殊贸易指数负数极高,在 - 90 以下,说明此类产品非常需要从大陆进口。

表 10 – 1　两岸钢铁产品贸易情况

单位：万吨

钢铁原料及钢品	从大陆进口量			向大陆出口量			特殊贸易指数		
	1999 年	2000 年	2001 年	1999 年	2000 年	2001 年	1999 年	2000 年	2001 年
焦炭	14.3	26.7	25.8	0	0	0	– 100	– 100	– 100
铁合金	12.6	15.2	14.1	3	0.1	1.3	– 62	– 99	– 83
生铁	16.6	42.1	5.9	0.4	0.5	0.4	– 95	– 98	– 87
半成品	133.3	221.6	88.3	1.6	4.7	4.2	– 98	– 96	– 91
冷轧钢板卷	0	0	0	91.2	95.1	110.2	100	100	100
涂层板	0	0	0	67.6	94.3	107.1	100	100	100
不锈钢板卷	0	0	0	41.3	48.6	60.2	100	100	100
钢材小计	10.1	12	10.6	297.3	337.2	383.1	93	93	95

注：特殊贸易指数 =（出口－进口）/（出口＋进口）×100。

资料来源:《台湾钢铁》2000 年、2001 年、2002 年。

2. 台湾钢铁业在大陆的投资越来越多

台湾钢铁需求多数属于内需，以往钢铁行业对生产线外移并不积极，但近年来在市场竞争日益激烈下，钢铁业也逐渐走上生产线外移之路。由于看好大陆这一世界最大的钢材市场，近年来台湾钢铁企业积极在大陆投资办厂，抢占大陆市场份额。已投产的有统一实业在福建漳州和江苏无锡分别设立的年产各 15 万吨的镀锡板厂，东和在福州设立的年产 15 万吨的镀锡板厂，美亚在广州设立的年产 3.6 万吨的焊管厂，春雨东莞线材制品厂以及春源深圳电磁钢板厂、志联东莞厂等。烨辉企业 2001 年在江苏常熟投资 419 万美元设立了钢结构和建筑钢材厂等。

表 10 - 2   "台湾经济部投审会"核准对大陆基本金属及金属制品制造业投资表

时　　间	核准金额（千美元）	占总核准金额比率（%）	件数（件）
1991	9319	5.35	
1993	256501	8.10	
1995	116805	10.69	
1997	395967	9.14	
1999	104494	8.34	
2001	193797	13.6	
2002	631461	9.39	257
2003	714530	9.28	348
2004	741002	10.68	143
2005.1~7	314964	10.49	64
1991~2005.7	4018658	9.08	2908

资料来源：台湾"经济部投资审议委员会"，http://www.moeaic.gov.tw；《台湾投资与对外投资统计月报》。

二、两岸钢铁产业竞争性、互补性分析

（一）两岸钢铁产业竞争性分析

1. 从企业规模与市场集中度来看，台湾钢铁产业要优于大陆

规模小、产业集中度低是大陆钢铁工业生产的主要特征。大陆钢铁企业虽然已呈现出向大型化发展的趋势，但相较于目前世界几大钢铁强国来说，大陆钢铁企业的产业集中度和生产专业化程度较低，尚不能达到规模经济。低集中度一般会导致相对较低的国际竞争能力。目前，世界发达国家钢铁行业集中度非常高，如韩国仅浦项钢铁厂的钢产量就占韩国钢产量的 65%，台湾的中国钢铁公司钢产量占了台湾

钢产总量的55.9%，日本前5家钢铁企业的钢产量占该国钢产量的75%，欧盟15国6家钢铁企业钢产量占欧盟整个钢产量的74%，法国的阿赛洛钢铁公司更是几乎囊括了法国的全部钢铁生产，而2004年大陆共有871家钢铁企业，其中，产钢量超过500万吨的企业只有16家，合计产钢12275万吨，占大陆钢产量的45%，这一比例大大低于发达国家；产钢量超过200万吨的企业共有43家，合计产钢20093万吨，占大陆钢产量的73.66%。大陆钢产量最大的钢铁企业宝钢在世界钢铁企业的排行榜仅列第六，可见，大陆钢铁企业的规模与世界水平是有一定差距的（见表10－3）。钢铁企业的集中度偏低，加剧了钢铁行业内企业之间的竞争，而无序竞争不但造成钢材价格的急剧波动，还削弱了钢铁行业作为买方在购买所需原材料、能源等资源时的谈判能力，这在一定程度上限制了大陆钢铁企业的竞争力。

表10－3 2004年世界几大钢铁公司产业集中度比较

企　业	所在国家或地区	企业产量（百万吨）	所在国家或地区产量（百万吨）	集中度（%）
宝钢	大陆	21.4	272.5	7.9
新日铁	日本	32.4	112.7	28.7
韩国浦项	韩国	30.2	47.5	63.6
中钢	中国台湾	10.9	19.5	55.9
克虏伯—蒂森	德国	17.6	46.4	37.9

资料来源：根据世界钢铁协会（IISI）统计数据整理。

从台湾的钢铁产业上、中、下游厂商产能规模来看，台湾钢铁产业上、中游厂商集中度高，属于寡占产业；而下游厂商集中度较低。上游钢板、热轧钢品至冷轧钢品，中游等各类钢板片前四大厂商绝对集中度达到70%以上，其中，中钢占上游各项产品（除冷轧钢品外）产能皆超过总产能的70%以上。在下游有56家厂商，属于集中度低的市场结构，故钢铁产业中卖方议价能力较高（见表10－4）。

表 10 - 4   台湾钢铁产业集中度

产业价值链	产品项目	各类产品生产公司	前四家集中率（%）
上游（电炉钢厂、一贯作业钢厂、单轧钢）	钢板	中钢、东和、亚太隆钢	100
	热轧钢品	中钢、安峰、烨隆	100
	冷轧钢品	中钢、振安、烨隆、烨辉、统一、高兴昌、烨兴、盛余、彦武	75.44
中游（一次或二次加工厂）	电磁钢片	中钢	100
	镀锌钢片（热浸镀锌）	盛余、中钢、烨辉、振安、彦武等	91.48
	镀锡钢片	统一宝	100
	烤漆（彩色钢片）	烨辉、盛余、尚兴、中钢等 10 家	78
下游（裁减中心）	因最终用户所处产业而定	春源等 56 家	

资料来源：吴怡德、张文毓、苏育敏：《台湾钢铁业之产业分析——以烨兴钢铁为例》，载《远东学报》1993 年第 21 期。

2. 从产业规模来看，大陆钢铁工业的产量大于台湾，但台湾的专业化水平高于大陆

首先，从产量方面来看，大陆的粗钢产量要远大于台湾（见表 10 - 5）。

表 10 - 5   两岸粗钢产量比较

年 份	大 陆		台 湾	
	粗钢产量（百万公吨）	名次	粗钢产量（百万公吨）	名次
2000	127.2	1	16.8	12
2001	148.9	1	17.2	12
2002	181.6	1	18.2	12
2003	220.1	1	18.8	12
2004	272.5	1	19.5	13

资料来源：根据世界钢铁协会（IISI）统计数据整理。

其次，从生产的专业化状况来看，台湾的专业化水平高于大陆。

在区域经济发展中，通常利用区位商来判断一个产业的生产专业化状况，判断一个产业是否已成为地区专业化部门。区位商是指一个地区特定部门的产值在地区工业总产值中所占的比重与全国部门产值在全国工业产值中所占比重之间的比值，其计算公式是：

$$q_{ij} = \frac{e_{ij}/e_i}{E_J/E}$$

式中：q_{ij} 为 i 地区 j 部门的区位商；e_{ij} 为 i 地区 j 部门的产值；e_i 为 i 地区工业总产值；E_j 为全国 j 部门的总产值；E 为全国工业总产值。当 $q_{ij} > 1$，可以认为 j 产业是 i 地区的专业化部门；q_{ij} 值越大，专业化水平越高；当 $q_{ij} < 1$ 时，则认为 j 产业是 i 地区的自给性部门。

表 10 - 6 1999～2003 年大陆与台湾钢铁产业区位商比较

年　　份	大陆钢铁产业区位商	台湾钢铁产业区位商
1999	0.764060	2.017886
2000	0.826668	1.861284
2001	0.885832	1.691676
2002	0.861144	1.883694
2003	0.913345	1.630698

资料来源：《中国统计年鉴》；台湾"行政院主计处"，http://www.dgbas.gov.tw。

从表 10 - 6 可知，钢铁产业是台湾的专业化部门，其专业化水平高于大陆的钢铁产业。大陆钢铁企业存在的问题就是钢铁产品生产专业化程度低。目前，大陆钢铁联合企业大都是"万能型"工厂，板、管、棒、线、型材等都生产，专业分工不明确，产品生产专业化程度低。而发达国家的大型钢铁企业集团，虽然多数也是由多个生产厂组成，但已经基本实现产品生产的专业化分工，钢铁大集团之间也基本上形成大类产品的分工。

3. 从产品质量和产品结构方面来说，大陆钢铁产业不如台湾钢铁产业有竞争力

2003年，大陆能够按国际先进水平组织生产的钢材仅占43.32%，而达到国外同类产品实物质量水平的仅占21.9%，不能按国际一般水平组织生产的则占13%左右。从这些数据中可以看出，大陆多数企业的产品质量较低，难以和国外大公司抗衡。尤其是冷轧不锈钢板、冷轧碳钢片、镀锡板和深冲汽车板等高档次、高附加值产品，大陆产品与国外大公司产品差距更大。在产品质量上，大陆的钢铁产品主要以半成品和低附加值产品为主。台湾的钢铁产品则是上、中、下游产品都有，并且以成品和高附加值产品为主。

大陆钢材产品结构性失衡矛盾突出。就大陆的钢铁产品结构而言，一方面，大陆钢铁企业的主导产品螺纹钢、小型材、线材等普通钢材（长线产品）生产能力严重过剩；另一方面，高附加值和高技术难度的品种（"双高"产品），如不锈钢板和冷轧、热轧薄板、硅钢片、镀锌板等，有的大陆不能生产，有的虽能生产但生产能力严重不足。产品供不应求，国家每年需要大量进口。

产品结构失衡反映在技术指标上主要是：第一，大陆钢铁行业的钢铁比①高：世界主要产钢国家一般水平在0.5～0.7之间，大陆还在1.0以上，明显高于其他国家。第二，大陆钢铁行业的板管比②低。2003年大陆板管比目前为44%左右，仍大大低于发达国家70%的平均水平，而消费比为49%，即大量高附加值管材仍需要进口。在钢铁产品中，板管类产品代表高附加值、高技术的产品，板管比低意味着大陆钢铁产品结构还处于低档次状况。此外，大陆钢铁产品结构还不能完全适应大陆经济发展的需要，部分高档钢材产品大陆市场占有率比较低，有待进一步提高。如大陆产热轧薄板、冷轧薄板、镀锌板、硅钢板的产量还远不能满足大陆市场需求，市场占有率较低；而与此

---

① 生铁总产量与钢材总产量之比。
② 板管比是板材、管材总产量与钢材总产量之比，是衡量一个钢铁企业是否先进的重要指标。一般而言，板材所占比率越高，企业的产品结构就越合理，高附加值产品的比率也越高。

同时，大陆产的一般建筑类钢材产能又大于市场需求，供需结构矛盾比较突出。第三，代表钢铁工业技术水平和钢材消费层次的板带比[①]低：工业发达国家的板带比一般超过 60%，而大陆 2003 年只有33.7%，消费比为 40%，即冷轧薄板、镀锌板、不锈钢板、冷轧硅钢板片等高附加值板带材产品需要大量进口。

台湾的钢铁工业经过约半个世纪的发展已高度成熟，从早期以废铁炼钢或拆船轧钢为主发展至如今除一些特殊钢材外各类型钢品几乎都可以自主生产。

4. 从劳动力和生产成本来看，大陆要比台湾占优势

劳动力和生产成本是衡量钢铁工业竞争力的重要方面。在分析大陆工业竞争力优势时，廉价的劳动力被普遍认为是大陆的优势。但是，从劳动生产率角度看，大陆钢铁部门的效率还比较低，劳动力的竞争优势并不明显。据国际劳工局的报告，不包括大陆的全球钢铁工业平均实物劳动生产率已到 200 吨/人年，而大陆只有 80 吨/人年；发达国家钢铁联合企业人均年产钢已达到 500 吨以上，德国巴登钢厂年人均产钢已达到 2400 吨，大陆先进企业宝钢人均年产钢仅 760 吨，一般钢铁企业年人均产钢大都只有 100 吨左右。

再从钢材生产成本方面来看，根据美国 WSD 公司对 2000 年世界主要产钢国冷轧带钢的成本分析（见表 10-7），巴西、前独联体国家吨材成本低于大陆，中国台湾、韩国与中国大陆大体相当。另从表10-8 各国设厂条件比较中可知，在台湾设厂的成本要远远高于在大陆设厂所需成本。吨钢综合能耗[②]，大陆明显高于其他发达国家：2001 年大陆为 1.02，世界主要产钢国家一般在 0.5～0.7 之间。世界先进国家的吨钢燃料消耗小于 500 公斤，而大陆重点钢铁企业的吨钢燃料消耗都在 560 公斤以上。台湾方面，就能源消耗而言，除中国钢铁公司是一贯作业钢厂，使用原料煤作为冶炼铁水热能外，电弧炉炼

① 板带比指扁平材占总钢产量的比例，是衡量一个国家钢铁工业产业结构的重要指标。
② 吨钢综合能耗是指企业在报告期内每吨钢消耗的各种能源自耗总量。

钢热能及所有钢厂所耗能源均以电力为主，所定电力契约容量117.7万瓦，占电力公司除表灯外之契约容量的8%，使用流动电量每月约2.6亿度，占台湾生产事业用电的8.87%。因为钢铁工业用电所占台湾岛内电力负荷量比例较大，当电力负载不足时，常常容易用电受限。因此，电力的开发为台湾钢铁工业发展的先决条件。

表10-7　2000年世界主要产钢国和地区冷轧带钢成本比较

单位：美元

	美国	日本	德国	英国	韩国	中国台湾	巴西	独联体	中国大陆①
焦炉	112	93	107	96	87	89	100	66	65
高炉炼铁	149	120	121	118	110	111	103	107	110
炼钢	199	166	162	154	152	155	141	138	152
板坯连铸	232	192	190	181	172	180	160	159	176
热轧	313	262	262	248	219	234	207	200	221
冷轧	414	358	355	342	282	309	270	252	275
总制造成本	441	398	392	371	308	336	295	270	297
税前总成本	480	458	432	417	350	388	362	297	347

资料来源：刘静海：《中国钢铁工业加入WTO对策分析》，载《冶金管理》2001年第9期。

表10-8　各国设厂条件比较

单位:%

	中国大陆	中国台湾	泰国	墨西哥	日本
劳动成本	100	1000	300	250	3000
建厂成本	100	303	121	136	高
土地成本	100	1000	200	200	高

注：以大陆为100%作为比较基准。

资料来源：台达电整理资料，引自台湾《经济日报》2001年7月26日。

———————————————

① WSD公司的成本数据计算方法与大陆不同，因此大陆的数据仅供参考。

5. 从科技水平来看，台湾要比大陆有优势

技术装备落后是大陆钢铁工业目前存在的最大的结构问题。近几年来，大陆钢铁企业的技术装备水平虽然得到较大的提高，但与发达国家相比，还存在很大的差距，落后的工艺技术和装备还占有相当比重，达到国际水平的装备率到 2000 年只达到 30% 左右，大陆生产装备水平较高的重点大中型企业的连铸比①只达到 95.8%。台湾的粗钢生产是以铁矿砂为原料的高炉和氧气转炉与以废钢为原料的电弧炉生产为主，其中，氧气转炉生产占 55.7%，电炉生产占 44.3%，钢坯连续铸造率已达 99.7%（见表 10-9）。

表 10-9 两岸钢铁产业特性分析表

		大 陆	台 湾
生产	粗钢产量	全球第一	全球第 13
	炼钢	转炉 81.6%，电炉 18.4%	转炉 55.7%，电炉 44.3%
	连铸比	95.8%	99.7%
消费	粗钢表面消费	全球第一	全球第 11
	每人粗钢消费	全球第 34	全球第 2
	市场形态	内需为主	加工外销为主
	钢坯自给率	接近 100%	62%
	成品进出口比	进口 > 出口	出口 > 进口
	市场成长机会	高	平稳

资料来源：根据世界钢铁协会（IISI）统计数据整理，台湾《钢铁资讯》2001 年 1 月，第 126 期。

6. 从市场规模来看，大陆市场规模要远远大于台湾

市场份额是衡量产品竞争力的一个重要指标。从两岸市场规模来看，2000~2003 年两岸自产钢材市场占有率情况如表 10-10、表 10-11 所示。

---

① 连铸比是反映一个国家钢铁工业综合水平的主要指标之一，是指连铸合格坯产量占钢总产量的百分比。

表 10 – 10　大陆国产钢材实物量市场占有率表

年份	表观消费量（1） （百万公吨）	生产量（2） （百万公吨）	进口量（3） （百万公吨）	出口量（4） （百万公吨）	市场占有率（5） （％）
2000	124.6	127.2	20.8	10.8	93.42
2001	153.6	148.9	25.6	7.5	92.06
2002	186.3	182.2	29.3	6.6	94.26
2003	233.6	220.1	43.2	8.5	90.58

表 10 – 11　台湾自产钢材实物量市场占有率表

年份	表观消费量（1） （百万公吨）	生产量（2） （百万公吨）	进口量（3） （百万公吨）	出口量（4） （百万公吨）	市场占有率（5） （％）
2000	21.1	16.8	13.0	8.3	40.28
2001	17.4	17.2	8.3	8.0	52.87
2002	20.4	16.5	10.9	8.8	37.75
2003	19.9	18.8	11.1	0	94.47

注：（5）=［（2）-（4）］/（1）

资料来源：根据世界钢铁协会（IISI）统计数据整理。

　　由于科技水平较低，大陆高附加值和高科技含量的钢材品种不能满足国民经济的发展需求，即有效供给不足，市场满足率低，短缺品种及其数量需进口调剂。部分高附加值产品的市场占有率低，除造船板、石油专用管和热轧硅钢片以外，其他产品的市场占有率均在 50%以下，比钢材总量市场占有率 90%要低许多。

　　进口方面，由于台湾铁矿、铁矿砂必须依赖进口，而废钢及钢坯也因大陆供应不足，需自岛外进口大量的废钢及钢坯半成品以弥补岛内供应不足。虽然岛内废钢自给率约七成，但本岛收集的废钢数量内含杂质普遍较多，品质较劣于进口货，因此台湾业者一般比较多采用进口废钢，且岛内炼、轧厂陆续扩充产能，使整体废钢消费量持续增加，对进口废钢需求增加，导致台湾进口废钢数量呈现显著增加，在市场需求强劲的牵引下，岛内废钢供应数量亦跟着增加。出口方面，内外环境对台湾钢铁业的发展极为不利，钢铁业只有镀锌业与螺丝螺帽出现获利增长局面，镀锌钢卷在竞相扩产下呈现供过于求，价格急速下滑，只能以外销欧美等市场争取较小的利润，且随着部分下游产业外移，导致大量钢材直接外销。

（二）两岸钢铁产业的互补性分析

两岸钢铁产业各有千秋，互补性强。大陆的优势在于市场庞大、成本低等，但设备老旧、产品品质稍低，影响竞争力；台湾的优势在于设备新颖、管理能力强、生产效率高，但土地、劳动力成本高、环保要求严格。两岸进行合作，双方优势互补，则可望达到双赢的目的（见表 10－12）。

表 10－12 两岸钢铁产业的互补性

	大 陆	台 湾
优势	1. 土地、劳工、原料丰富 2. 内销市场大 3. 国际市场销美有 PNTR 4. 下游加工业加速建立，带动市场需求 5. 关税高，外货倾销不易 6. 半成品尚有余力外销	1. 生产设备及规模较新颖 2. 技术及市场开发能力优 3. 管理能力强 4. 国际化能力佳 5. 中下游产业结构完整 6. 产品品质稳定 7. 单位人员生产效率高
劣势	1. 部分钢厂设备老旧 2. 产品品质低于国际厂商 3. 部分钢材须依赖进口 4. 资金及市场开发能力较低 5. 单位人员生产效率偏低 6. 幅员广大，钢材分布不均，运输成本高	1. 土地、劳动力缺乏，环保要求严格 2. 岛内市场狭小，必须依赖国际市场 3. 外销易遭倾销控诉，内销削价竞争 4. 下游产业外移 5. 产品集中一般品级，竞争激烈 6. 半成品供应不足，依赖进口；成品供过于求 7. 外货倾销，关税障碍低

大陆和台湾在各自的钢铁工业方面分别存在着优势和劣势，互补性明显。两岸钢铁行业的互补性决定了大陆和台湾的合作和交流，会使得两岸钢铁工业竞争力大大提升，这种基于优势互补的合作无论从短期看还是在长期内都极大地有利于两岸的经济发展。

三、两岸钢铁产业的政策开放现状

（一）两岸加入 WTO 后钢铁业承诺

大陆钢铁产业的外贸政策正逐步履行大陆在加入世贸组织时在钢铁产业的相关承诺。

在关税方面，大陆加入 WTO 以来严格遵守承诺，进一步扩大对外开放，钢铁产品关税税率（算术平均值）从 2001 年的 10.58% 最终降为 8.07%，取消对铁矿石、锰钢、铬矿征收的进口税。

表 10-13 部分钢铁产品的关税减让幅度

单位：%

	2001 年优惠税率	最终约束税率	减让幅度
<3mm 热轧板卷	6	3	50
0.5~1 冷板卷	8	3	62.5
<0.5 冷板卷	8	6	25
<0.5 的镀锡板	10	5	50
冷轧取向硅钢片	8	3	62.5
冷轧非取向硅钢片	8	6	25
石油管	10	4	60
<80H 型钢	7	3	57.14
<1mm 冷轧不锈板	20	10	50
<10mm 热轧卷	9	4	55.56
热轧螺纹钢	10	3	70
线材	12	5	58.33

资料来源：根据中国海关总署资料整理。

在非关税壁垒方面，取消钢铁进口数量登记制度，改为自动登记进口管理，取消加工出口专用钢材增值税减免政策。取消贸易和外汇平衡要求、当地含量要求和技术转让要求等与贸易有关的非关税措施。在法律、法规和部门规章中不强制规定出口实际要求和技术转让要求，只能由投资企业双方通过谈判议定。

台湾加入 WTO 后整体关税降为 5.69%，其中，工业产品关税降至约 30.78%。依据《国际多边钢铁协定》（MSA），台湾钢铁及相关产品之关税已降为零。这对钢铁及下游产业的冲击极大，适应不良者可能被迫退出市场。

（二）两岸钢铁产业的开放政策

1. 大陆方面

两岸钢铁行业在贸易投资不断扩大的同时，纠纷问题逐渐浮上台面，反倾销与建立防卫机制成为两岸经贸发展面临的新问题。2002 年 3 月 23 日，大陆外经贸部公告俄罗斯、韩国与中国台湾等对冷轧钢品及扁轧品进行反倾销调查；2002 年 5 月 24 日宣布对从台湾等地进口的部分钢产品实施临时性保障措施。这是大陆加入 WTO 后第一次对台湾产品向大陆倾销展开调查与实施临时性保护措施，此举格外引人注目。为此，台湾地区钢铁公会与大陆中国钢铁工业协会在 2003 年 2 月初就两岸钢铁贸易纠纷在台北达成四项共识：一是两岸钢铁产业应就不锈钢板材、热轧薄板、冷轧薄板、彩涂及镀锌板五种产品加强沟通，并协商双边未来在自律之基础上，使双方皆能互利；二是台湾地区钢铁公会应建议主管机关取消进口钢产品的负面表列措施；三是两岸应定期或不定期互相交换双边钢铁工业结构改变及投资状况，并促进双方的合作投资；四是针对北京 2008 年奥运会的建设设计，两岸钢铁产业应加强联络并研究合作方向。大陆在引进外资时，应根据钢铁行业的产业政策，重点鼓励发展钢铁行业高新技术产品的投资，如高风温热风炉长寿技术开发、连铸坯热装热送技术开发、控制轧制及控制冷却系统开发及镀锌及耐高腐蚀性铝锌合金板、涂层板生产等，以实现钢铁行业产品结构的升级，解决目前存在的产品结构不合理的矛盾，提升钢铁行业的产业竞争力。

2. 台湾方面

台湾同意开放大陆钢筋、冷轧、热轧不锈钢卷板等 125 项钢铁产品进口；对大陆钢品除了扁钢坯及小钢坯等初级产品外，其余均禁止进口。

（三）两岸钢铁产业进一步合作的政策设计

1. 贸易政策

（1）关税政策

在两岸钢铁产业合作的关税构建上，可以借鉴参考欧共体关税同盟和 CEPA 的规则，分阶段逐步取消两岸钢铁产品贸易的关税及贸易限额，最终实现商品在两岸之间的自由流通。在关税减让阶段的安排上，除了对不锈钢板材、热轧薄板、冷轧薄板、彩涂及镀锌板等商品，由于对大陆产业冲击较大，可在 5 年至 10 年内分阶段降税，直至零关税。其他商品均可在 2 年内取消关税。在原产地标准方面，可根据两岸贸易情况，结合 CEPA 的经验，确定判定原产地的基本原则与方法。原产地为台湾的产品必须为在台湾原产或加工生产、且加工生产符合从价百分比≥40%的标准的产品。

（2）非关税措施

目前两岸钢铁产业合作的钢铁产品贸易的非关税措施主要集中在反倾销、技术壁垒方面，两岸应当完全开放市场、统一行业技术标准。

（3）与贸易有关的环境措施

由于钢铁产业是一个污染较大的产业，因此，大陆在承接时，应制定具体的环境标准，尽量避免以环境为代价的发展，促进产业的可持续发展。

2. 投资政策

大陆应给予台商投资以国民待遇，并协商制定一套有关投资争端的解决机制，除了利用海峡两岸工商等民间团体发挥商谈和协调的积极作用外，应在官方形成咨商机制，并逐步制度化、法规化、程序化。

在促进贸易投资便利化方面，根据以往的合作经验以及两地经贸交流的发展情况，双方应加强在以下方面的合作：

（1）通报和宣传各自钢铁行业对外贸易、吸收外资的政策法规，实现信息共享。

（2）对解决双方贸易投资领域中存在的普遍性问题交换意见，进行协商。

（3）在相互投资及密切合作向海外投资的促进方面加强沟通与协作。

（4）对双方共同关注的与贸易、投资促进有关的其他问题进行交流。

四、两岸钢铁产业进一步合作的成本收益分析

（一）对大陆的成本收益分析

1. 成本

（1）关税与非关税壁垒的取消，将影响大陆钢铁工业结构调整的进程

近年来大陆进口量较多的产品主要有两类：一类是一些高技术含量、高附加值钢材品种，如冷轧薄板、热轧薄板、不锈钢板、冷轧硅钢片、石油专用无缝管；另一类是大陆消费比重较大的品种，如螺纹钢、线材。大陆针对这些进口量较多的品种，加大力度进行结构调整，投入巨额资金去改进这些产品的生产设备。上述高附加值钢材的生产量和质量虽然不断得到提高，大陆市场占有率不断扩大，但是由于存在技术装备改进不到位、技术水平不过关等因素，这些钢铁产品不仅未取得规模效益，在成本上也不具有优势，质量上尚需进一步提高。深化两岸经贸合作，零关税以及非关税壁垒的取消，台湾低成本、高质量的钢铁产品的涌入，必将对这些产品的结构调整产生影响。据冶金工业协会测算，关税下降 4 个百分点，对大陆热轧薄板价格的平均影响是 50 ~ 60 元/吨；冷轧薄板是 100 ~ 120 元/吨左右；冷轧取向硅钢片是 450 元/吨左右；非取向硅钢片是 100 元/吨左右；不

锈钢冷轧板是 1000～1200 元/吨左右；石油无缝管是 450 元/吨左右。[①] 当前，在冷轧钢板卷、涂层板、不锈钢板卷等高附加值钢品方面，台湾是大陆钢铁企业的竞争对手，台湾每年向大陆出口这些高附加值钢品达 200 万吨以上，它们的产品在质量上具有优势。而对于热轧螺纹钢和线材，经过几年的技术改造，大陆目前已经具有一定竞争力，相对于台湾具有成本优势。因此，深化两岸钢铁产业合作，不会对大陆这类产品造成大的冲击。

（2）大陆钢铁企业总量控制的难度加大

在两岸钢铁贸易完全放开之后，大陆钢铁进口量将难以确定，从而影响大陆钢铁企业的总量控制，这对正处于结构调整阶段的大陆钢铁企业是十分不利的。

（3）大陆钢铁营销网络将受到冲击

随着钢铁产品贸易权、分销权等的完全开放，由于台资钢铁企业拥有先进的营销和服务理念，大陆钢铁行业面临的竞争将不仅来自产品本身，还来自分销、产品服务物流附加值。如果大陆钢铁企业不大力提高其营销理念和服务质量，那么其长期经营的营销网络优势将丧失。

（4）对资源环境保护的压力

钢铁产品生产会带来大气污染、水污染等生态环境问题，而目前大陆 80% 以上的钢铁企业位于对生态环境最敏感的首都、直辖市、省会、百万人口以上的大中城市，其所面临的环境压力日益增大。钢铁行业生产的发展，将迫使企业增加对引进和开发先进环保技术、环保设备的投入，增加对污染防治的投入。

2. 收益

（1）两岸钢铁产业合作将促使大陆钢铁企业提高企业竞争力

深化两岸钢铁产业合作，提高大陆企业竞争力，成为大陆钢铁企业生存和发展的唯一出路。在强大的竞争压力下，大陆钢铁企业需加

---

① 郑志海：《入世与工业品市场开放》，中国对外经济贸易出版社 2002 年版，第 197 页。

快改进技术设备，提高技术水平，加大开发新产品的研究投入，加快钢铁企业之间的整合步伐，这些举措必将提高大陆钢铁企业的竞争力。同时，还将促使大陆企业走出去，去学习、吸收国外企业的先进管理经验，从企业内部管理上提高企业竞争力。

（2）两岸钢铁产业合作将改善大陆钢铁产品对台的出口环境，对台钢铁进出口贸易将进一步扩大

深化两岸钢铁产业合作，取消双边关税，将降低进出口贸易的交易成本及生产成本，促进两岸钢铁产品进出口，从而使双方获得贸易创造的利益。两岸钢铁贸易中最突出的一个特点就是互补性非常强，这使得双方深化钢铁产业合作后将产生明显的贸易创造效果，而发生贸易转移的可能性将比较小。两岸的"三通"，使得双方的交易成本与运输成本大大降低，与其他台湾进口钢铁产品来源国相比，大陆钢铁产品在台湾市场上的价格将会具有一定的优势。台湾岛内钢材半成品短缺，从前几年大陆对台半成品出口情况看，出口量不很稳定，其中，两岸未直接通商是重要原因之一。深化两岸钢铁产业合作，大陆对台钢材半成品出口将会稳定增加。增加最多的将是钢坯、铁合金、钢筋、线材、中厚板、焦炭、半成品等原料、中低端产品。

深化两岸经贸合作，取消双边非关税壁垒，将降低贸易成本，减少贸易障碍。非关税壁垒的降低也间接地体现了贸易创造的效果。根据 UNCTAD（1994）的研究报告，仅与通关相联系的各种程序所付出的成本就相当于贸易总值的 7% ~ 10%，如果在这些领域协调一致，那么这些成本将减少 25%，也就是说将增加相当于贸易总值 1.75% ~ 2.5% 的收益[①]。以 2004 年的数据计算，深化两岸钢铁产业合作，通关程序的简化协调将使大陆钢铁行业至少增加 25.54 百万美元的经济收益。此外，在两岸经贸合作的安排下，双方通过建立区域内电子数据交换系统，协调海关、银行、运输部门的管理和经营，将大大提高双边贸易的效率。如果能够在此基础上建立其电子商贸系统，双方还

---

① 叶辅靖：《走向 FTA——建立中国东盟自由贸易区的战略与对策》，中国计划出版社 2004 年版，第 34 页。

将获得更大的出口收益。

（3）有利于大陆企业利用台湾的资金资源

深化两岸钢铁产业合作，稳定两岸关系政策，对扩大台商对大陆钢铁行业的投资将产生十分积极的推动作用。按照国家产业政策和结构调整方向吸收台资，可以缓解大陆钢铁产业资金不足的局面，提升大陆钢铁工业的产业竞争力，缓解大陆供需结构矛盾。大陆钢铁企业市场新产品开发投入将会逐渐加大，新产品开发与投入生产的速度也将加快。

（4）对相关产业的影响

①对下游产业的影响。钢铁产业的发展，将会带动下游汽车、船舶制造、机械制造、家电产品等相关产业的发展。钢铁行业下游产业使用的许多原料大部分是台湾的优势产品，大陆从台湾进口量大，如电脑产品所需原料电镀锌卷、汽车所需原料冷轧、热轧钢板、电吊扇所需原料电磁钢片等，两岸钢铁贸易投资的自由化有利于这些产业降低生产成本，提高产业竞争力。

②促进现代物流业的发展。钢产品以及钢铁原料作为世界大宗贸易产品，在两岸物流市场中具有非常重要的地位。例如，钢厂提供剪切配送服务是钢材面向高附加值产品如涂镀、电工钢产品用户、降低用户采购成本的主要渠道。为此，大陆钢铁业龙头企业宝钢已在大陆四大地区建立了剪切中心。未来台湾钢铁业在大陆建立各类钢品剪切中心也势在必行。又如，大陆许多大中型钢铁企业为配合钢品的深加工，正在逐步兴起在靠近最终用户的区域建立钢材加工中心。这是由于下游行业如家电、轻工、汽车、机电等行业均实行专业化生产，其所用原料多为钢材加工成的半成品，都是由介于钢铁企业与最终用户之间的钢材加工中心完成的。

（二）对台湾的成本收益分析

1. 收益

从贸易的角度看，深化两岸钢铁产业合作，对贸易方式的影响最大，推进两岸经贸合作和两岸"三通"直航将可节省物流运输与时间的直接成本，及人员的往返成本。

根据台湾"经济部工业局"委托"中华经济研究院"的研究调查（2002 年 10 月），各种制造业厂商"预期"直航后，在产品与原料的运输上可节约 14.56% 的成本，在员工的往返上可节约 26.45% 的成本；在投资方面，基本金属及金属制品产业的厂商，在深化两岸钢铁产业合作后，将会增加对大陆的投资，增长比例为 16.82%（见表10－14）。

表 10－14   企业因两岸直航后投资决策意向改变情况

产业名称	样本数	投资决策			平均投资变动率（%）
		增加投资	减少投资	不受影响	
基本金属及金属制品业	22	9 (50.00)	2 (－40.00)	11 (0.00)	16.82

注：括弧内为计划增加（或减少）之厂商回答预期增加（或减少）之比例。

资料来源：陈丽瑛、王思粤、郭乃峰、杨浩彦：《两岸三通对台湾产业之影响——总体经济效果之评估》，2002 年大陆经济发展研讨会，"中华经济研究院"举办，2002 年 10 月 3 日。

除此之外，大陆低廉的劳动力成本、广大的市场和丰富的原材料将使台湾的资金有更大的活动空间，并将使台资获得更大的回报，而这也是台湾方面加强两岸钢铁工业交流与合作的最主要动因。

2. 成本

目前，大陆是台湾资金最理想的去处，其低廉的劳动力成本吸引着台资进入大陆。随着两岸钢铁产业合作的深化，新一波的台商投资大陆热潮将会被掀起，这就可能会使台湾面临一个自身较难解决的严重问题，即低层次劳动力的就业问题。目前，台湾当局担心岛内一些产业的外移会引起台湾岛内产业出现"空洞化"。如果实现两岸投资便利化后台商过度投资大陆，引起台湾岛内产业"空洞化"以及大量低层次劳动力失业，将会使台湾内部矛盾激化[1]。

----

① 李罗力：《2000 年以来两岸经贸走势及入世后之展望》，《开放导报》2002 年第 1 期。

五、深化两岸钢铁产业合作的政策建议

随着两岸经贸关系的进一步发展，根据两岸各自存在的比较优势，深化两岸钢铁产业合作，已经成为推动两岸经济发展以及产业结构升级换代的必然要求。在通过对深化两岸钢铁产业合作后两岸钢铁产业的成本收益权衡后，如何在推动深化两岸钢铁产业合作的过程中采取有效的措施促使收益最大化并将成本降到最低，将是两岸钢铁工业实现优势互补的关键所在。

1. 大陆方面

首先，应尽量减少和避免由于钢铁行业盲目投资和低水平重复建设引发的环境、金融和社会问题。大陆主管部门要引导产业结构调整和升级，调整战略布局，充分利用两岸各种资源和要素；同时，必须要限制发展能力已经过剩、质量低劣、污染严重的长线材等品种，对市场准入制度进行严格监控。

其次，在深化两岸钢铁产业合作的过程中，要通过资产重组，鼓励通过兼并、收购等方式来提高钢铁企业的集中度，发展大型高效的钢铁企业，只有当钢铁行业具有规模经济的特征后，才能更多地增加研发投入，企业才能具有自己的核心竞争力，才能走向高效益和可持续发展的道路。

再次，加大技术改造力度，提高技术装备水平，扩大高技术含量、高附加值产品的研发和投产。与大陆相比，台湾具有技术方面的优势，在深化两岸钢铁产业合作的过程中，两岸要通过交流考察、学术研讨会、共同开发等多种形式和多种平台加强在技术方面的交流和合作，以不断开发出更高技术含量、更高质量标准、更高经济效益的新型产品，提高钢铁产品的国际竞争力。

最后，与相关行业结成战略联盟，建立安全产业链。现在钢铁行业竞争已经不仅仅是企业和企业的竞争，更重要的是产业链之间的竞争。一方面，从大陆钢铁工业发展的实际出发，铁矿石、焦炭和焦煤、电力供应、铁路运输及卸港能力等支撑条件，是制约大陆钢铁工业发展的主要因素，钢铁企业应同铁矿、煤矿、运输企业建立长期战略联盟关系，努力缓解制约因素对钢铁工业发展的影响；另一方面，钢铁工业还要和下游产业结成联盟，这样才能在赢得市场的同时巩固自身的竞争力。

与此同时，大陆在推动两岸经贸往来原有的政策基础上，还要在产权改革、保护知识产权、环境保护和污染治理方面加强立法，建立起更完善的市场经济法规体系。

2. 台湾方面

为推动两岸钢铁工业的交流和合作向前发展，实现大陆和台湾钢铁产业的优势互补，台湾当局目前的相关政策必须做出改变。

第一，台湾当局应取消所谓的"戒急用忍"和"南向政策"，停止对台商投资大陆的阻碍。

第二，作为重工业的钢铁工业，其投资额度都比较大，台湾当局应该逐步放宽投资大陆的资金额度限制，直到取消这种限制。

第三，台湾当局应该逐步放开两岸钢铁产业各种产品在贸易方面的限制。

第四，为促使两岸钢铁产业交流和合作的深入，台湾当局应该取消对两岸人员往来方面所作的种种限制，同时促使人员和技术随资金在两岸间自由流动。

第五，台湾当局应该推动两岸直接"三通"，只有这样才能降低两岸之间在投资、贸易和往来方面的成本，使两岸钢铁产业更有效地实现优势互补。

此外，台湾在深化两岸钢铁产业合作过程中，还应该不断进行产业结构调整和升级，积极培育和扶持岛内的新兴产业，只有这样才能有效地避免岛内产业"空洞化"的发生以及由此带来的一系列不良影响。

第十一章　石化产业

一、两岸石化产业发展历程

大陆石油石化工业自 20 年纪 50 年代以来，由小到大，总体规模已进入世界前列，在国民经济中属于重要支柱产业，具有举足轻重的地位。

大陆石化产业的发展主要经历了三个阶段：

第一阶段为起步阶段（1962~1975 年）。利用自有技术建设了高桥石化公司、大连石化公司等一批小型石油化工厂，并从德国鲁齐公司引进了砂子炉裂解技术，建设了两套 3.6 万吨/年乙烯装置。乙烯生产能力由 0.5 万吨/年提高到 9.4 万吨/年，年均增长率为 25.3%。

第二阶段为奠基阶段（1976~1986 年）。引进国外的先进技术，先后建成了燕山石化公司、上海石化总厂、辽阳化纤公司以及吉林化学工业公司的乙烯装置。其生产能力由 9.4 万吨/年提高到 72.3 万吨/年，年均增长率为 20.4%。

第三阶段为高速发展阶段（1987 年至今）。目前大陆石化产业已经形成以三大石油石化公司［即中国石油天然气集团公司（中国石油）、中国石油化工集团公司（中国石化）和中国海洋石油总公司（中海油）］为产业核心的发展模式，并通过重组改制将各自的主业优良资产集中起来，设立股份公司，其股票在国内外成功发行上市，初步建立起现代企业制度，具有上下游、产供销、内外贸一体化较为完善的业务结构，从而奠定了参与国际竞争的基础。

二、两岸石化产业现状及竞争性、互补性分析

（一）两岸石化产业的现状

2004年，大陆原油一次加工能力约 3.15 亿吨/年（居世界第二位）；乙烯生产能力为 608.5 万吨/年（居世界第三位）；合成树脂生产能力为 1950 万吨/年（居世界第二位）；合成纤维生产能力为 1310 万吨/年（居世界第一位）；合成橡胶生产能力为 139 万吨/年（居世界第四位）。然而，大陆的石化产业规模经济水平普遍较低，无论是炼油装置还是化工装置，生产规模同国外相比，都存在很大的差距，尚缺乏在国际市场上的竞争力。

台湾石化产业大致也经历了三个发展阶段：

第一阶段为 20 世纪 50~60 年代的"起步期"。从 1948 年到 1968 年，台湾的化学工业以发展农用和无机化工产品为主，在此期间，塑料、橡胶加工业所需原料基本上依靠进口。到 20 世纪 60 年代，台湾的化肥、酸碱已基本能够自给，塑料与橡胶加工业也达到一定的水平，为石油化学产业的发展创造了较好的条件。

第二阶段为 20 世纪 70 年代初至 20 世纪 80 年代中期的发展期。这一时期台湾石化产业发展迅猛。进入 20 世纪 70 年代之后，台湾把石油化工列为重点发展的工业部门，相继建成轻油裂解装置，生产乙烯等石化基本原料。一方面，"中油"的第二、三、四轻油裂解工场相继建成投产，使台湾的石化中间原料产能提升；另一方面，由于乙烯、丙烯、丁二烯和芳香烃四大系列产品的生产厂家从数量到规模都有较快的发展，使台湾乙烯的生产能力达到 95.3 万吨，形成了从炼油到裂解、石化基本原料、中间原料等完整的石油化工体系。

第三阶段为 20 世纪 80 年代下半期以来的转型期。台湾的经济、社会环境发生了很大变化，环保抗争、劳工成本攀升和建厂土地难以

取得的问题和矛盾持续深化，石化产业的格局发生了重大的变化。就石化上游产业而言，台湾当局放松了生产管制，开放民营投资，产量趋于增长；就石化下游产业而言，台湾厂商纷纷移出岛外，进入20世纪90年代后，下游产业外移加速导致岛内"空洞化"。

台湾的石化产业在经济发展中，一直扮演着重要的角色。根据台湾经济学家测算，在台湾工业部门中，产业关联效应大的产品首推石化业。1980～1992年，台湾石化及相关工业产值占制造业产值比重达1/3以上，目前也占1/4左右，提供的就业机会占制造业的20%以上。随着经济结构调整和人民生活品质的提高，对石化产品和汽车产品的需求量也不断增加，其经济地位不断上升。台湾石油化工产业链发展之路与大陆是相反的。大陆是从上游走向下游，下游发展缺乏经验。台湾是从下游走向上游，走的是"逆向发展"的模式。台湾自石化产业的下游加工开始，而后再向中、上游发展，目前已形成上中下游产业相互整合的产业体系。但近年来，由于受资源、环保、土地和工资上涨等因素的困扰，台湾石化面临原料短缺、下游产业纷纷外移、市场供求失衡等一系列问题。

（二）两岸石化产业的竞争性和互补性

从大陆与台湾石化行业的比较优势指数分析，台湾石化产业具有较强竞争力，其专业化水平高于大陆的石化产业（见表11－1）。

表11－1　2002～2003年台湾与大陆石化产业的显示比较优势指数

年　　份	大陆 RCA	台湾 RCA
2002	0.58	1.32
2003	0.79	1.47

资料来源：台湾数据：台湾"行政院主计处"，http：//www.dgbas.gov.tw/；

大陆数据：《中国统计年鉴》（2000～2004年）。

由于两岸石化产业处于不同的发展阶段，所具特点各不相同。

首先，两岸石化产品的供需之间具有一定互补性。大陆的合成树脂、合成橡胶、合成纤维以及合纤原料等石化产品生产长期不能满足需求，每年都要大量进口；而台湾同类产品除己内酰胺、乙二醇和丙烯腈外基本上供大于求。

其次，台湾石化产业生产技术已较成熟，但市场过小，天然资源缺乏，开发力量不足，加工业发展规模难以扩大，迫使下游产业不断外移；而大陆石化上游规模庞大，劳动成本低，天然资源相对丰富，为台湾石化产业的发展留下了很大的空间。

表 11－2　海峡两岸石化产业优劣势比较

	台　湾	大　陆
优势	1. 石化产业成熟且体系完整 2. 资金充裕 3. 具有完整的行销网络 4. 具备优良经贸人才 5. 经营能力及成本观念强 6. 信息畅流 7. 产品商品化能力强	1. 石化相关基础研发人才众多 2. 石化上游规模大 3. 全球最后一个潜力雄厚的消费市场 4. 劳工成本低 5. 天然资源丰富
劣势	1. 生产规模较小 2. 内需市场小 3. 研究能力不足 4. 要素成本高 5. 天然资源欠缺	1. 信息、资金缺乏 2. 商业人才缺乏 3. 国际行销通路不够完整 4. 公共基础设施不足 5. 市场经济体系不完整 6. 中下游发展不足 7. 南北发展不平衡 8. 外国投资法令不健全 9. 欠缺产品商品化能力

三、两岸石化产业的相互开放

（一）两岸石化产业的相互开放政策

1. 两岸石化产业投资政策

大陆对台资一贯持欢迎态度，并制定了优惠政策鼓励投资。自20

世纪 80 年代初，以劳动密集与加工著称的台湾中小企业，为了掌握较低的制造成本要素，来维持出口价格的竞争力，陆续地借由第三地，以非公开方式前往大陆投资。1987 年，台湾政府才逐步采取对大陆开放的政策，劳动密集型传统产业大举西进，石化产业的下游产业如制鞋、玩具等出现了大规模转移大陆的现象。

20 世纪 90 年代初起，由于下游产业的西进带动中间物料的大量需求，同时由于台湾开始以资讯电子产业为经济发展的重心，石化产业不再被列入鼓励发展的产业，台湾政府不但没有给予石化产业诸多优惠，还规定以内需为主，不再鼓励大量出口；同时在政策上开始开放一些耗能原料的产业赴大陆生产再回销台湾，于是，石化产业的中游原料厂商在这个时期也开始向大陆投资了。

1996 年，台湾当局实行"戒急用忍"以及"不准大陆资金进入台湾"的政策。自 1997 年起，台湾当局对台上市公司规定赴大陆投资要符合"投资金额比例限制"，为台商对大陆的投资设置了种种障碍，乙烯、丙烯、丁二烯、苯及二甲苯五大类均被列为禁止类，使得台湾石化业面临在台湾发展不能、向祖国大陆投资又不可的艰难境地。2000 年后台湾当局对台上市公司有所"松绑"，但只是对台商大陆投资限制的有限"松绑"。台湾当局目前仍然对岛内石化上游企业投资大陆的金额上限进行较为严格的限制。

2. 两岸石化产业贸易政策

在贸易领域，台湾当局对大陆实行"管进不管出"的政策。

台湾对大陆石化产品进口的开放大致可分为三阶段：

第一阶段为视探性开放阶段（1988～1992 年）。台湾政府试探性地开放了一些原料的进口。

第二阶段为起飞阶段（1993～1995 年）。开始允许大陆石化产品进口。这主要是由于 1990 年年初正逢台商赴大陆投资热潮，台商生产的制成品（半成品）回销台湾的需求大幅增加，台湾"经济部"在 1993 年一年便开放了 1729 项，其中也包括了石化类的产品。

第三阶段为"负面表列"管理阶段（1996 年至今）。自 1996 年 7 月实施"负面表列"后，准许从大陆进口的石化类产品总项数大幅增加。

3. 两岸加入 WTO 石化产业方面的承诺

大陆在加入 WTO 时起，原油的进口关税从 16 元／吨降至 0，汽油由 9% 降至 5%，润滑油由 9% 降至 6%，燃料油由 8% 降至 6%，液化石油气由 6% 降至 5%。加入 WTO3 年内开放成品油零售，加入 WTO5 年内开放成品油批发。实际政策放开步骤基本在 2004 年展开。2004 年 1 月 1 日，取消对三大国营公司成品油进口的配额管理；2004 年 4 月，新批 10 家原油进口贸易机构，其中 5 家为独立贸易商；2004 年 8 月底，15 家非国营企业取得原油成品油进口资格，但规定，所进口原油须由中石化或中石油炼厂加工，并按配额进口；2004 年 10 月，法国道达尔与中国中石化签署协议合资兴建加油站；2004 年 11 月，英国 BP 与中石化和中石油分别组建合资公司兴建加油站。

台湾加入 WTO 石化产业承诺有原料零关税；化学中间产品降为 5.5%；化学产品降为 6.5%。

（二）两岸石化产业合作的状况

台湾石化产业是发展比较成熟的产业，但近年来受资源、环保、土地、工资等因素困扰日趋严重，不仅下游产业加速外移，中、上游产业在面临原料短缺、市场竞争加剧的压力下，也出现较大规模的外移趋势。相对而言，大陆经济快速增长，对石化原料需求量日增，从低层次的塑料加工到高级的电子石化原材料及化工产品等，都有巨大的市场。同时，大陆的基础研究力量比较强，基础研究投入比较高；而台湾的化工企业，则是商业化能力很强。此外，大陆石化产业规模经济水平比较低，技术装备水平不高，管理体制还有待进一步完善。两岸石化产业在产品、技术、市场等方面均有较强的互补性，若通过后向整合运作，带动与中、上游产业的合作，从而建立起两岸石化产业上、中、下游的产业一体化的配套协作体系，提高产业集聚度，对促进大陆石化产业的发展和缓解台湾石化产业面临的挑战都是有益的。

1. 贸易领域

大陆已是台湾许多石化原料、半成品和成品的重要外销地区，而且在大陆的客户中还有部分是以外销为主的台资中下游加工业，它们购买台湾石化产品，或因当地原料供应不足，或因长期以来习惯使用台湾原料，是台湾石化企业的稳定市场。由于台湾对大陆销售份额很大，事实上大陆已成为台湾石化产业的重要市场，两地市场联系日益紧密。

2. 投资领域

台湾石化产业在大陆投资，已经有相当大的规模，其经营重点主要都集中在中上游的石化原料和中下游的塑料原料的生产上，也就是塑料业和橡胶业，投资地区分布主要集中在经济发达、交通便利的东部沿海地区，如长三角和珠三角地区（见表11-3）。

表11-3　近年台湾石化产业在大陆的主要投资计划

投资公司	产品名称	投资地区	完工年度	赴海外投资主要原因
南亚	硬质胶布、PVC 薄膜	大陆江苏	1998	拓展海外市场
	PU 合成皮	大陆江苏	1999	拓展海外市场
	PVC 软质胶布	大陆江苏	1999	拓展海外市场
	PVC 管	大陆南通	1998	拓展海外市场
	塑料加工制品	大陆南通	1999	拓展海外市场
	建材门框、洁美胶膜	大陆南通	2000	拓展海外市场
	PVC 塑料管	大陆厦门	2000	拓展海外市场
	PVC 硬质管件	大陆厦门	2000	拓展海外市场
	PVC 软质胶布	大陆广州	2000	拓展海外市场
	PVC 胶布	大陆广州	2001	拓展海外市场
	PVC 硬质管件	大陆重庆	2000	拓展海外市场
中橡	碳烟	大陆江苏张家港	2001	拓展海外市场
	碳烟	大陆安徽马鞍山	1999	利用购并进入当地市场
		金星化工碳烟厂	2000	扩建产能
	碳烟	大陆辽宁国有碳烟厂	2001	利用购并进入当地市场
和桐	AB	大陆南京	1996	拓展海外市场
奇美	PS	大陆江苏镇江	1998	拓展海外市场
	ABS	大陆江苏镇江	2000	拓展海外市场

续表

投资公司	产品名称	投资地区	完工年度	赴海外投资主要原因
联成	DOP	大陆上海	1997	拓展海外市场
	PA	大陆广东中山	1999	拓展海外市场
	DOP	大陆广东中山	1998	拓展海外市场
台橡	SBR	大陆南通	1998	配合当地下游加工业
国乔	ABS	大陆江苏镇江	1999	配合当地下游加工业
台达	EPS	大陆广东中山	2000	拓展海外市场
	EPS	大陆广东中山	2000	拓展海外市场

资料来源：转引自张惠郁：《浅谈台湾石化工业与中国大陆贸易发展概况》，http：//iek. itri. org. tw，2002 年 5 月 31 日。

近年来，在业界的压力下，台湾政府对中上游石化产业投资大陆的政策有所放松。仅 2002 年就实现了如下投资：

2002 年 5 月，台湾"中油"获当局同意与大陆中国海洋石油公司签订《台潮石油合约》，成立石油和天然气开发合资企业，这是两岸石化产业建立的首个大型合资公司。

2002 年 7 月，名列台湾 70 强企业之一的长兴化学工业公司，在珠海高栏港建成石化基地。此次在珠海高栏港投资的石化项目建成了目前世界上同类产品中最大的树脂厂。由于长兴的带动，台湾一批化学企业纷纷踏足珠海高栏港，并在长兴的附近兴建 720 多个化工企业，形成了以台商为主的庞大石化工业群。

2002 年 9 月，石化公会与中石化集团总公司合作，共同兴建年产 70 万吨乙烯、35 万吨丙烯的轻油裂解厂。

四、深化两岸石化产业合作的成本收益分析

（一）对台湾的影响

1. 从贸易的角度看

首先，两岸"三通"直航将可节省物流运输与时间的直接成本，

及人员的往返成本。

根据台湾"经济部工业局"委托"中华经济研究院"的研究调查（2002 年 10 月），各种制造业厂商"预期"直航后，在产品与原料的运输上可节约的成本中，石化产业厂商的"预期"如表 11-4 所示，每年可节省 10.31% 的成本，比总体平均水平的 14.56% 来得低。运输成本的降低，在一定程度上可提高中国台湾地区与韩国、日本相比对中国大陆出口石化产品的竞争力，并有可能进一步提高台湾地区在大陆石化产品进口中的地位。

表 11-4　在货物运输及员工往返上每年可节省成本

	产品及原料的运输上		员工的往返上	
	比重（%）	金额(万元新台币)	比重（%）	金额(万元新台币)
化学品制造业	10.31	169.20	18.97	75.44
全部产业平均	14.56	375.90	26.45	99.90

资料来源：陈丽英：《两岸三通对台湾产业之影响》，载《台湾银行季刊》第 55 卷第 2 期。

其次，对台湾经济会产生一定的冲击。

一般来说，大陆的商品价格平均会低于台湾商品的价格，开放大陆商品进口将导致台湾商品平均价格下降，一方面使得以进口品为直接投入的石化类产品成本降低，另一方面对台湾石化产业的生产及就业产生冲击。石化产业的生产产值将减少 70.55 亿元新台币，GDP 减少 22.23 亿元新台币，就业人口减少 1990 人。

就具体产品而言，不同的产品受到的冲击是不同的。绝大多数石化类产品在台湾的生产产值都将下降，只有塑胶和化学肥料在台湾的生产产值是增加的，因为这两者都属于石化产业的中上游产品（见表 11-5）。

2. 从投资的角度看

由于投资计划需要相当长时间的酝酿调整，因此对直接投资短期内影响尚不至于太大。从中长期来看，由于台商在两岸已初步建立产业分工体系，深化两岸石化产业合作必将进一步扩大两岸石化产业分工，台湾可能将生产基地移转到大陆而增加大陆投资。

表 11 - 5 深化两岸石化产业合作对台湾石化产业的影响

部　门	生产产值增减 （百万元新台币）	GDP 增减 （百万元新台币）	就业人数增减 （人）	就业人数增减 幅度（％）
其他化学制品	−3413	−874	−1082	−7.02
其他化学材料	−194	−61	−50	−0.98
塑胶	683	113	74	0.37
石油炼制品	−760	−267	−35	−0.48
原油、天然气及地热	−72	−58	−22	−1.21
基本化工原料	−3375	−1105	−897	−8.45
化学肥料	76	29	22	1.34
合计	−7055	−2223	−1990	−16.43

资料来源：根据台湾"行政院主计处"，http：//www.dgbas.gov.tw 的资料计算。

台湾"经济部工业局"委托"中华经济研究院"的研究调查（2002年10月）认为，石化产业的化学品制造厂商，在深化两岸合作后，会减少对大陆投资的平均比例为3.38%。而橡胶和塑料制品厂商则会增加在大陆的投资，增加的比例分别为5.56%和17.89%（见表11−6）。

表 11 - 6 石化产业投资决策改变的调查结果

	样本数	投资决策			平均投资 变动率
		增加投资	减少投资	不受影响	
化学品制造业	24	5 （15.80）	5 （−32.00）	14 （0.00）	−3.38
橡胶制品制造业	9	2 （25.00）	1 （0.00）	6 （0.00）	5.56
塑料制品制造业	19	8 （42.50）	0 （0.00）	11 （0.00）	17.89

注：括号内为计划增加（或减少）的厂商回答预期增加（或减少）的比例。
资料来源：陈丽英，《两岸三通对台湾产业之影响》，载《台湾银行季刊》第55卷第2期。

首先，由于台湾对大陆石化产业的投资额各年略有差异，先根据2002年、2003年、2004年的投资额计算出台湾石化产业平均投资外移金额。再根据前面的调查结果，用石化产业平均投资变动率乘上平均投资外移金额，得出深化两岸合作后台湾石化产业对大陆增加的投资。

其次，利用产业关联表，分析增加的投资对台湾石化产业产出的影响。再利用劳动投入系数，来估计对就业量的影响（见表11-7）。

表11-7 石化产业对大陆增加投资对台湾石化产业产出和就业量的影响

	生产产值（百万元新台币）	就业人数（人）
化学品制造业	22502.929	1450
橡胶制品制造业	-3061.951	-1496
塑料制品制造业	-1230.874	-1756

资料来源：根据台湾"行政院主计处"，http：//www.dgbas.gov.tw 的资料计算。

从以上分析可以得知，深化两岸石化产业合作后，台湾增加对大陆的投资将增加台湾石化产业生产总值，减少就业人数，对台湾石化产业的影响还是相当大的。

（二）对大陆的影响

从贸易的角度看，深化两岸石化产业合作可使大陆部分石化产品有望对台湾出口。台湾石化原料如烯烃类、芳烃类、合纤原料供不应求，依赖进口。还有一些石化产品则在过剩、净出口的情况下仍有进口。深化两岸合作将会给大陆向台湾出口石化产品带来机会。

从投资的角度看，根据前述的"中华经济研究院"的报告，深化两岸经贸合作，台商预计将增加对大陆橡胶和塑料制品制造业等中上游石化产业的投资，这些投资将带动大陆石化产业上、中、下游的产业一体化整合，提高产业集聚度。

同时，其可获得的正面效应还表现为：

首先，可以通过技术交流，提高两岸的炼化科技水平。两岸石油石化业经过多年努力，各自拥有一些技术，例如在炼油方面，大陆拥有成套炼油技术，重油加工技术较强；台湾地区炼制高硫原油的经验丰富。两岸石油石化业均设有研究机构，将来可进行技术交流合作与成果转让。

其次，有利于加强油气勘探开发方面的合作。我国每年新发现的油气资源中有近半数处于复杂地表条件的地区，如沙漠、海洋、滩海等，且大部分是低渗透、稠油等难采资源，急需借鉴国外先进技术，进行勘探、开发、生产。深化两岸石化产业合作，有利于扩大和加强同台湾大石油公司的技术合作，采用高新技术攻克世界性难题。同时，加快油气勘探开发、炼化和化工技术改造、大陆长输管道建设也可做到风险分摊，利益共享。

深化两岸石化产业合作将给大陆尤其是我东南沿海沿江的石油石化工业带来一定的竞争压力。在炼油与油品销售领域，大陆经济快速增长，能源需求大幅增加，除汽油过剩外，其他油品均有缺口，而台湾地区由于炼油能力迅速增加，除残渣燃料油供应不足外，汽油、煤油和柴油均有过剩。从油品品质上看，台湾炼厂生产的油品采用较严格的标准，能够满足大陆的油品质量要求；从炼油成本看，台湾地区炼厂的平均吨油加工费比大陆地区低20%（大陆地区炼厂平均吨油加工费约为217元）；从运输成本看，台塑在麦寮炼厂拥有可泊20万吨油轮的自有港口，中油在大林、左营的两座炼厂地处高雄港，这3座炼厂离大陆沿海一带距离比大陆"北油南运"的距离要近，且海运成本比陆运成本低。可以预见，深化两岸石化产业合作，台湾可以向油品消费量大、供应相对不足的广东、福建等地区出口大量油品。

五、对大陆的政策建议

为促进两岸石化产业合作和进一步发展，应将石化产业中已不适应台湾产业发展但又对大陆产业升级有促进作用的相关产业，加速从台湾向大陆转移。

因此，对大陆来说，在投资政策方面，首先要研究细化台湾石化产业中需要转移的生产工序或零部件产品；其次要做好产业对接工作，建立石化基地，保证顺利承接台湾石化产业的转移，使得大陆在引进台湾石化产业的同时，充分发挥其核心与聚集效应，不断延伸产业链，带动配套协力厂；再次要增加对石化产业中上游产品的研发及技术培训，提高其产业的竞争力；最后，由于石化产业是一个污染较大的产业，大陆应定好环境标准，尽量避免以环境为代价的发展，促进产业的可持续发展。

在贸易政策方面，首先应组织一个研究小组，安排一个时间表，为具体的石化产品减免关税；其次应实行原产地原则，按照原产地规则，深化两岸石化产业合作，将缓解台湾担心产业资本大规模转移到大陆而造成岛内"产业空洞化"的压力，也可改善台湾的投资环境，摆脱由于投资减少而带来的经济发展的困境。

第十二章 机械业

一、两岸机械工业发展历程

机械工业是国民经济的基础性产业，也是国民经济的装备产业，承担着为国民经济各部门、各行业提供技术装备和生产工具的任务。因此，机械工业的发展水平在很大程度上影响甚至决定着相关产业部门的技术进步和产业发展水平。从世界各国工业化历程看，机械工业的优先发展是经济腾飞的必要条件，没有现代化的机械工业就不可能有现代化的工业、农业、国防，机械工业的技术水平和规模是衡量一个国家或地区经济实力的重要标志。

（一）大陆机械工业的发展

机械工业在整个国民经济中占有重要的地位，改革开放后，伴随着中国经济持续快速的发展，机械工业也取得了巨大的成就。近二十年的时间中，大陆的机械工业的结构调整和产业升级步伐明显加快，增长质量有了很大提高，机械工业综合实力和科技实力得到了较大提升。（1）机械工业高速发展，继续发挥对工业、对国民经济发展的重要牵引作用。2001年大陆机械工业增加值比1990年增长5.2倍，1990～2001年平均年增18%。以2004年为例，2004年机械工业仍然保持了历史上少有的增长速度，全年完成工业总产值32711亿元，比上年增长 27.41%；完成工业增加值 8635 亿元，比上年增长 22.75%；完成销售收入 31902.3 亿元，比上年增长 27.7%。① 特别是在"十五"时期机械工业对国内生产总值及工业高速发展的贡献率分别达 8.59% 和 17.40%。从总量看，中国机械工业已成为世界第四大生产国，多种机械产品产量已居世界前列，其中以汽车与机床产品为代表。(2) 产品结构与组织结构显著改善，日趋合理。首先在产品结构上，在机床的产值数控化率，"九五"末期不到 30%，2005 年提高到 47.3%。轿车占汽车总产量比重达到 48.55%，比"九五"末期提高 19.03 个百分点。30 万千瓦、60 万千瓦机组在火电设备总产量中的比重达 70%，比"九五"末期提高 17.14 个百分点。其次在组织结构上，在扶优扶强等一系列政策引导和支持下，生产要素加快向优势企业集中，汽车、发电设备、机床等重要产品的产业集中度不断提高；加快产业重组，加速形成具有国际竞争力的企业集团，在 100 家最大机械企业中，最大规模由 2003 年的 381.63 亿元提高到 2005 年的 604.93 亿元；在 30 家最大汽车企业中，最大规模由 1191.79 亿元提高到 1529.60 亿元。(3) 机械工业技术进步明显，生产效率快速提高。其中大规模的技术改造推进了装备制造业企业技术结构升级。重大技术装备自主研制与生产取得巨大成果。近年来，运用国债资金，依托重大项目，支持装备制造业发展，组织了大型乙烯成套设备、"西气东输"工程成套设备、三峡工程成套设备、大型循环流化床成套设备等项目的研制工作，有效地提升了装备制造业的技术水平。(4) 机械产品进出口继续保持强劲增长，在国家外贸中的作用不断增大。特别是在加入世贸组织以后，我国认真履行了对外承诺，到 2004 年我国机械产品关税基本上降到承诺的最终水平，同时机械工业产品非关税进口控制措施已全部取消。2004 年我国实现外贸进出口总值突破万亿美元大关，其中机械工业实现进出口总额 2227.8 亿美元，高于全国外贸进出口增长 9.7 个百分点。"十五"期间机械产品出口创汇共达 3188 亿美元，居全球第四位，为同期全国外贸出口总额的

---

① 中国机械工业年鉴编辑委员会《中国机械工业年鉴 2005》。

13.37%。一般贸易比重呈上升之势；出口商品结构优化。汽车产品出口额首次大于同期进口额，标志着我国汽车产品走向国际市场的时代已经来临；数控机床在出口机床中的比重快速提高；成套发电设备出口极具竞争力，已成为重要的出口商品。

虽然中国机械工业发展很快，综合素质有了很大提高，但与目前世界先进国家比较，还有很多不足之处；与国家经济建设的要求比较，差距依然明显。按时代水平衡量，具体表现是"三低"：产品总体水平不高，高端装备及配套件品种满足率低；核心技术受制于人，科技开发能力低；增长方式转变慢，人力、物力利用率低。可以看出，大陆机械工业的高速发展主要是经济崛起；理性地说，离全面振兴、离机械制造强国，仍存在不少距离；而且在发展中还存在一些深层次矛盾亟待解决。

（二）台湾机械工业的发展

1953 年，台湾当局开始推动经济建设计划，当时机械厂仅千余家，多半属于家庭式小型打铁厂。进入 20 世纪 60 年代，台湾当局将机械工业列为发展重点，并指定 1963 年成立的"金属工业发展中心"必须对厂商进行技术指导，在市场需求及政府政策的双重影响下，台湾开始开拓东南亚地区市场，奠定了台湾机械设备外销的基础。此后，两次石油危机使台湾意识到机械产业必须朝能耗系数低、附加值高及技术密集度高的方向发展。台湾机械工业的发展按阶段可以划分为：

1.20 世纪 50 年代，萌芽期。第一期四年经建计划，民生工业发展带动机械工业，由修护装配进入零件及成品制造，主要包括榨油机、碾米机、食品加工机械及木工机械。

2.20 世纪 60 年代，奠基期。第三、第四期经建计划，机械工业被列为发展重点，成立了"金属工业发展中心"；此时台湾机械东扩东南亚，精密技术机械全依赖进口，石化、钢铁、造船、汽车等工业兴起。

3.20 世纪 70 年代，缓进期。工具机及缝纫机大量外销，外销产品已逐渐打进欧美市场。

4.20 世纪 80 年代，成长期。机械被列入了策略性工业，拟订了

《机械工业辅导办法》，已有自动化机械、NC 工具机、射出成型机、放电加工机大量出口。

5. 20 世纪 90 年代以后，自主期。台湾进行六年计划，台湾当局推动"十大新兴工业"发展，促进机械工业水准提升、加速传统性工业现代化，并推动"亚太制造中心"的建设。

（三）两岸机械工业的合作状况

1. 贸易方面

近年来，两岸贸易产品结构发生了明显的变化。两岸贸易产品已由资源比较优势产品逐渐向产业分工型产品转变。据大陆海关统计，2001 年，台湾对大陆出口的十大商品（以贸易金额排序）依次为机电产品、塑胶及其制品、金属及其制品、纺织原料及纺织制品、化工产品、光学仪器、革、皮及其制品、纸及纸板制品、车辆及运输设备，矿物材料制品及矿产品。同时，台湾岛内对机械、资讯通信产品及精密仪器等资本设备进口需求增大，大陆对台湾出口的十大商品（以贸易金额排序）依次为机电产品、贱金属及其制品、矿产品、化工产品、纺织原料及纺织制品、车辆及运输设备、杂项制品、塑胶及其制品、光学仪器、木及木制品。作为两岸贸易主要产品的机电产品近年来贸易额不断上升，大陆贸易逆差巨大。

表 12 - 1　台湾主要机械产品外销大陆与香港金额占该产品出口比率统计表

产　品	2004 年		2003 年		2002 年	
	金额（万美元）	比率（％）	金额（万美元）	比率（％）	金额（万美元）	比率（％）
工具机	34240	45.5	2791.7	48.4	2447.8	49.0
纺织机械（缝纫机除外）	795	43.8	826.2	45.7	865.6	47.8
塑胶机械	1449	47.0	1344.4	50.9	1317	53.3
木工机械	457.7	18.9	408.8	19.1	420.8	18.7
皮革及制鞋机	149.6	41.4	184.7	44.2	286.1	62.2
包装机械	176.9	29.3	193.1	33.8	202.9	37.7
一般机械	15024.2	36.3	13409.2	38.1	12309	37.7

资料来源：《台湾海关进出口统计月报》，2002～2004 年各期。

在出口企业的构成方面，2002 年，大陆的台商独资企业出口到台湾的机电产品达 22.3 亿美元，占机电产品出口台湾的 58.8%；合资企业出口达 4.9 亿美元，占 12.9%；合作企业出口达 0.7 亿美元，占 1.8%；以上台资企业出口占机电产品出口台湾的比重达到 73.5%。国有企业出口达 8.5 亿美元，占 23.8%。同期台商独资企业从台湾进口机电产品达 132.5 亿美元，占自台湾进口机电产品的 61.8%，是进口机电产品中进口金额最大、增长最快的；合资企业进口达 24.5 亿美元，占 11.4%；合作企业进口达 7.4 亿美元，占 3.4%，以上三项共占 76.7%。国有企业进口达 44.3 亿美元，占 20.6%。

两岸贸易方式方面，在 2002 年大陆对台出口和自台进口的机电产品中，加工贸易增长幅度分别为 47% 和 81%，所占比重分别为 81% 和 62%；一般贸易的增幅分别为 38.6% 和 36.8%，所占比重仅分别为 18% 和 17%。

表 12 - 2　2002～2004 年台湾一般机械从大陆与香港进口统计表

年　　份	金额（百万元新台币）	占当年一般机械进口比率（%）	比上年增长率（%）
2002	12873	3.7	44
2003	17823	4.3	38
2004	29026	4.8	63

资料来源：《台湾海关进出口统计月报》，2002～2004 年各期。

2. 投资方面

台商对大陆机械制造行业的投资持续增长。截至 2005 年 7 月，台资累计对大陆精密器械制造业投资金额达 238 亿美元，占对大陆总投资金额的 5.38%；对运输工具制造业投资金额为 165.7 亿美元，占总投资金额的 3.74%；对机械制造业投资金额为 142.4 亿美元，占总投资金额的 3.22%。

据台湾机器工业同业公会的调查，台湾机械业赴大陆投资以工具机业为首，其次为塑胶机械业，工具、刀具、模具业排第 3，第 4 名是机械零组件业，第 5 名为纺织机械，其他依次为制鞋机械、自动化设备、成型工具机、运搬机械、流体机械等。

表 12-3　台湾"经济部投审会"核准对大陆机械制造业投资表

时间	精密器械制造业			运输工具制造业			机械制造业		
	件数（件）	核准金额（百万美元）	占大陆投资核准金额比率（%）	件数（件）	核准金额（百万美元）	占大陆投资核准金额比率（%）	件数（件）	核准金额（百万美元）	占大陆投资核准金额比率（%）
2001		1260	4.5		574	2.1		1163	4.20
2002	267	4333	6.45	102	2184	3.25	169	2325	3.46
2003	381	4782	6.21	158	3210	4.17	208	2816	3.66
2004	111	3079	4.44	64	2594	3.74	.105	1638	2.36
2005.1~7	47	1783	5.94	20	765	2.55	52	1027	3.42
1991~2005.7	3045	23805	5.38	1078	16568	3.74	1371	14239	3.22

资料来源：台湾"经济部投资审议委员会"，http：//www.moeaic.gov.tw。

　　机械业在大陆投资的区域选择上，与台商赴大陆投资分区相同，长江三角洲及珠江三角洲为台商选择投资的两大主要区域，以江苏、浙江、广东及福建为投资的首选标的省市。工具机、塑胶机械、自动化机械、机械零组件以及工具、刀具、模具等行业在长江三角洲及珠江三角洲都有投资。有些产业聚落现象较为显著，如流体机械、纺织机械及运搬机械集中在江苏、浙江的长江三角洲区域，制鞋机械在广东省的东莞投资最多、木工机械则主要出现在广东各城市。

　　机械业赴大陆投资以设厂生产为主，这主要是出于接近市场生产的目的，其次是设立办事处和分公司，作为维修据点及发货中心。

二、两岸机械工业竞争性、互补性分析

（一）从生产能力方面来看

　　大陆已经建成门类比较齐全、具有较大规模的制造体系，产值、利税、企业个数、职工人数等已占大陆工业的 20% ~ 25%，机械工业规模仅次于美国、日本、德国、法国，居世界第 5 位。大陆基础工业部门 80% 以上的生产能力是由大陆设备提供的，农业装备几乎全部由自己提供，部分重要产品的产量已跃居世界前列。但大陆机械工业的生产集中度低，规模效益差，低水平重复严重，企业组织结构散乱，未能形成一批占有较大市场份额、具有国际竞争力的大企业和企业集团，也未能形成一大批专业化协作配套厂。大陆机械工业前 300 家企业的生产集中度（这些企业的销售额占整个机械工业的比重）仅为 20%，而发达国家一般都在 90% 左右，单个企业的经济规模差距更为悬殊。大陆机械厂的零部件自制率大多在 70% 以上，而发达国家一般只有 20% 左右。"九五"期间大陆有 22 个省、区、市将机械工业（不含汽车）列为本地支柱产业，而且其中的发展重点也基本相同或相似，工业布局的趋同化倾向十分突出。

在台湾地区机械工业现有的生产加工体系中，铸造、锻造、热处理及零组件、配件的粗、细加工和供应等周边产业支援能力均非常强，且基本组件如轴承、齿轮、钢材、电控元件等，岛内在一定品质要求下皆可供应，形成了一个强大的生产体系，使台湾产机械无论在交货、零配件的供应、售后服务效率还是在产品品质等方面，均有不错的竞争力。同时由于机械应用范围涵盖广，且各领域间技术独立及专业性高，以致产品种类非常多，除部分共通零件外，难以大量生产。此外，台湾机械工业还存在着因企业规模小、研发投入小、基础技术与关键技术欠缺而难以大幅提升产品附加值的隐患。

（二）从生产的专业化状况来看

在区域经济发展中，通常利用区位商来判断一个产业的生产专业化状况，判断一个产业是否已成为地区专业化部门。表 12 - 4 分别计算了大陆和台湾机械行业的区位商，从中可以看出，机械产业是台湾的专业化部门，其专业化水平高于大陆机械产业。

表 12 - 4 1999 ~ 2003 年大陆与台湾地区机械产业区位商比较

年　　份	大陆机械产业区位商	台湾机械产业区位商
1998	0.956397	1.183162
1999	0.834181	1.715371
2000	0.88507	1.571089
2001	0.892214	1.653008
2002	0.902858	1.618218
2003	0.927943	1.524448

资料来源:《中国统计年鉴》;台湾"行政院主计处",http://www.dgbas.gov.tw。

(三) 从产品技术水平来看

大陆一些产品已经形成综合比较优势,特别是产品价格具有竞争力。普通机床、农业机械、工程机械等产品在质量、品种、性能和价格等方面可以和国外同类产品相抗衡。大陆产工程机械的价格普遍低于进口原装产品,引进技术实行国产化后的主机市场价格,大体相当于同型号进口产品的 50% ~ 80%;由大陆自行设计、基本用大陆产零配件生产的产品,其价格仅为同型号进口产品的 1/4 左右。但大陆生产的机械产品品种少,技术含量低,质量不稳定。目前大陆主要机械产品中达到当代世界先进水平的不到 5%,国产金属切削机床中,数控机床仅占 2.8%。高新技术产品、机械基础产品和重大技术装备成套供应能力不能满足市场需求,长期依赖进口;中低档机械产品出现结构性过剩,积压严重。

台湾产设备及关键零组件品质已具有一定水准,但产品核心要件如稳定性、动作精确度、使用寿命、生产效率、系统整合能力、振动噪音及安全性设计等方面仍待加强。

(四) 从行业技术装备水平来看

大陆机械工业经过技术改造、引进和自主开发,掌握了一批重大技术装备的核心技术和关键技术,与国际先进水平的差距大大缩短,产品总体技术水平有较大提高。机械工业为电力、石化、冶金、交通等部门提供的大型成套设备和重要机械产品中,有相当数量达到国外 20 世纪 80 年代中末期水平;机械工业制造技术及装备水平与发达国家大体还有 15~20 年的差距,国外先进的制造工艺及装备、设计技术手段和先进的管理思想方法,在大陆只有少数企业刚刚开始采用。同时,大陆缺少拥有自主知识产权的产品技术,新开发产品的技术大部分来自国外,基本上没有掌握产品开发的主动权。新产品开发周期比工业发达国家长 1 倍以上,产品更新周期更长,市场快速反应能力差。这已成为大陆机械产品在市场竞争中不断失利的首要原因。

台湾机械工业存在着研发经费投入不足、缺乏现代制造技术、关键零组件依赖进口的问题。从研发经费占其 GDP 的比值来看,台湾地区的研发费用虽已提升至 1.8% 的水平,但低于发达国家的 2.2% 以上,以及韩国的 2.6% 以上,从中便可发现,台湾的研发经费投入相对不足。从机械业的研发经费占销售额的比重来看,台湾地区不到 1%,比日本、韩国皆在 2% 以上的水准差距更大。由于台湾研发经费投入不足,技术无法有效提升,导致其竞争力逐渐减弱。

目前台湾机械工业产品的发展仍以单机为主,在产业自动化需求日益迫切的情况下,串联整单机设备,弹性指挥多种工件同时运转,制造兼具自动化与弹性化生产功能的弹性制造系统[①],此种市场需求已逐渐加大。但台湾机械业以中小企业为主,面临技术人才缺乏,无雄厚资金及土地取得不易等困难,因此,产品自动化升级相对缓慢,导致其在国际市场上的竞争力无法得到有效提升。

台湾机械工业虽然在零组件供应及生产中卫体系上相当地完整,但所需的关键零组件仍需大量依赖进口,显示出台湾在零组件供应上基础仍薄弱。

---

① 弹性制造系统是一种借着电脑、电子等技术应用,发展具有较大弹性的自动化泛用型工具机,它是改变工厂中物料与资讯流动方式、满足市场多样需求的非传统制造系统。

三、两岸机械行业的开放政策

（一）大陆方面

大陆从 1980 年开始就率先单方面向台湾开放了市场，并采取"同等优先，适度放宽"的原则，即凡是大陆需要进口的商品都允许从台湾进口，并根据需要在品种、质量、价格水平相同的情况下，优先考虑从台进口。

在投资方面，大陆对台商投资一直采取鼓励、支持的态度，主张不以政治分歧干扰与影响两岸经贸合作或台商投资，即不论两岸关系如何变化，大陆一如既往地鼓励、支持与保护台商投资。

（二）台湾方面

台湾除对大陆进口实行数量的限制外，还对自大陆进口产品的范围进行限制，即大宗产品及高附加值的产品不允许进入岛内，这直接影响了大陆对台湾的出口。台湾当局近来减少了对大陆产品进口的限制，但对大陆开放的产品主要是大陆竞争力不强或岛内需求不大的产品，对大陆有较强竞争优势的家电、通信、视听、成衣等机电及轻工产品类别大部分未开放或开放品种较少。

（三）两岸加入 WTO 机械行业承诺

1. 大陆机械工业加入 WTO 承诺

按照大陆加入 WTO 时的承诺，大陆工业品的平均关税 2005 年下调至 9.3%，其中，机械产品大部分关税下调到 5% ~ 10%，部分产品的关税直接降为零。在非关税措施方面，根据大陆加入世贸组织时的协议，大陆将在 2005 年取消绝大部分产品进口的非关税限制措施，全面对外开放。

2. 台湾机械工业加入 WTO 承诺

在工业产品关税调降方面，工业产品的平均名目税率由 6.03% 逐年调降至 4.15%。

在工业与市场开放方面，针对较为敏感的小汽车，台湾争取到使用关税配额，并有较长的调适期，自加入 WTO 起逐年降税，至 2011年时调降至 17.5%，信息科技产品的关税税率约束为零；台湾加入WTO 后应遵守补贴暨平衡措施协议，取消出口补贴与歧视进口产品的补贴措施。但台湾争取到对自行设计制造的汽车引擎、车身与底盘可享有各扣抵货物税 3% 的优惠的补贴措施，至加入 WTO 3 年后取消；解除汽、机车的采购地区限制，以符合最惠国待遇原则；争取到加入 WTO 后 6 个月始开放产制及进口 750CC 以上重型机车，加入WTO 后 2 年始开放产制及进口使用柴油引擎小汽车。

四、两岸机械行业合作的政策建议

由于两岸机械行业发展水平的不同涉及政治等方面的因素，在两岸合作初期可先参照 CEPA 模式，随着两岸机械行业一体化的发展，合作内容可不断扩大和深化。具体政策建议可参考钢铁产业此部分内容。

1. 贸易政策

（1）关税政策

在深化两岸机械行业合作的共同关税构建上，我们可以借鉴参考欧共体关税同盟和 CEPA 的规则。2 年内逐步取消两岸机械产品贸易的关税及贸易限额，最终实现商品在两岸之间的自由流通。在原产地标准方面，可根据两岸贸易情况，结合 CEPA 的经验，确定判定原产地的基本原则与方法。原产地为台湾的产品必须为在台湾原产或加工生产且加工生产符合从价百分比≥40% 的标准的产品。

（2）非关税措施

目前两岸机械产品贸易的非关税措施主要集中在反倾销、技术壁垒方面，两岸应当尽量消除或减少这些非关税措施可能对商品的自由流通造成的阻碍。可能遇到的技术壁垒除了技术标准问题外，还包括机械产品的安全标准、环保标准、产品的再生利用与包装材料的环保问题等。

在机械产品检查监督方面，为确保双方消费者的安全，双方应建立联系渠道，加强信息互通与交流，并特别注重有关机电产品的安全信息和情报的交换，加强检验监督人员的培训合作，共同防范机电产品出现的安全问题。

2. 投资政策

给予台商投资以国民待遇外，协商制定一套有关投资争端解决机制，除了利用海峡两岸工商等民间团体发挥商谈和协调的积极作用外，在官方形成咨商机制，并逐步制度化、法规化、程序化。

在促进贸易投资便利化方面，双方加强在以下方面的合作：

（1）通报和宣传各自机械行业对外贸易、吸收外资的政策法规，实现信息共享。

（2）对解决双方贸易投资领域中存在的普遍性问题交换意见，进行协商。

（3）在促进相互投资及密切合作向海外投资的促进方面加强沟通与协作。

（4）对双方共同关注的与贸易投资促进有关的其他问题进行交流。

五、深化两岸机械行业合作的成本效益分析

两岸机械业各自具有独特的优势，深化两岸机械业合作，促进贸易自由化、投资便利化以及人员、技术的自由流动，能够推动两岸机械业更好地整合，实现优势互补。不过，在实现优势互补的过程中，两岸都将在获得收益的同时付出一定的成本。

（一）对大陆的成本收益分析

1. 成本

（1）对产业造成的冲击

进口关税、非关税壁垒取消，台湾机械产品将更容易进入大陆市

场，两岸产品的竞争将更加激烈，大部分机械产品和企业将不可避免地受到冲击。这种冲击大体可分为3类：

首先，正在起步的高技术、高附加值和精加工、深加工产业，如果不加以保护，将受到很大冲击。数控机床、加工中心、分散型控制系统、大型精密科研仪器、多色胶印机、大型透平压缩机、高精度专用轴承、高压油泵、高压液压阀、高档密封件等均属于这类产业。

其次，低水平重复建设、没有形成规模经济、产品价格高于国际市场价格的产业也将受到较大冲击。如液压挖掘机产业就存在这种可能。

再次，一批生产点多又不具备经济规模的企业，由于缺乏市场竞争力，将面临严重困境，将被兼并重组、转产或停产倒闭。如一些点多批量少的零部件厂、普通机床厂、电线电缆厂、制冷压缩机厂等。

深化两岸机械行业合作，零关税对大陆机械业的影响除了对某些机械产品制造部门的直接影响外，还包括对其他机械产品制造部门所产生的间接影响。表12-5统计的是1996年关税相对于1992年关税税则变动所引发的大陆价格变动幅度。例如，1992年至1996年间大陆金属制品、锅炉及发动机、汽车和电机的进口关税分别下降57.9%、44.69%、30.76%和34.19%，上述关税变动相应诱发大陆同类产品的平均价格水平下降了16.11%、7.21%、14.86%和6.97%。而上述价格变动对大陆其他类别机械产品市场价格的影响程度差别比较大，像锅炉及发动机、汽车和电机等资本密集程度较高的机械产品，关税下调带来的反应相对"温和"，其原因主要在于大陆相关产业关联比较稳定，关税下调所产生的间接弹性作用也会相应衰减。同理，深化两岸机械业合作，虽然大陆对台湾机械产品进口关税下降的幅度不如1992至1996年间进口关税下降的幅度大，并且优惠的对象只有台湾，但对台湾机械产品的零关税还是会给大陆机械制造部门带来较大的影响。

表 12 – 5　1992～1996 年间大陆部分机械产品进口关税下调
间接引发的市场其他机械产品价格变动

单位:%

大陆价格间接受到影响的产业	金属制品关税变动的影响	锅炉及发动机关税变动的影响	汽车关税变动的影响	电机关税变动的影响
锅炉及发动机制造业				– 0.189
金属加工机械制造业	– 0.764			– 0.199
工业用专业设备制造业	– 0.762			– 0.312
农用机械制造业		– 0.967	– 0.316	
日用机械制造业	– 1.289			
其他专用设备制造业		– 0.173	– 0.352	– 0.133
其他机械制造业				– 0.314
铁路运输设备制造业		– 0.164		– 0.147
汽车制造业		– 0.489		
船舶制造业	– 0.796	– 0.655		– 0.150
飞机制造业		– 0.162		
其他交通运输设备制造业		– 0.903	– 0.739	– 0.115
电机制造业		– 0.176		
日用电器制造业	– 1.16			– 0.253
仪器仪表等计量器具制造业	– 0.728			– 0.133
机械设备修理业		– 0.184	– 1.527	

资料来源:郑志海:《入世与工业品市场开放》,中国对外经济贸易出版社 2002 年版。

（2）对企业造成的冲击

零关税和非关税壁垒的取消,极可能导致大规模的机械产品进口,短期内将影响大陆机械工业企业的盈利。当前,在工具机、纺织机械、塑胶机械等产品方面,台湾是大陆机械企业的竞争对手,台湾 2004 年向大陆出口这些高附加值机械产品的总价值达 1502.4 亿元新台币以上。深化两岸机械业合作,受冲击较大的机械产品主要集中于如工具机、纺织机械、塑胶机械、木工机械、皮革及制鞋机械、包装机械、一般机械等主要进口机械产品。

2. 收益

深化两岸机械业合作，使机械业进一步参与区域分工与合作，加快两岸机械产品市场一体化的进程，从而推动大陆机械业的发展。

首先，两岸贸易障碍取消，市场进一步扩大，有利于大陆对台产品的出口。大陆产品在台湾市场竞争中将获取更加公平的竞争条件，从而达到两岸双赢。

其次，有利于大陆引进技术、利用台资，促进大陆机械产品的升级换代。深化两岸机械业合作，将增强台商投资的信心，促进其对大陆进行技术密集、资本密集型机械业投资，从而带动大陆机械产品和企业组织结构的调整与优化。

（二）对台湾的成本收益分析

1. 成本

（1）技术方面的比较优势被削弱

目前，在两岸的机械业中，台湾机械业在技术方面占有比较优势。深化两岸机械业合作，将会带动技术转移，从而可能导致台湾的技术比较优势被削弱，造成产业的"空洞化"。

（2）出口市场的竞争

目前，大陆机械产品的出口品种以电工电器、仪器仪表等为主，尚不会与台湾机械行业主要出口产品在国际市场上产生较大竞争冲突。但随着台商对大陆机械工业投资的进一步发展，大陆机械产品结构逐步与台湾趋同，并且大陆在土地、劳工、原料等生产要素方面均占优势，在将来有可能会与台湾机械产品在国际市场产生竞争。

（3）对台湾机械工业的冲击

关税及非关税壁垒的取消，在短期内不会对台湾的机械工业带来太大的冲击，因为中国台湾主要从日本、美国、德国进口机械产品，但从长期来看，随着大陆机械产业结构的转型升级，台商在大陆机械行业投资的增加，台湾自大陆进口会迅速增加。

2. 收益

根据台湾"经济部工业局"委托"中华经济研究院"的研究调

查（2002 年 10 月），机械制造业、运输工具制造业、精密器械制造业的厂商，在深化两岸机械行业合作后，会增加对大陆机械制造业的投资，运输工具制造业将不受影响，对大陆精密器械制造业的投资将会减少。

表 12 – 6　企业因两岸直航后投资决策改变意向

产业名称	样本数（个）	投资决策			平均投资变动率（%）
		增加投资	减少投资	不受影响	
机械制造业	4	2(10.00)	2(– 5.00)	0(0.00)	2.50
运输工具制造业	13	3(26.67)	1(– 80.00)	9(0.00)	0.00
精密器械制造业	6	0(0.00)	1(– 100.00)	5(0.00)	– 16.67

注：括号内为勾选增加（或减少）之厂商回答预期增加（或减少）之比例。

资料来源：陈丽瑛、王思粤、郭乃峰、杨浩彦：《两岸三通对台湾产业之影响——总体经济效果之评估》，2002 大陆经济发展研讨会，"中华经济研究院"举办，2002 年 10 月 3 日。

六、加强两岸机械产业合作的政策建议

第一，加快机械工业产业结构调整，提高产业竞争力。积极推进机械工业的战略性重组，优化组织结构，提高机械工业的生产集中度，争取取得显著成效。加快现代企业制度建设，进行股份制改革，有条件的企业争取股票上市，中小企业实行所有制多元化。选择进口量大、技术含量较高或大陆需求多的产品与外商合作、合资，或技贸结合、合作生产，按照"哑铃型"组织生产，把原来进口的产品，转由大陆来生产供货。通过资产重组、兼并，精干主体，分流辅助、附属部门，壮大和强化生产主导产品或新开发产品的技术装备和生产条件，提高竞争能力。同时要有一批企业分流、转产其他有市场需求的产品或为社会提供服务。

第二，努力做好产品结构的优化升级工作，提高市场竞争力。优先发展一批重点产品，适当限制一批生产能力闲置、市场供应远超过市场需求的长线产品的生产。坚决淘汰一批技术、性能落后、资源浪费、严重污染环境的落后产品。扶持一批高新技术产品。机械工业既是科技物化为生产力的桥梁和载体，同时自身也是不断吸纳高新技术成果、不断推出技术含量高的产品的产业。在与电子、信息技术、计算机技术的结合中，着力扶持一批体现机、电、光、仪、信息结合的高新技术产品，既有利于机械工业产品结构的优化升级，也有利于提高产品竞争力。

第三，构建以企业为主的技术创新体系。这种技术创新体系由大型企业的技术中心、国家或行业的科研基地和社会化的科技支持系统组成，分别从事产品和制造技术、共性基础技术、高新技术的开发与应用基础研究以及咨询、检测、技术推广、信息、培训等科技活动，其中，大型企业集团应担当机械工业技术创新的骨干和中坚力量。通过调整、剥离停产和转产及处于亏损境地的企业中的优势产品和有效的人力、物力资源，并入经济实力雄厚的骨干企业，组建大集团、大公司，以低成本的扩张方式增强骨干集团的技术创新能力。在大企业集团、大公司总经理领导下成立"科学技术委员会"，将各个领域的专家、学者、科技人员集中起来，建立一个庞大的科技人才库，达到"人才资源共享"，以促进技术创新活动的持续深入发展。

第四，培养产业科技人才。造就一支能适应国内外市场竞争需要、具有奉献精神、高水平的管理干部队伍和科技专家及高技能工人队伍，是产业技术发展的根本保证。同时，发挥好现有工程技术专家的作用，把人才使用和培养的重点放在中青年身上，加速选拔培养中青年技术骨干、学术带头人。结合攻关计划，划出一块经费专门支持跨世纪拔尖人才的培养。

第五，采用技术标准，适度保护大陆竞争力较弱的机械产品。除大陆已制定的反倾销、反补贴、保障措施等有关法规可组织实施外，还要制定产品质量、环保、安全、卫生等标准，对某些产品实施生产许可、销售许可、产品包装、使用说明和原产地证明等措施，以规范市场竞争秩序，抑制台湾某些商品过量进口的冲击，促进大陆相关机械产品的发展。同时，要尽快推动大陆企业开展国际质量管理、环境管理和产品认证工作，以提高竞争力。

　　第六，台湾要防止可能出现的产业"空洞化"。目前，台湾当局担心台湾劳动密集型产业转移至大陆会导致台湾产业"空洞化"。其实，只要岛内有新的产业正在生长，旧产业的外移不会导致台湾发生产业"空洞化"的现象。因此，台湾应通过积极改善两岸关系，优化投资环境，努力吸引外资和增强民间投资信心，并加大对优势产业的投资力度和科技创新扶持力度，不断提高传统产业的自动化、现代化、信息化水平，提升产业层次，增加就业机会，这样才能从根本上消除产业"空洞化"的威胁。

第十三章 纺织业

一、两岸纺织业发展现状

（一）大陆方面

纺织业是大陆一个劳动密集程度高和对外依存度较大的产业，大陆是世界上最大的纺织品服装生产和出口地。大陆纺织业经过几十年的快速发展，在满足国内衣着消费、增加出口、积累建设资金、解决就业以及为相关产业配套等方面发挥了重要作用，为国民经济的发展做出了重要贡献。目前，大陆化纤、棉纱、棉布、毛纱、呢绒、丝、丝织品、服装等主要产品产量和出口量均居世界首位。但是，大陆纺织业大而不强，与发达国家相比无论是在企业规模、产业结构、劳动生产率、产品质量，还是在技术设备、工艺水平、经营管理等方面都有很大差距。对整个纺织业而言，纺织品的出口是发展的动力，而纺织业的进步、竞争能力提高则是纺织品出口和全行业发展的基础依托。随着全球经济的发展和各国经济结构的调整，纺织工业日益趋向资本技术密集型。发达国家的资金比较优势和发展中国家的劳动力比较优势，不断改变世界纺织生产和贸易的格局。大陆纺织业面临巨大压力，但也遇到难得的历史机遇。

（二）台湾方面

台湾虽地域狭小，但纺织工业却十分发达。统计资料显示：2000年台湾有纺织企业7500多家，从业人员27.2万人，2000年纺织工业产值为5547亿元新台币（折合163亿美元），其中，出口152亿美元，占台湾出口总值的10.3%，仅次于电子产品（占21.4%）及资讯与通讯产品（占12.5%），位居第三。出口产品产值占台湾纺织工业总产值的93.25%，说明台湾纺织产业的销售以出口为主导。2003年，台湾纺织业出口额为118.8亿美元，进口额为24亿美元，创汇94.8亿美元，占全年总体170亿美元出超的一半以上。

二、两岸纺织业的产业竞争力分析

（一）大陆方面

2004年大陆纺织工业实现销售收入26400亿元，同比增长了22.8%。大类产品产量继续保持快速增长的势头，增速均保持在15%以上，其中化纤产量达到1425万吨，同比增长22.7%；纱产量为1095万吨，同比增长17.9%；布产量达到295亿米，同比增长19.5%；服装产量为118.33亿件，同比增长20.2%。

表13-1 2000~2004年大陆主要纺织产品产量情况

年 份	化学纤维（万吨）	同比增长（%）	纱（亿米）	同比增长（%）	布（亿米）	同比增长（%）	服装（亿件）	同比增长（%）
2000	694		657		191		71.59	
2001	829	19.36	700	6.43	202	5.47	77.76	8.61
2002	991	19.63	802	14.57	227	12.41	87.72	12.81
2003	1161	17.16	928	15.80	247	8.92	98.43	12.20
2004	1425	22.67	1095	17.93	295	19.47	118.33	20.22

资料来源：中国纺织工业协会统计中心。

大陆纺织类产品在生产中尽管保持比较大的增幅，但增速却呈现逐步放缓的趋势，而服装行业却在 2004 年达到少有的 20% 的增长率，显然，受到被动配额取消刺激的下游产业生产扩张的愿望非常强烈。而布产量增长幅度则相对摇摆不定，可能是由于下游出口产品价格、利润空间提高的幅度有限，企业经营仍然在很大程度上采取以量取胜的策略，导致面料行业产品档次和价格都难以提高。化纤业在加入WTO 前曾经被视为需要保护、遭受冲击的产业，而在加入 WTO 后化纤业却获得了巨大发展，数年保持 20% 左右的增长幅度，在常规产品生产上，大陆化纤行业已经处于绝对优势地位。但是由于资金周转以及激烈竞争等问题，企业面临的市场压力很大，为了保持流动性经常出现"亏本吆喝"的现象；如果国际贸易摩擦难以避免，庞大的生产能力将会使市场的预期进一步恶化，可能陷入恶性循环。

1. 纺织行业进出口情况

2004 年大陆纺织品和服装进出口总值达到了 1141.89 亿美元，比上年同期增长 18.86%，占大陆外贸进出口总值为 9.89%。2004 年大陆纺织品和服装出口总值为 973.85 亿美元，比上年同期增长 21.01%，占大陆外贸出口总值的 16.41%。纺织品和服装进口总值为 168.04 亿美元，同比增长 7.81%，占大陆外贸进口总值的 2.99%。2004 年纺织品服装实现贸易顺差 805.81 亿美元。纺织服装一直是大陆贸易顺差的最主要来源，保持贸易平衡作用非常明显。

大陆纺织服装出口占大陆外贸出口的比重不断下降，1997 年为 25%、1998 年为 23%、1999 年为 22%、2000 年为 21%、2001 年为 20%，2002 年为 19%，2003 年为 18%，到 2004 年仅为 16.41%，基本上一年下降 1 个百分点。

2. 纺织行业结构调整初见成效，产品国际市场竞争能力提高

1997 年后，大陆纺织业依托政策支持，开始进入了一个以压缩落后生产能力、全面提升产业结构为主要特征的新时期。经过 5 年多的积累，至 2003 年大陆纺织业在行业结构、企业组织结构及纺织主要

出口产品的竞争力方面，都发生了可喜的变化。在行业结构调整上，纺织下游及制成品产业比重明显提高（见表13-2）。2003年与1997年相比，棉印染、棉织品、服装占纺织行业比重分别提升了1.85、0.79、3.03个百分点。

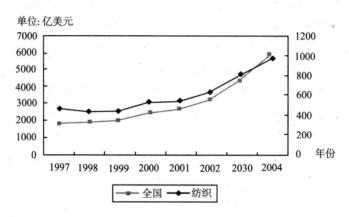

图13-1　1997~2004年大陆纺织品出口趋势

资料来源：中国纺织工业协会。

在企业组织结构调整方面，伴随着国有企业优化重组及劣势企业的淘汰出局，纺织产业集中度也迅速提升。2001年至2003年，亿元以上企业占纺织行业的企业户数和销售收入均呈现上升趋势（见表13-3），企业户数所占比重增长了0.96个百分点，而销售收入所占比重提升了4.46个百分点。

表13-2　大陆印染、棉织品、服装行业产值占纺织工业产值比重变化情况

单位:%

	棉印染	棉织品	服　装
2003年	7.26	3.33	24.56
2002年	6.92	2.94	24.05
1997年	5.41	2.54	21.53

资料来源：中国纺织工业协会。

第十三章

表 13 - 3　大陆销售收入亿元以上纺织企业占纺织行业企业的比重

单位:%

指标名称	2001 年	2002 年	2003 年
企业户数	7.9	8.00	8.86
销售收入	53	53.96	56.97
工业总产值	50.89	52.19	55.35

资料来源:中国纺织工业协会。

在纺织品服装出口方面,一般贸易比重提升(见表 13 - 4)。大陆服装出口依赖进口面料的状况有所改变,2003 年大陆服装一般贸易出口比重由 1997 年的 51.61% 提高至 63.84%,6 年中年均提高 2.03 个百分点。

表 13 - 4　大陆纺织品、服装出口一般贸易所占比重变化情况

单位:%

	1997 年	1999 年	2000 年	2001 年	2002 年	2003 年
纺织品	51.46	54.6	59.92	62.91	68.11	71.23
服装	51.61	50.09	53.59	54.12	59.68	63.84
纺织品服装	51.56	51.45	55.54	56.88	62.49	66.46

资料来源:中国纺织工业协会。

产业结构调整不仅影响着纺织出口贸易方式的转变,同时也为加入 WTO 后大陆纺织国际竞争力的提高,奠定了坚实的基础。从表 13 - 5 可明显看出,2002 年后除服装外,大陆棉纱、棉布、印染布竞争力系数都有不同程度的提高。

表 13 - 5　大陆纺织代表产品历年竞争力系数表

	1993 年	1995 年	1997 年	1999 年	2000 年	2002 年	2003 年
棉纱	0.43	0.11	- 0.25	- 0.29	- 0.42	- 0.4	- 0.23
棉布	0.37	0.39	0.24	0.23	0.23	0.34	0.41
印染布	0.24	0.30	0.16	0.18	0.18	0.32	0.40
服装	0.98	0.92	0.93	0.93	0.94	0.94	0.95

资料来源:中国纺织工业协会。

（二）台湾方面

1. 进出口状况

（1）纺织品出口状况和主要出口市场

依据台湾海关出口统计数据显示，2004 年台湾纺织品出口值为 125.39 亿美元，占全台出口总值 1740.34 亿美元中的 7.2%；出口量为 373.12 万吨，较 2003 年下降 2%。

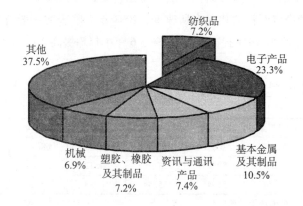

图 13 - 2　2004 年台湾主要产业出口结构

资料来源：台湾"纺拓委员会"。

台湾纺织品出口以布类为大宗，出口值达 72.04 亿美元，占纺织品出口总值之 57%，较 2003 年同期增长 4%。特别值得注意的是，2004 年在纺织品出口量衰退 6% 之际，出口值仍然增长 4%，显示台湾布类产品持续往高附加值产品之路迈进，出口竞争力有所增加。

表 13 - 6　2004 年台湾纺织品主要出口项目

项　目	出口值 （亿美元）	比重 （%）	同期比较 （%）	出口量 （万吨）	同期比较 （%）
纤维	12.16	10	18	92.30	- 3
纱	22.29	18	19	110.42	4

续表

项　　目	出口值 （亿美元）	比重 （%）	同期比较 （%）	出口量 （万吨）	同期比较 （%）
布	72.04	57	4	150.30	-6
成衣	13.02	10	-11	7.45	-20
服饰品	5.88	5	3	12.65	12
合　　计	**125.39**	**100**	**6**	**373.12**	**-2**

资料来源：台湾"纺拓委员会"。

表 13 - 7　2004 年台湾纺织品主要出口市场

排　　名	主要出口地区	出口值（亿美元）	占总出口值比重（%）	同期比较（%）
1	中国香港	30.02	24	-5
2	美国	18.04	14	-4
3	中国大陆	17.01	14	40
4	越南	8.63	7	24
5	欧盟	6.33	5	-5
合　　计		**80.03**	**64**	**—**

资料来源：台湾"纺拓委员会"。

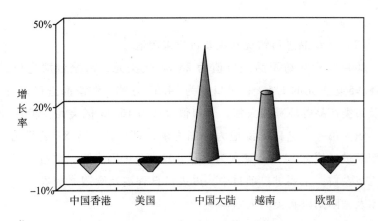

图 13 - 3　2004 年台湾纺织品出口市场增长率

资料来源：台湾"纺拓委员会"。

2004 年台湾纺织品第一大出口市场为中国香港，出口值达 30.02 亿美元，占台湾纺织品出口值的 24%。第二大出口市场为美国，出口值达 18.04 亿美元，占台湾纺织品出口值的 14%。中国大陆是其第三大出口市场，出口值竟然比同期增长了 40%，达到了 17.01 亿美元，与美国的 18.04 亿美元已经相当接近。这说明中国大陆市场对于台湾纺织业出口的重要性正在加强。此外，出口到中国香港的纺织品约有一半转口到了中国大陆。

表 13 - 8　2004 年 1～10 月台湾纺织品经香港转口至大陆统计

项　　目	金额（百万美元）	比重（%）	成长率（%）
纤维	91.39	6	-27
纱	344.29	24	11
布	992.17	69	3
成衣	12.56	1	-19
服饰品	1.35	—	-0.3
合　　计	1441.76	100	2

资料来源：台湾"纺拓委员会"。

（2）纺织品进口情况和主要进口来源地

2004 年台湾纺织品进口值为 26.88 亿美元，占全台湾进口总值 1678.95 亿美元的 1.6%；进口量为 74.57 万吨。纺织品进口以纤维、纱及布类产品等原料为大宗，进口值合计为 16.43 亿美元。2004 年台湾纺织品第一大进口来源地为中国香港，进口值达 3.87 亿美元，占纺织品进口值之 14%。其次为欧盟、日本及中国大陆，共占进口总值的五成左右；主要进口项目中，以进口自香港及欧盟之成衣为主，自日本及大陆则以布类为大宗。

表 13 – 9　2004 年台湾纺织品进口主要产品统计

	进口值 （亿美元）	比重（%）	同期比较 （%）	进口量 （万吨）	同期比较 （%）
纤维	5.84	22	14	36.48	0
纱	4.71	18	4	14.49	−13
布	5.88	22	15	10.77	14
成衣	8.18	30	20	8.68	5
服饰品	2.27	8	−7	4.15	12
合　计	26.88	100	12	74.57	0

资料来源：台湾"纺拓委员会"。

表 13 – 10　2004 年台湾纺织品进口主要来源地

排　名	主要进口地区	进口值（亿美元）	占进口总值比重（%）	同期比较（%）
1	中国香港	3.87	14	25
2	欧盟	3.46	13	7
3	日本	3.31	12	19
4	中国大陆	2.56	10	8
5	美国	2.50	9	0
合　计		15.70	58	—

资料来源：台湾"纺拓委员会"。

（三）两岸纺织业国际竞争力 TC 指数的比较

利用产业贸易竞争指数[①]，可对两岸纺织业的国际竞争力进行比较分析。两岸纺织业国际竞争力的比较中大陆占优势，但是差距并不

[①] 产业贸易竞争指数，即 TC 指数，表示一国或地区某产业进出口贸易的差额占该产业进出口总额的比重，它在一定程度上可以反映一国或地区某产业的贸易竞争能力，其计算公式为：产业贸易竞争指数 =（产业出口额 − 产业进口额）/（产业出口额 + 产业进口额），产业贸易竞争优势指数的取值范围为（−1，1），当其值大于 0 时，说明竞争优势大，且越接近 1 越大，竞争力越强；小于 0 时，说明竞争力弱，指数越趋近于 −1，其竞争力越弱。

大。而从趋势上来看，大陆纺织业的国际竞争力从 2003 年的 0.6545 增长到 2005 年上半年的 0.7590，处在一个明显的上升趋势中；而同时期台湾的竞争力指数却有微弱的下滑。

表 13 - 11　两岸纺织业 TC 指数

年　　份	2003 年	2004 年	2005 年 1 ~ 6 月
大陆	0.6545	0.7241	0.7590
台湾	0.6639	0.6469	0.6389

数据来源：根据中国纺织工业协会和台湾"纺拓委员会"数据计算。

三、两岸纺织业开放政策

（一）大陆方面

1. 纺织品行业加入 WTO 所做的承诺

（1）关税减让

大陆加入 WTO 后，纺织品和服装的关税做出了较大幅度的下调，过渡期的平均降幅均在 20% 以上，有的甚至超过 60%，化学纤维短纤及纱线的平均降幅达到了 63%。

（2）关税配额增加、指定经营放开国营贸易比例限制

大陆对腈纶、棉花、毛条等纺织及其原料的经营和贸易做出了承诺。对棉花的国营贸易比例限制在 33% 以内。对腈纶、羊毛、毛条的指定经营在 3 年内放开。同时在过渡期内逐步提高棉花、羊毛和毛条的关税配额。

（3）取消非关税措施

大陆的羊毛、棉花、化学纤维长纤和化学纤维短纤的有关税目于加入 WTO 时取消进口配额及进口许可证。

（4）关于贸易经营权问题和取消补贴问题

大陆加入 WTO 承诺"逐步取消丝绸方面的国营贸易，增加和扩

大贸易权,并不迟于2005年1月1日对所有个人给予贸易权"。大陆改变了丝绸产品贸易的国营贸易企业垄断现象,逐步放宽直至全部开放对丝绸产品贸易的资格和权利限制,取消了以"提供给某些亏损国营企业的补贴"的名义所发放的政府补贴。

表 13-12　纺织品与服装主要税目逐年减让表

单位:%

产品描述	加入之日约束税率	2003 年	2004 年	2005 年	过渡期平均降幅
羊毛或其他动物细毛纱线	14~14.4	8~8.8	5~6		61
羊毛或其他动物细毛纱机织物	23.3	16.7	13.3	10	57
棉纱线	7~9	5			38
棉机织物	14~19.4	10~15.8	10~14		28
化学纤维长丝纱线	10.4~14.6	6.8~8.2	5		60
化学纤维长丝纱线机织物	25~27.3	17.5~19.7	13.8~15.8	10~12	58
化学纤维短纤及纱线	10~17	6.7~11	5~8	5	63
化学纤维短纤纱线机织物	21~30	15.5~24	12.8~21	10~18	45
服装	21~25	16~21.7	14~19.4	14~17.5	32
其他纺织制成品	20~25	14~20	14~17.5	14~16	33
丝或绢丝机织物丝	20.2	13.4	10		50
丝或绢纱线	9.5	6			37
羊毛或其他动物细毛	9	5			44

资料来源:根据《中华人民共和国加入世界贸易组织议定书》附件8整理。

2. 纺织品相关行业做出的调整

(1) 取消纺织机械生产许可证审批制度

国家取消纺织机械生产许可证审批,国家质量监督检验检疫总局要求，纺织机械产品审查部停止工作，停止安排纺织机械产品生产许可证生产条件审查和产品质量抽验。

（2）加大了对纺织业国债项目的投资

截至 2003 年 9 月，国家安排了财政债券贴息支持企业技术改造，纺织行业安排了 8 批共 269 个国债项目，总投资 312.5 亿元，其中银行贷款 230 亿元，拉动社会投资 150 亿元。按投资额计算，棉纺业占 39%，化纤业占 24%，印染业占 22%，纺织业占 9%。国债技改项目在促进纺织行业技术进步、结构调整及产业升级等方面发挥了重要作用。

（二）台湾方面

台湾加入 WTO 后，加入了纺织及服装协定，自 1995 年 1 月 1 日至 2004 年 12 月 31 日过渡期间，纺织品设限仍由出口方管理配额；过渡期间分三阶段以渐进式回归自由化，并提高双边配额管制数量，已回归项目如对进口方造成产业损害，进口方可采取防卫措施；在过渡期间尚未自由化且受配额限制的产品，逐步放宽设限措施；在过渡期间尚未自由化且未受配额限制的产品，订有保护条款，针对转运迁回转口申报不实及伪造官方文件等诈欺行为，制定了周全的防护条款，设立纺织品监督机构 TMB（Textiles Monitoring Body），监督协定执行成效及解决进出口国争端。

表 13 – 13　台湾纺织品协定一览表

国际纺织品协议	期　　限	涵盖产品范围	主要演变
短期纺织棉纺织品协议（STA）	1961/10 ~ 1962/09	棉纺织品及成衣	产生市场扰乱时可对特定国设限
长期纺织品协议（LTA）	1962/10 ~ 1973/12	含棉主价值 50% 以上的棉纺织品及成衣	可片面设限，设限额数不可超过前一年进口量的 5%
多种纤维协定（MFA I）	1974/01 ~ 1977/12	所有棉、羊毛及人造纤维制品	给予扰乱市场较明确的定义
MFA II	1978/01 ~ 1981/12	同 MFA I	增列合理的偏离条款

国际纺织品协议	期　　　限	涵盖产品范围	主要演变
MFA Ⅲ	1982/01 ~ 1986/07	同 MFA Ⅰ	去除合理的偏离条款，引进反激增条款
MFA Ⅳ	1986/07 ~ 1994/12	扩大涵盖丝麻制品	对低度开发及羊毛产国给予优惠承诺
WTO 纺织品及成衣协议（ATC）	1995/01 ~ 2004/12	较 MFA Ⅳ 稍广	分三阶段自由化 尚未回归产品放宽限制 过渡期间防卫措施

资料来源：台湾"纺拓委员会"。

四、两岸纺织业合作对两岸纺织业的成本收益分析

（一）大陆方面

1. 吸收台商到大陆投资

由于大陆纺织劳动成本低廉，较具竞争力的是服装的出口，其次是针织、棉麻纺织和丝绢织品出口，而毛纺织、染整、化纤和纺织机械等出口则相对处于劣势。后者之所以处于劣势主要是因为，世界新的纺织业发展已经出现了争相应用高科技的趋势，而在纺织的上游行业如化纤业还是一个资金密集型、对规模经济要求甚高的行业，这方面，大陆相对显得落后。深化两岸纺织业合作，必然会吸引更多的台商到大陆投资，有利于两岸共同占领国际市场。

2. 利用台湾先进的纺织技术形成优势互补

近年来，纺织行业内"绿色产品"的呼声越来越高，如今"绿色产品"已经成为产品能否进入市场的关键。从这种发展趋势来看，大陆的纺织业应该将"环保"作为一个崭新的卖点来进行市场运作，对消费者的消费需求比较敏感的纺织企业应该开始在产品设计和企业形象设计上进行大手笔的投入。而这些方面，台湾较为丰富的设计资源和先进的技术可以为大陆纺织业发展提供强大的支持。

3. 产业集中度加强

双方各自有自己的优势生产项目，通过剧烈的竞争之后，两岸纺织行业的产业集中程度必然会加强，双方一些规模小、竞争力不强的纺织企业都会在竞争中实现优胜劣汰。更有可能的是，在一些行业集聚程度高的地区出现一体化的趋势，这里的"一体化"不仅仅指一个地区的纺织行业的联合或合作，而必须是在大陆实现原料供应商、生产企业和分销商之间的资源共享、信息共享和渠道共享。

4. 差异化经营提升核心竞争力

纺织行业将形成差异化经营的局面，有利于行业的市场集中度提高。这里所说的"差异"包括企业文化、管理体制、产品质量等。目前，大陆纺织行业可以做"大"，而无法做"强"，原因就在于缺少自己的核心竞争力。一直以来，大陆的纺织企业只是作为"加工企业"存在，而非真正意义上的"生产制造企业"，通过深化两岸纺织业合作，大陆纺织企业可以与台湾纺织企业互通有无，共同做"强"。

（二）台湾方面

1. 深化两岸经贸合作、对纺织品实行零关税，有利于降低生产成本

在资本、技术跨国流动的同时，国际纺织价值链也迅速向具低成本优势的地区移动，台湾纤维业在全球的现有竞争优势，是台湾纺织业高值化基本所在。但在全球纤维需求呈现持续增长的趋势下，建立以市场为导向的上、下游产销策略联盟体系，也是提升台湾人造纤维业价值链附加值以及创造纺织上、中、下游业者互利共享双赢局面的关键之一。面对大陆的庞大商机及低廉的成本优势，未来两岸若能深化纺织业合作，将有助于台湾纺织业进一步利用大陆低廉成本与原料产品，达到降低成本的功效，同时有助于化纤、加工丝、化纤布及针织布上、中游产品扩大市场。

2. 产业面临结构调整

两岸逐步走向无障碍市场，未来市场竞争将更加剧烈，台湾纺织业必须向上、中游垂直整合并建立策略联盟，以利于纺织品市场的扩

大，协助上游纤维掌握市场并加强研发工作。

3. 加速产业外移和竞争力的增强

两岸深化纺织业合作后更有助于台商到大陆投资，扩大产品外销。台商在避免两岸产品纺织业竞争的同时，可以以较低的生产成本获得较高的利润。

台湾纺织产业主要以出口为导向，发展至今已经形成相当完整的产业链，从上游化纤原料制造，到下游成品布加工出口、成衣设计生产，每个环节都有一定经济规模和竞争力，例如台湾的聚酯纤维产能是世界第二，尼龙纤维产量也居世界前三。一向拥有强大竞争力的台湾纺织业，过去因贸易障碍导致供需失衡的状况，将因为大陆市场开放和输美配额放宽，使目前供过于求的情况获得改观。特别是台湾每年出口纺织品中占六成比重的织布产品，深化两岸纺织业合作后，更能凭借优秀的模仿变化和快速交货能力，增加对欧美市场的出口。

4. 整合资源

如果两岸能够充分整合既有人力、原料、技术、管理、设计及市场等资源，就能够发挥优势互补的积极效益，从而提高两岸纺织品的整体竞争力。

五、加强两岸纺织业合作的政策建议

1. 面对国际产业竞争，提升研究发展能力

任何产业与企业的生存和发展，都需要不断开发新的技术与产品，因此研发能力的提升是纺织业永续经营的驱动力。为此，一方面应运用租税减免等产业投资研发最有效的鼓励措施，创造市场竞争的新优势；另一方面要积极培育技术研发人力资源，扎实纺织业研发根基。

2. 发展高科技纤维及纱线

高性能纤维是在原有纤维机能上，赋予特殊功能的新纤维。高感性纤维是新纤维利用聚合体改质、特殊异形断面化、超级细纤维化、混纤技术及表面处理，使其具有以往化学或天然纤维所没有的特性，

可大量使用于农业、建筑、服装、家用、医疗、交通、环保、防护及休闲等新兴市场。

3. 提升设计符合国际流行趋势产品能力

纺织品具有季节性和时尚性，无论衣着用还是家饰用纺织品的消费均会随流行需求而提升；纺织业必须配合市场流行的需要，不断设计开发新产品，满足消费者对流行时潮的需求；纱线、面料及服装产品的设计，必须从色泽、织纹、式样、手感及机能性着手，并在18～20个月前及早获得流行趋势的讯息。

4. 推展电子商务，发展全球运筹中心

迅速处理订单，精确采购生产需求，进而配送到不同国家；进行有效物料管理，降低成本。掌握技术、研发、设计、行销及营运管理；整合全球资源，设置企业区域运筹总部，从事调度指挥，建立全球经营模式；运用以往制造业优势核心竞争力，配合国际自由化市场经济的潮流，使人力、原料、资金自由流通，将企业逐渐转型为区域营运总部。

总之，两岸纺织业在深化合作过程中，第一阶段应该是多沟通、多协商，能够通过一个民间组织来汇总和协调双方的意见，并解决纺织品贸易的争端，为合作的深化做一些前期的准备工作；第二阶段是推动双方纺织品政策的调和，减少双方在相关政策法规和标准化上的差异；第三阶段才是真正建立相应的机制化经贸合作机制，实行零关税，从而促进两岸纺织业的发展。